Wolfgang Eberling / Jürgen Hargens (Hrsg.)

Einfach kurz und gut

Zur Praxis der lösungsorientierten Kurztherapie

Wolfgang Eberling / Jürgen Hargens (Hrsg.)

Einfach kurz und gut

Zur Praxis der lösungsorientierten Kurztherapie

borgmann

Gesamtherstellung: Löer Druck GmbH, Dortmund

Bestell-Nr. 8370 ISBN 3-86145-082-8

Inhalt

Zum Geleit

„Einfach ist nicht leicht" ... „Tun ist wissen"

Ein Stück Interview. Ein Stück Vorwort

Steve de Shazer

Da dieses Buch „Einblicke" geben soll in die Praxis und das Denken lösungsorientierter Arbeit, kam uns die Idee, selber Einblicke zu nehmen, wie Steve DE SHAZER, einer der Gründer lösungsorientierter Therapie, denkt. Uns ist klar, daß es sich dabei immer um das „Denken über Denken" handelt. Und Äußerungen zu diesem Denken lassen sich in Form von Worten festhalten, drucken und nachlesen. Und so geben wir einen Einblick in die Einblicke, die wir genommen haben, als wir Steve DE SHAZER im Herbst vergangenen Jahres (1994) in Bremen interviewten.*

Jürgen Hargens (J.H.): Steve, in Eurem Logo steht: „Lösungen seit 1982". Was hat sich seit 1982 geändert?

Steve de Shazer (SdS): Eigentlich war es 1981 – da haben wir nämlich Probleme aufgegeben.

J.H.: Was hat sich seitdem verändert?

SdS: Nach 1982 war die Wunderfrage der erste besondere Wendepunkt. Insoo (Kim BERG) arbeitete mit einer Klientin, die eine ganze Schachtel voller Probleme mitgebracht hatte. Insoo fragte sie, was passieren müßte, um diese Probleme loszuwerden und die Klientin antwortete: Ein Wunder müßte geschehen.

Insoo sagte: Nehmen wir an, es würde ein Wunder geschehen, was wäre dann anders? Sie nannte einige sehr konkrete Dinge ...

---

*) **Anm.d.Hrsg.:** Das Originalband des englischsprachigen Interviews, das etwas mehr als eine Stunde dauerte, liegt im NIK Bremen.

Ich erinnere mich an eine andere Klientin, die immer über innere Prozesse redete, die Veränderungen anzeigten. Ihre Veränderungen waren alle innerlich. Egal, was wir machten, es war dasselbe. Ich erinnerte mich an die Wunderfrage – und die Klientin antwortete:

Sie würde um sechs Uhr früh aufstehen, ins Büro gehen und Schreibtischarbeit erledigen. Ihre KollegInnen würden es merken, sogar ihr Chef würde es merken. Wir begannen also, ein kleines, spezifisches, konkretes und interaktionelles Ziel zu haben. Es war irgendwie interessant.

J.H.: Wieso hat gerade Euer Team solche Äußerungen von KlientInnen wahrgenommen und weiterverfolgt?

SdS: Wir verstanden uns als Forschungsteam und waren immer an kurzfristigen und langfristigen Zielen orientiert. Ich glaube, wir haben das gemacht, was ich disziplinierte Beobachtung nenne.

J.H.: Wie habt Ihr Euch dazu gebracht und das trainiert?

SdS: Wir wollten im Grunde schon immer herausfinden, was funktionierte und was nicht funktionierte. Wir beobachteten schon immer Therapien von sogenannten erfolgreichen TherapeutInnen und beobachteten, was funktionierte und was nicht. Wir versuchten, das von so vielen verschiedenen Blickwinkeln wie möglich zu sehen und zu beschreiben.

Wir hatten damals einen „Jargon-Pott" und wenn jemand zur Beschreibung „Jargon" benutzte, mußte er einen Vierteldollar in den Pott einzahlen, der dann zu einem gemeinsamen großen Essen diente – es könnte auch McDonalds gewesen sein, weil er nach der Anfangsphase nicht mehr schnell angewachsen ist.

Wir waren also schon immer daran interessiert, was KlientInnen und TherapeutInnen tun, was funktioniert und was gut für sie ist.

Das Gegenteil davon ist, herauszufinden, was wir ignorieren können. Es ist nicht so einfach.

J.H.: Normalerweise dauert es eine ganze Weile, bis ein therapeutischer Ansatz anerkannt ist und von den Fachleuten akzeptiert wird. Was hat Deines Erachtens die Leute dazu gebracht, in so kurzer Zeit diesen Ansatz zu akzeptieren?

SdS: Vielleicht sind sie verrückt, ich weiß es nicht. Es ist eine schwierige Frage, auf die ich keine einfache und klare Antwort habe.

J.H.: Vielleicht kannst Du etwas dazu sagen, was Dich persönlich an diesem Ansatz reizt und anzieht?

SdS: Für mich scheint er einfacher und schneller zu wirken als jeder andere Ansatz, den ich versucht habe.

J.H.: Du mußt also weniger arbeiten?

SdS: Und die KlientIn muß mehr arbeiten. Bei allen Ansätzen, die ich kenne, muß die TherapeutIn mehr arbeiten. Es trifft sicherlich auf die ERICKSONsche Art der Hypnose zu, mit der ich zu arbeiten begonnen habe. Sie beinhaltet eine Menge Arbeit für die TherapeutIn.

Ich habe einmal mit einem Schüler MINUCHINS zusammengesessen, und wir haben unsere Therapie-Bänder angeschaut. Er sagte, strukturelle Familientherapie zu machen, ist wie Fußball spielen, aber das, was ihr macht, ist mehr wie ein langer gemütlicher Landspaziergang.

Es ist also eine Menge weniger Arbeit für die TherapeutIn als in allen anderen Arten von Therapie, die ich kenne. Und deswegen ist es auch mehr Arbeit für die KlientIn.

J.H.: Wer mag also diesen Ansatz lieber: die KlientInnen oder die TherapeutInnen?

SdS: Ich habe keine Idee. Ich unterstelle einfach, daß die TherapeutInnen ihn mehr mögen als die KlientInnen. KlientInnen haben im allgemeinen überhaupt keine Schwierigkeiten mit diesem Ansatz. TherapeutInnen, die in anderen Verfahren ausgebildet wurden, haben eher Schwierigkeiten damit, Ingenieure und viele andere haben damit keine Schwierigkeiten.

J.H.: Wenn man Bücher darüber liest, scheint alles so einfach und leicht zu sein. Von Deiner Perspektive aus, Du machst ja viele Trainings und viele Reisen, was würdest Du sagen, welche Fertigkeiten und Fähigkeiten [skills] werden zum Ausüben dieses Ansatzes gebraucht?

SdS: Zuallererst möchte ich sagen, daß ich glaube, daß der Ansatz einfach ist, ein sehr einfacher Ansatz sogar. Aber ich denke nicht, daß er leicht ist. Viele Leute, besonders die AmerikanerInnen und vielleicht auch Deutsche, machen eine falsche Gleichsetzung von „einfach sein" und „leicht sein". Der Ansatz ist ganz und gar nicht leicht.

Ich will ihn einmal mit Musik vergleichen. Wenn man zum Beispiel dem Jazz-Pianisten MONK zuhört oder COUNT BASEY, ist es irgendwie einfach, eine Menge Platz ist zwischen den Noten. Aber wenn du selbst Klavier spielst, entdeckst du sehr schnell, daß es ganz und gar nicht leicht umzusetzen ist, denn es läuft den natürlichen Tendenzen vieler KlavierspielerInnen total entgegen. Und es ist vielen etablierten Normen in der westlichen Kunst total entgegengesetzt. Auf der anderen Seite erfordert es eine Menge Arbeit, dies auf disziplinierte Art und Weise zu tun. Es erfordert eine Menge Respekt gegenüber dem Schweigen, der Ruhe. Gerade das erfordert eine Menge Disziplin, das auf einfache Weise zu tun. Es scheint fast so, als ob es mehr Dinge gibt, die du nicht tust, als solche, die du tust.

Wenn man sich etwa bestimmte japanische oder chinesische Kunst anschaut oder PICASSO, besonders einige seiner Zeichnungen, dann siehst du in mancher Linienführung die ganze Geschichte. Er stellt z.B. mit einem Pinselstrich eine nackte Frau dar.

Vieles dreht sich also darum, was du nicht tust. Das, was wir in erster Linie tun, ist, so wie ich es sehe, zuhören – dem zuhören, was die KlientIn erzählt. Und das, was die KlientInnen erzählen, ernstzunehmen. Darin besteht das Hauptgeschick.

Wolfgang EBERLING (W.E.): Gibt es Deiner Erfahrung nach einen Weg, wie man dies trainieren, lernen oder auch lehren kann?

SdS: Es gibt sicherlich Wege, es zu lernen, aber ich weiß nicht, ob man es lehren kann. Viele Leute, besonders im Westen, werden so ausgebildet, daß sie Probleme lösen sollen. Deswegen setzen sie sich dann hin und reden über Probleme. Dabei scheinen sie der Idee anzuhängen, je mehr sie über das Problem reden, desto mehr tun sie für die Problemlösung. Ich denke, es verhält sich genau umgekehrt. Mein Eindruck ist, je mehr man über das Problem redet, desto größer wird es.

Das Wichtigste, das Allererste, ist es, genau zuzuhören, und das, was man hört, ernstzunehmen. Wenn die KlientInnen sagen, es ist ein großes Problem, dann ist es ein großes Problem, auch wenn du selber denkst, daß es trivial ist. Und umgekehrt gilt das genau so.

J.H.: Du sagst, das Wichtigste an der Therapie ist das Zuhören und das Ernstnehmen dessen, was die KlientIn sagt. Man kann den Eindruck bekommen, daß Therapie nur aus Zuhören besteht. Worum geht es eigentlich in der lösungsorientierten Therapie?

SdS: Besonders der zweite Teil ist wichtig, nämlich das, was KlientInnen sagen, ernstzunehmen. Aber auch das Zuhören ist wichtig – beides also.

J.H.: Wenn das also die beiden Seiten der Medaille sind, worin besteht dann die dritte Seite, denn jede Medaille hat ja drei Seiten?

SdS: Vielleicht ist es John WEAKLANDS Gesetz: Geh, langsam vor(an). Je mehr du versuchst, Dinge zu beschleunigen, desto mehr können sie durcheinandergeraten. Du mußt also langsam vorgehen, um Kurztherapie zu machen.

W.E.: Eine interessante Idee, die aber auch ein bißchen widersprüchlich klingt.

SdS: Wenn du zu schnell vorgehst, bringst du oft die Dinge durcheinander und machst sie komplizierter. Und du willst sie ja einfach halten.

W.E.: Siehst Du eine Verbindung zwischen dem schnellen Vorgehen und dem Verfolgen eines Konzepts, wenn Du Dich als Experte gibst?

SdS: Oh, absolut, ja. Wenn man sich als ein Experte versteht, ist es einfach, schnell vorzugehen. Unsere Position ist, daß die KlientIn ExpertIn für ihr Leben ist und daß es ihre Therapie ist. Deswegen müssen wir genau zuhören, auch wenn wir ExpertInnen für Therapie sind, denn die KlientInnen sind die ExpertInnen für ihr Leben.

W.E.: Eine Schlußfolgerung aus dem Gesagten könnte ja sein, daß es für Leute schwerer ist, Kurztherapie zu lernen, die andere Ausbildungen hatten?

SdS: Ich denke schon, es entspricht meiner Erfahrung, daß Leute mit traditionellen Ausbildungen auf Schwierigkeiten treffen. Es ist für sie schwieriger zu erlernen.

J.H.: Welches sind für Dich dann die ersten Anzeichen, daß diese Personen das Kurztherapie-Modell erlernen?

SdS: Darum mache ich mir eigentlich keine Sorgen. Wenn wir jemand in Milwaukee trainieren, dann handeln die Leute einfach nach dem Modell – sie tun es. Im wesentlichen tun sie es einfach. Sie stellen z.B. die Wunderfrage an irgendeinem passenden Punkt während der ersten Sitzung. Manche Leute fällt es schwer, dies zu tun. Wir sprechen dann nicht über Theorie oder über ihr Denken. Wir haben einen Slogan, der lautet: Tun ist wissen [doing is knowing]. Wir raten ihnen also, 'rauszugehen und es genau so zu machen, wie wir es ihnen raten. Manche lernen es auf diese Weise, andere kommen nicht mit.

Es ähnelt dem, was ein Zen-Meister tut: er zeigt dir genau, wie du die Tasse halten sollst, wie du bei der Meditation sitzen sollst undsoweiter. Aber das ist nicht die Erleuchtung – es ist der Weg zur Erleuchtung. Es ist ein ziemlich rigides Anwenden von Prinzipien. Und es ist nicht der einzige Weg zur Erleuchtung zu kommen ...

Zu diesem Buch

Die Idee zu diesem Buch entstand vor etwas mehr als einem Jahr, als wir gleichsam laut darüber nachdachten, wie stark lösungsorientierte Ansätze mittlerweile auch in Deutschland Fuß gefaßt haben und wie wenig über die hier stattfindende Arbeit öffentlich gemacht wird. Das brachte uns auf die Idee, einmal etwas darzustellen, wie wir in unseren jeweiligen Kontexten diesen Ansatz praktizieren.

Wir wollten ein Buch zusammenstellen, das einen (oder mehrere) Ein-Blick(e) in die Arbeit von zwei unterschiedlichen Institutionen erleichtern sollte – zwei unterschiedliche Handlungskontexte aufzeigen, in denen auf dasselbe Grundmuster Bezug genommen wird. So hoffen wir, daß die hier vorgelegte Zusammenstellung Perspektivenvielfalt erschließen hilft – Multi-Perspektivität.

Wir haben versucht, unterschiedliche Bereiche lösungsorientierter Arbeit anzusprechen – Praxis, Aus- und Fortbildung, Theorie – und immer mindestens zwei Beispiele vorzustellen, so daß im BATESONschen Sinne ein Bild mit Tiefenschärfe entstehen kann.

Ein Wort zu den AutorInnen, in der Mehrzahl Männer:

Lösungsorientierte Ansätze stammen aus den USA, sind dort vorwiegend von Männern verbreitet worden – und finden auch in diesem Buch Verbreitung vorwiegend durch Männer. Und das, obwohl das Thema Gender zunehmend Aufmerksamkeit und Aktualität besitzt.

Für mich, JH, hat sich in meiner Praxis eine Zusammenarbeit mit Frauen und Männern ergeben. Diese Zusammenarbeit zeigt sich in verschiedenen Kontexten allerdings unterschiedlich, um nicht zu sagen: genderspezifisch. In der therapeutischen Praxis läuft die Zusammenarbeit reibungslos, je stärker der Arbeitskontext aber „öffentlich" wird (das heißt: männlicher?), desto mehr verschiebt sich das Bild im „klassischen" Sinne. Im Rahmen von Supervision äußern Kolleginnen eher Unbehagen, im Rahmen von Fortbildung ebenfalls und den Anregungen, über unsere Arbeit zu publizieren, gehen die Kolleginnen zumeist aus dem Weg – wie in diesem Fall. Das hat dazu geführt, daß ich meine Ansichten zusammen mit Kollegen vorstelle – Ansichten, die in der Praxis über die Arbeit mit Kolleginnen mit geprägt werden.

Für mich, W.E., stellt sich die Situation so dar, daß die Kooperation mit unseren Kolleginnen wesentlich dazu beigetragen hat, unsere – bei allem redlichen Bemühen um Vielseitigkeit – „männliche Perspektive" zu erweitern und wohltuend zu verunsichern. Sowohl in unserer Praxis als auch im Institut ist sie nicht mehr wegzudenken, genauso wie die dauerhaften genderbewußten Einstellungs- und Handlungsweisen unserer Weiterbildungsteilnehmerinnen. Wichtig ist zu erwähnen, daß das NIK-Team von Beginn an den lösungsorientierten Ansatz von zwei so unterschiedlichen Persönlichkeiten wie Insoo Kim Berg und Steve de Shazer kennenlernen durfte, die auch den Unterschied zwischen asiatischer und europäischer Denk- und Handlungsweise zum Ausdruck bringen, so daß die Gefahr eines einseitigen Modellernens ziemlich gering ist.

Das systemisch-lösungsorientierte Arbeiten ist ein „schlankes Konzept", welches viele Freiheitsgrade für den Umgang mit Menschen und den Herausforderungen, denen sie sich gegenübersehen und die sie sich selbst stellen, erlaubt. Dies ermöglicht zum einen, mit wenigen Zentral-Ideen einen großen Anwendungsbereich für den Umgang mit der Dynamik komplexer Systeme zu beschreiben, zum anderen, diese mit verschiedenen, dazu passenden Meta-Theorien und praxisbezogenen Handlungsmöglichkeiten in Verbindung zu bringen. Die Beiträge dieses Buches spiegeln dies wider und stellen jeweils auf verschiedene Schwerpunkte ab.

Dabei bleibt die Frage bestehen, die aus unterschiedlichen Blickwinkeln immer wieder gestellt wird:

> Ist lösungsorientierte Therapie ein Modell, das auf knapper werdende Ressourcen (Finanzen) reagiert und sich sozialen Bedingungen anpaßt?
>
> Ist lösungsorientierte Therapie eine Sammlung von Techniken, die die KlientIn mehr oder weniger wohlwollend dazu zwingt, sich ausschließlich mit Lösungen, Ausnahmen und Zielerreichen zu befassen?
>
> Ist lösungsorientierte Therapie eine amerikanisch gefärbte, pragmatische Modeerscheinung, die gut zur Schnellebigkeit postmoderner Zeiten paßt?
>
> Ist lösungsorientierte Therapie ein Blickwinkel, eine Perspektive, die andere – lösungsbezogene – Betrachtungsweisen einbezieht, ohne

deswegen auf andere – problembezogene – Betrachtungen zu verzichten?

Ist lösungsorientierte Therapie eine spezifische Haltung aufseiten der psychosozialen Fachleute, die zu einem Umdenken in Hinblick auf Pathologie, Krankheit und Psychotherapie beiträgt?

Ist lösungsorientierte Therapie noch etwas ganz anderes?

Die Beiträge dieses Buches greifen auch diese grundsätzlichen Fragen auf, immer bezogen auf eine konkrete Praxis, in die diese Überlegungen eingebunden werden.

Im Beitrag über *„Success Recording“* geht es um die Anregung und Nutzung von Möglichkeiten, die Wahrnehmung und Anwendung von Ressourcen und die damit einhergehenden Erfolge im Leben von KlientInnen nachhaltig, umfassend und „sinnen-reich“ mit dokumentarischen Mitteln zu unterstützen.

Der Beitrag über *„Kreative Kindertherapie“* zeigt vor allem Möglichkeiten auf, spielerisch Stärken von Kindern zur Entfaltung zu bringen und den Wahrnehmungs-Fokus von Bezugspersonen (Eltern, ErzieherInnen und TherapeutInnen) darauf zu richten.

„Wie frei ist frei?“ lautet eine Frage, die oft gestellt wird, wenn es darum geht, ob und wie kurztherapeutische, lösungsorientierte Vorgehensweisen in freier Praxis implementierbar sein können. Einige praxisbezogenene und praxiserprobte lösungsorientierte Ideen verweisen darauf, wie sich eine Anwendung der (klinischen) Theorie auf das eigene Handeln auswirken und welcher kooperative Kontext damit gestaltet werden kann.

Bei der *„Suche nach Lösungen“* kommt es der AutorInnengruppe besonders darauf an, die weitverbreitete Defizitorientierung von Behandlungskonzepten für den sogenannten Suchtbereich mit Beispielen aus stationären und ambulanten Kontexten zu überwinden und Mut zur Entwicklung dieser Alternativen in der eigenen Beratungspraxis zu machen.

Der Artikel *„Tue, was du lehrst, wenn du lehrst, was du tust“* berichtet über Erfahrungen und Möglichkeiten, TeilnehmerInnen von Weiterbildungen Prinzipien lösungsorientierten Vorgehens in der Anwendung auf sich selbst erfahrbar zu machen und damit einen persönlicheren und über die „technische“ Nutzung hinausgehenden Bezug zu schaffen.

Fortbildung läßt sich unter sehr verschiedenen Aspekten betrachten und die Frage: *Bildung „fort von ... oder hin zu"?* wird in diesem Beitrag dahingehend beantwortet, daß (lösungsorientiert) ein Ziel wichtig ist, um Richtung und Erreichbarkeit überprüfen zu können. Einige Elemente, diesen Weg zu gestalten und zu reflektieren, zeigt dieser Beitrag auf.

Im Beitrag *„Die Gestaltung von Veränderungsprozessen in Unternehmen und Institutionen..."* werden grundlegende Prinzipien der Selbstorganisationstheorie am Beispiel des Veränderungsmanagements in Unternehmungen dargelegt und aufgezeigt, daß diese Meta-Theorie mit ihrer Beschreibung des Zusammenspiels von Stabilität und Instabilität einen konzeptuellen Bezugsrahmen für alle komplexen Systeme bietet.

Im „therapeutischen Bereich" stellt Sprache einen wesentlichen, wenn nicht den entscheidenden Beeinflussungsfaktor dar. Das bezieht sich nicht nur auf explizite Inhalte, sondern im sozialen Miteinander ganz besonders auf die in und über Sprache vermittelten impliziten Zuschreibungen. Das hat auch Konsequenzen für das therapeutische (Selbst-) Verständnis, über die hier „im Text" berichtet wird: *„Sprache: Sprechen, versprechen, versprochen"*.

In diesem Zusammenhang möchten wir noch einmal auf die Begrifflichkeit verweisen: „lösungsorientiert" bezeichnet für uns zuallererst eine Orientierung, eine Ausrichtung, einen bevorzugten Fokus, eine bewußt gewählte Sichtweise. „Lösungsorientiert" schließt „Probleme" nicht aus, sondern verweist auf die alte Erkenntnis, daß ein Problem immer nur dann zu einem Problem werden kann, wenn es mit der Idee einer Lösung verbunden ist. Ohne Idee einer Lösung gäbe es kein Problem, weil es keine Idee einer Lösung gibt.

In diesem Sinne bedeutet „lösungsorientiert" für uns auch immer die „Lösung" von liebgewordenen Ideen, wie Probleme anderer zu lösen sind – die Kompetenz liegt bei den KundInnen selber, sie sind die ExpertInnen, weil sie – wenn sie mit einem Problem zu uns kommen, immer auch schon (mindestens) eine Idee von ihrer Lösung mitbringen. Dies respektieren wir, und wir kooperieren mit ihnen, um ihnen die Nutzung ihrer Lösungsideen zu erleichtern und zu ermöglichen.

Bremen, Meyn, im Juni 1995

Wolfgang Eberling
Jürgen Hargens

Anwendungen

Success Recording – Komplimente und Dokumente in der lösungsorientierten Kurzzeittherapie

Anregungen zur Würdigung von Fortschritten durch sinnespezifische Skalierung, Visualisierung und Dokumentation

Heinrich N. Dreesen und Wolfgang Eberling

Vorsatz

Liebe Leserin, lieber Leser!

Bücher und Artikel gleichen oft Monologen. Wir bevorzugen grundsätzlich den Dialog und wollen uns und Ihnen auf den nächsten Seiten wenigstens ab und zu "Ausnahmen" gestatten und mit Ihnen durch insgesamt 21 Fragen in einen imaginären Erfahrungsaustausch treten. Diese Vorgehensweise entspricht dem, was Gregory BATESON (1988) "Metalog" bzw. "metalogisches Prinzip" genannt hat. Er meint damit, daß sich die Themen eines Gesprächs auch in der Struktur und dem Prozeß des Gesprächs widerspiegeln. Wir wollen unserem Vorsatz **Do what you teach – teach what you do** auf den folgenden Seiten treu bleiben, indem wir unsere Beschreibungen und Gedanken durch Fragen an Sie begleiten.

Rahmen

In dem Buch: "Psychotherapie im Wandel – Von der Konfession zur Profession" beschreiben GRAWE, DONATI und BERNAUER (1994) in umfassender Form ihre Forschungsergebnisse zur Wirksamkeit von Psychotherapie. Einer der vier zentralen Wirkfaktoren, die sie herausgefiltert haben, ist die Ressourcenaktivierung. Dazu gehört natürlich auch, daß die positiven Möglichkeiten und Ressourcen sowie die aktuellen Bemühungen des Patienten, des Therapeuten oder auch des Teams entsprechend differenziert gewürdigt werden: " Für ein gutes Therapieergebnis kommt es nach Hunderten von Forschungsbefunden vor allem darauf an, daß der Patient seinen Therapeuten als ihn unterstützend, aufbauend, in seinem Selbstwert positiv bestätigend erlebt ..... "

Sowohl die Grundannahmen des lösungsorientierten Ansatzes als auch seine praktischen Vorgehensweisen sind grundsätzlich ressourcenorientiert (WALTER & PELLER, 1994). Wir wollen in diesem Kapitel einige differentielle, in unserer Praxis bewährte und hoffentlich auch für Sie nützliche Anregungen für die konkrete Verwirklichung des Faktors "Ressourcenaktivierung" in Therapie, Supervision und Ausbildung beschreiben.

Einleitende Fragen

Fragen haben sich im Rahmen von Aus- und Weiterbildung als Einladung zu einer self-reflecting position (Tom ANDERSEN, 1990) bewährt. Den paradoxen Hinweis, daß Sie unsere Fragen nicht lesen oder aber wenigstens teilweise überspringen sollten, ersparen wir uns natürlich. Stattdessen laden wir Sie im Sinne des metalogischen Prinzips zur Beantwortung ein:

1. Frage: Was müßten Sie tun, um sich das Lesen dieser Seiten so angenehm wie möglich zu machen?

2. Frage: Erinnern Sie sich noch an die Frage, die vor einem Jahrzehnt ganz aktuell war: **Haben Sie heute schon jemanden gelobt?**

3. Frage: Glauben Sie auch an den populären Satz unserer Eltern und Großeltern: **Eigenlob stinkt?**

4. Bitte: Notieren Sie sich drei persönliche Fragen zu diesem Kapitel!

Sind es „ungelöste" Fragen, auf die Sie noch keine Antwort haben?

Sind es Fragen, auf die Sie schon Teilantworten haben?

Sind es Fragen, die Sie sich schon oft gestellt und beantwortet haben – so daß Sie Ihre mit unserer Meinung vergleichen können?

5. Frage: Wie werden Sie sich die Antworten merken, die Sie diesbezüglich auf den nächsten Seiten bekommen?

Bevorzugen Sie dabei:

Notizen	Zeichnungen	innere Bilder
Merksätze	Mottos	Töne
Bewegungen	Symbole	....................?

6. Frage: Welchen persönlichen Stil haben Sie im Laufe der Jahre entwickelt, um sich besondere Informationen (Unterschiede, die einen Unterschied machen) beim Lesen zu markieren?

Gehört es zu Ihren individuellen Gewohnheiten,

- wichtige Worte und Sätze anzustreichen und/oder mit Farben hervorzuheben
- einen interessanten Gedanken im "inneren Dialog" zu begrüßen und mit Ausrufen / Bemerkungen (negativ / positiv) zu konnotieren
- eine überraschende Information i.S. eines AHA-Effektes mit mehr oder weniger deutlichen Körperbewegungen zu kommentieren?

Skalieren als Entree zur Ressourcen-Aktivierung

Zu den wesentlichen Fragetypen des lösungsorientierten Interviews zählen die Skalierungsfragen. Diese Fragen werden üblicherweise im Hinblick auf Motivation, Zuversicht, Problemlösungen sowie Therapiefortschritte und – besonders in der Paartherapie – in bezug auf die Bewertung von Beziehungen gestellt. Man beginnt in der Regel und der Einfachheit halber mit einer Bestimmung des aktuellen Ist-Zustandes zwischen zwei definierten Polen und fragt dann weiter nach Modifikationen und Veränderungen, wobei es bei der Beantwortung hauptsächlich auf den jeweiligen Unterschied in der Bewegung zwischen diesen beiden Polen ankommt.

7. Frage: Stellen Sie sich bitte vor, Sie sollten Ihre aktuelle Konzentration beim Lesen dieses Kapitels einschätzen: mit welcher der folgenden Pole würden Sie das am liebsten tun?

> auf einer Skala / mit Zahlen von 0 bis 10

> auf einer Skala / mit Zahlen von – 5 bis + 5

> auf einer Skala / mit Zahlen von – 10 bis 0

Durch diese Frage wollen wir Ihre Aufmerksamkeit auf etwas lenken, das man als "emotionales Bedeutungsumfeld" bezeichnen könnte. Im Praxisalltag geben wir üblicherweise den Zahlen-Rahmen von 0 bis 10 vor, der in der Regel von den Klienten auch ohne weitere Nachfragen akzeptiert wird.

Wir bitten die Klienten zunächst um eine intuitive und pauschale Selbsteinschätzung, die wir dann anschließend in drei wesentliche Richtungen spezifizieren können, je nachdem ob wir den Selbstbeobachtungs-, den Selbstbewertungs- und/oder den Selbstverstärkungs-Aspekt hervorheben wollen.

Um die Genauigkeit der Informationen, die wir als Antwort bekommen, zu erhöhen und die Selbst-Beobachtung der Klienten zu präzisieren, können wir z.B. vorschlagen die Meßzahlen der Skalierung lupenartig zu erweitern (z.B. von 0 bis 100 und dabei Prozentangaben benutzen). Wir unterstellen dabei Linearität und tun so, als ob der Abstand zwischen den einzelnen Einheiten für alle Beteiligten gleich ist. Diese Vorannahme muß aber nicht der „psychologischen Metrik und den Lernmythen" der Klienten entsprechen.

Zusätzlich zu der informatorischen Absicht haben die Skalierungsfragen aber immer auch einen „bewirkenden" Aspekt (Karl Tomm, 1989). Sie fordern zu einem Prozeß der Selbst-Bewertung heraus, der zunächst oft eher emotional-diffus ist und später dann über mehr Bewußtheit zu einer zielgerichteten Selbst-Beeinflussung führen kann. Wir gehen davon aus, daß die Skalierung von Verhaltensweisen intraindividuell immer auch in dem umfassenderen Rahmen der persönlichen Werte und Überzeugungen geschieht. Dementsprechend ist die Frage des Therapeuten nach den emotionalen Präferenzen der Klienten bei der Skalierung ein Versuch, im Sinne von **Pacing/Joining** das individuelle Werte-System der Klienten zu berücksichtigen. Es hat sich sowohl in unserer Praxis als auch im Ausbildungskontext bewährt, grundsätzlich die Möglichkeit solcher besonderen Rahmungen mit einzubeziehen. Wir tun dies einmal, indem wir die digitale Abfrage folgendermaßen „emotionalisieren":

8. Frage: Welche Zahlenfolge und Zahlenabstände bevorzugen Sie gefühlsmäßig als Markierung?

Welche symbolische Bedeutung hat das für Sie?

Zum anderen besteht die Möglichkeit, den persönlichen Entwicklungsprozeß und aktuellen Standpunkt überhaupt nicht durch Zahlen, sondern auf analoge Weise zu visualisieren, um damit den individuellen und emotionalen Kontext besser zu berücksichtigen.

9. Frage: Würden Sie lieber gar nicht mit Zahlen, sondern mit einer Markierung auf einer Linie antworten?
Wie sollten diese Linie dann im Raum gezeichnet sein?

Welche Raumlage und Richtung analogisiert Ihre Idee von Fortschritt und Annäherung an Ihr Ziel am besten?
Welche Linienführung “suggeriert“ mehr Lösungs- und Zielorientierung?

Horizontal?

Oder senkrecht?

Oder schräg aufwärts?

Zusätzlich zur Richtung der Linien spielt für manche Klienten auch noch die Art und Weise der Strichziehung (dünne, dicke Linien) eine symbolische Rolle.

Wir wollen die Diskussion der möglichen, emotionalen Wertigkeit besonderer Zahlenfolgen und Linienführungen in diesem Rahmen nicht übertreiben. Für die Praxis ist es in der Regel völlig ausreichend, die Skalierungsfragen in Form von Zahlen und einer Linie auf ein Blatt Papier oder eine Flip-chart zu zeichnen. Dies kombiniert die Vorteile sowohl der linearen als auch der analogen Vorgehensweise und läßt den Klienten ausreichend „emotionalen Spielraum“.

Zum Zweck der Vereinfachung und Zeitersparnis wurde uns manchmal schon die Frage gestellt, warum wir nicht vorgedruckte Skalierungsbögen als Arbeitspapiere für die Therapiesitzungen verwenden? Zum einen wollen wir den Eindruck einer Art vorbereiteter, psychologischer Testung in diesem Zusammenhang grundsätzlich vermeiden, da diese in der Regel problem- bzw streßinduzierend wirken. Darüberhinaus erscheint uns für einen guten Rapport die aktuelle, im Gesprächskontext gestaltete und evt. sogar gemeinsame Anfertigung einer Skizze wesentlich angemessener.

Wir diskutieren die verschiedenartigen Vorgehensweisen beim Skalieren erstens, weil wir im Sinne therapeutischer Flexibilität „die Sprache und Weltkonstruktion der Klienten" als Ausgangspunkt nehmen und nicht nur im Sinne von Selbstbeobachtung, sondern auch in Richtung intraindividueller Selbstbewertung und Selbstverstärkung ergänzen wollen. Zweitens vertreten wir die Auffassung, daß die Interaktion KlientIn/TherapeutIn umso „sinnvoller" wird, je mehr Sinnesmodalitäten dabei berücksichtigt und genutzt werden.

Wir plädieren deswegen dafür, interaktionell alle Sinne anzusprechen, d.h. unsere Fragen, Komplimente, Botschaften und Aufgaben immer absichtlich (nicht nur als Pacing, sondern auch als Leading) auf mehreren Sinneskanälen zu senden. Dies entspricht der uralten Tradition therapeutischer Heilungszeremonien und Rituale, die immer den ganzen Menschen mit all seinen Sinnen ansprachen (Imber-Black, 1993). Einzelne Therapieschulen stellen bestimmte Sinneskanäle in den Vordergrund (Hören/Sprechen in der Gesprächstherapie, Bewegen/Handeln im Psychodrama, etc.). Erst in neuerer Zeit ist der Zusammenhang aller Sinnesmodalitäten und die Berücksichtigung und Integration von Submodalitäten als wesentliche Wirk- und Veränderungsgröße im therapeutischen Prozess wiederentdeckt worden (besonders im Neurolinguistischen Programmieren, Bandler & Mac Donald, 1990) .

In der Therapie mit einnässenden Kindern hat es sich z.B. bewährt, die jeweiligen Fortschritte (z.B. die trockenen Nächte) nicht nur in Form von Kreuzchen oder Zahlen beobachten zu lassen, sondern die positive (Selbst-)Bewertung direkt durch ein Symbol (z.B. ein Smily) zu skalieren. Wenn man den lustvollen und (selbst-)verstärkenden Aspekt der Skalierung trockener Nächte ganz in den Vordergrund stellen will, empfiehlt es sich, statt Zahlen und Bildern z.B. die Lieblings-Bonbons der Kinder zur „gustatorische Skalierung" zu verwenden.

Bestimmte pädagogische Konzepte betonen ebenfalls diesen Zusammenhang. Dort lernen Schulkinder z.B. das Einmaleins mit allen Sinnen: sie sprechen die Zahlen (auditiv), sie lesen sie (visuell) und schreiben sie (visuell/motorisch), sie lernen sie im Gehen, d.h. indem sie sich mit dem ganzen Körper bewegen (motorisch-kinästhetisch) und sie verleiben sie sich ein, nachdem sie sie geformt und gebacken haben (vgl. „Russisch-Brot").

Ebenso bevorzugen manche Erwachsene das kinästhetische Skalieren, indem sie spontan ihre Fortschritte z.B. durch Bewegen von Daumen und Zeigefinger oder den Abstand beider Hände anzeigen. Solche

Menschen greifen gern den Vorschlag auf, ihre „Fort-Schritte" im ursprünglichen Sinne des Wortes durch Vorwärtsgehen zu verdeutlichen.

Nach unserer Erfahrung können all unsere Sinnesmodalitäten als Ausgangspunkt zu einem ernsthaften und zugleich humorvoll-spielerischen Skalieren dienen:

- **auditives Skalieren:** Benennung von Zahlen und Gespräch über Meß-Einheiten – auch als innerer Dialog
- **visuelles Skalieren:** Zeichnen von Zahlen und Linien, Schreiben von Worten, Malen von Formen und Analogien
- **kinästhetisches Skalieren**: analoge Bewegungen von Fingern Händen, Armen, Beinen und des ganzen Körpers (z.B. auf einer Time-Line Standpunkte markieren und Fort-Schritte zeigen)
- **gustatorisches Skalieren**: etwas „geschmackvoll" und „dufte" finden und es auf diese Weise analog markieren.

10. Frage: Haben Sie jetzt schon Ideen, welche Art der Skalierung Sie für sich zukünftig sowohl in ernsthafter als auch spielerischer Weise ausprobieren wollen?

Skalieren von Veränderungsprozessen

Besonders bei umfassenderen oder zeitlich längerfristigen Zielen können die Vorstellungen der Klienten über die Art und Weise des Veränderungsprozesses sehr unterschiedlich sein. Individuen, Paare und Familien haben aufgrund ihrer Biographie und ihres sozialen Kontextes jeweils spezifische Veränderungs- und Lern-„Mythen" herausgebildet; sie bilden den großen Rahmen für die jeweils punktuelle Skalierung, sind aber oft wenig bewußt und explizit, sondern „weich" und noch formbar. Solche außerbewußten Entwicklungspläne und impliziten Vorstellungen über den Verlauf von Lernen und psychischer Veränderung können in analoger Weise zu erfassen versucht und dargestellt werden (siehe Abb. S. 26).

Die Zeichnungen zeigen exemplarisch drei verschiedene Erwartungs- und Verlaufstypen in Zeitraffertechnik:

1. Menschen, die den Anfang einer Veränderung als schwer erleben, dann immer leichter und zum Ziel geht alles fast „wie von selbst ".
2. Menschen, die sehr schnell mit Veränderung beginnen, für die dann aber alles immer schwerer und schwerer wird, bis sie schließlich kaum mehr weiter können.

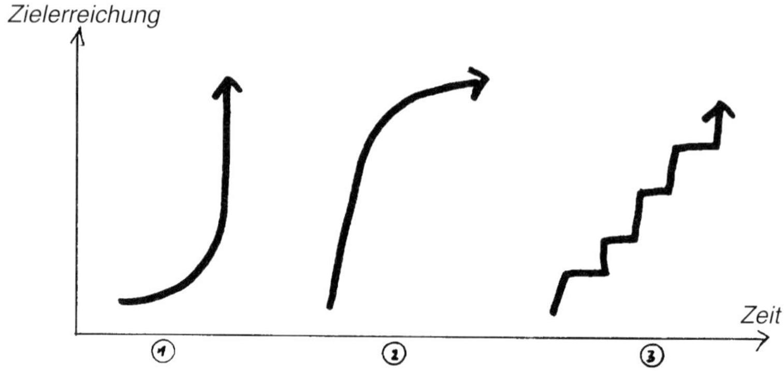

3. Menschen, die abwechselnd schnell vorwärtskommen, dann aber eine Ruhe und Konsolidierungsphase brauchen, dann wieder schnell vorangehen, dann wieder ausruhen usw. – quasi stufenweise.

Aufgrund dieser Überlegungen zum möglichen Verlauf von Veränderungsprozessen sollte man zwischen zwei Typen von Skalen unterscheiden:

- Skalen i. S. von Momentaufnahmen und Zustandsbeschreibungen

sowie

- Skalen als Analogien von Erwartungen über Veränderungsprozesse.

11. Frage: Mit welcher Zeichnung würden Sie Ihre eigenen längerfristigen Veränderungsmythen charakterisieren?

In der täglichen Arbeit mit Klienten kommt es hauptsächlich auf den jeweils nächsten Schritt an: der Weg entsteht beim Gehen, d.h. die Veränderungslinen und -kurven schreiben sich im Tun und können erst anschließend abgebildet werden. Im Gegensatz zu der oben angewandten Vorgehensweise, lange Zeiträume in einem sehr verkürzten Schema darzustellen, möchten wir jetzt in einer Art extremer Zeitlupe die Momente herausvergrößern, in denen der Klient sich in Richtung seiner Ziele bewegt und Fortschritte macht, die im Sinne des lösungsorientierten Vorgehens als "erfolgreiche Schritte" eingesammelt und gewürdigt werden müssen.

Um den Prozeß der Annäherung an das Ziel/die Ziele sowohl innerhalb einer Therapiestunde als auch besonders zwischen den Stunden besser zu charakterisieren, bieten wir oft an der Tafel folgendes Verlauf-

Schema an, in dem Problem- und Lösungs-Phasen (Abwärts- und Aufwärtsbewegungen) abwechselnd vorkommen:

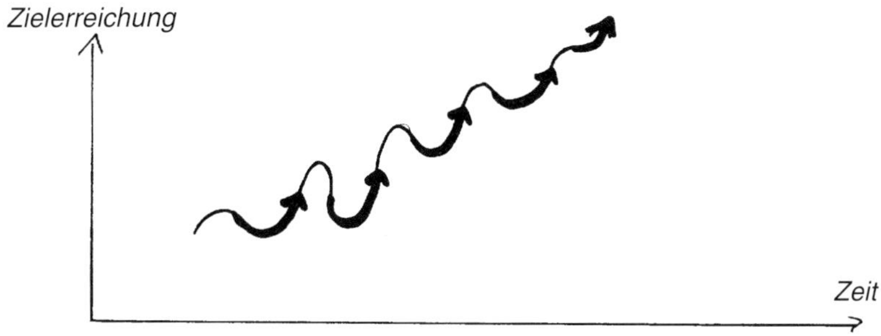

Der Moment des Fortschreitens, der hervorgehoben werden soll (weil er den Unterschied macht, der den Unterschied macht) wird von uns üblicherweise an der Tafel oder Flip-chart als Aufwärtsbogen skaliert, gleichgültig wie minimal er ist. Wir haben die Erfahrung gemacht, daß Klienten diese Vorwärtsbewegung zu ihrem gewünschten Ziel hin emotional auch als eine Art „Aufwärtsbewegung" erleben. Antworten auf die Fragen „Was ist besser? Was ist besser geworden?" und (wenn man Selbst-Kontrolle unterstellt) „Was haben Sie anders gemacht? – Was haben Sie gemacht, damit es wieder besser ging?" lassen sich sowohl in Zahlen als auch in analoger Weise skalieren. Dementsprechend bieten wir folgende visuelle Analogien:

Statt einer zeichnerischen Visualisierung kann auch eine fühlbar-kinästhetische Symbolisierung des Aufwärtstrends angemessen sein. Die kontinuierliche Erweiterung der Sammlung von Beispielen („Was noch?") sollte zunächst immer wieder mit einer erneuten Zeichnung bzw. Bewegung begleitet werden, um das Aufwärts-Prinzip zu veranschaulichen bzw. als Gefühl zu verkörpern.

Nach unserer Erfahrung verändert sich bei den meisten Klienten mit jedem Beispiel und jeder Wiederholung des Vorgangs der Fokus der Aufmerksamkeit, weg von der vergangenheitsbezogenen Selbstbeobachtung hin zur gegenwarts- und zukunftsbezogenen Selbstverstärkung.

Auch die Frage „Wie haben sie es geschafft, daß es Ihnen nicht schlechter ging?“ kann als Zeichnung bzw Bewegung analogisiert werden:

Folgende Zeichnung paßt zur Frage „Was hätte passieren müssen, damit es Ihnen schlechter gegangen wäre?“ bzw. „Was müßten Sie tun, damit es Ihnen garantiert schlechter gegangen wäre?“

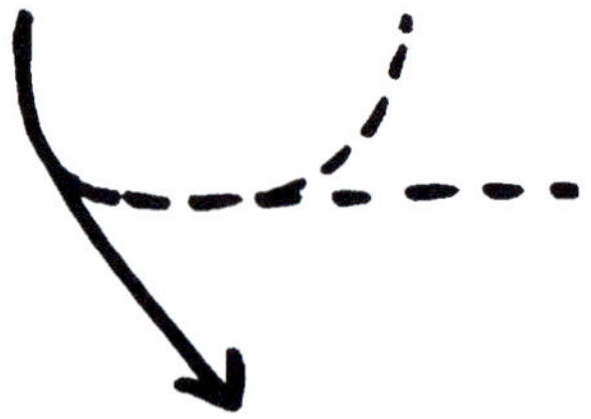

Diese Zeichnungen fokussieren in exemplarischer Weise auf die drei Möglichkeiten, die sich ereignen und beeinflußt werden können. Sie gestalten sich parallel zum Einsammeln von Beispielen aus der Vergangheit oder aus als-ob-Zeiträumen; sie veranschaulichen die jeweiligen Wahlmöglichkeiten in der Gegenwart; sie helfen die persönlichen Lern- und Veränderungsmythen in konstruktiver Weise zu formen und präzisieren die Überzeugung zukünftiger Kontrollierbarkeit, sowohl im Bezug auf die ursprüngliche Problematik als auch auf künftige und längerfristige Veränderungsprozesse.

Dimensionen für die Arbeit mit Komplimenten und Dokumenten

Im Rahmen unserer systemisch-lösungsorientierten Vorgehensweise schlagen wir vor, die therapeutische Arbeit mit Komplimenten, Aufgaben und Dokumenten nach folgenden drei Aspekten/Dimensionen zu ordnen:

1. die Sinnesmodalitäten, in der die Kommunikation zwischen Klient und Therapeut primär stattfinden;
2. die psycho-logischen Ebenen des Klienten, auf die sich Interaktionen und Interventionen beziehen;
3. die Interaktionsphasen im Therapieverlauf.

Sinnesmodalitäten

Die lösungsorientierte Therapie geschieht in der Regel im Gespräch. Klient und Therapeut konzentrieren sich auf das Sprechen und Hören von Worten und Sätzen – die Kommunikation verläuft vornehmlich im auditiven Sinneskanal. De Shazer und Kim Berg sprechen folgerichtig von "solution TALK". Aus unserer Arbeit mit Symbolen, symbolischen Handlungen und Ritualen wissen wir, daß es sehr wirksam ist, an der therapeutischen Kommunikation möglichst alle Sinne bzw. den "ganzen" Menschen zu beteiligen. Im Neurolinguisitschen Programmieren wird ausdrücklicher Wert darauf gelegt, möglichst immer die einzelnen Sinnesmodalitäten zu berücksichtigen, sowie zum Zweck der Veränderung und Neuordnung zu utilisieren. In unserer Praxis hat es sich als nützlich erwiesen, den solution TALK in Richtung von solution VIEW und solution WALK bzw. MOVE zu erweitern.

Eine sehr schöne Möglichkeit der kinästhetischen Skalierung finden wir in Robert Dilts´ Meta-Kognitions-Strategie:

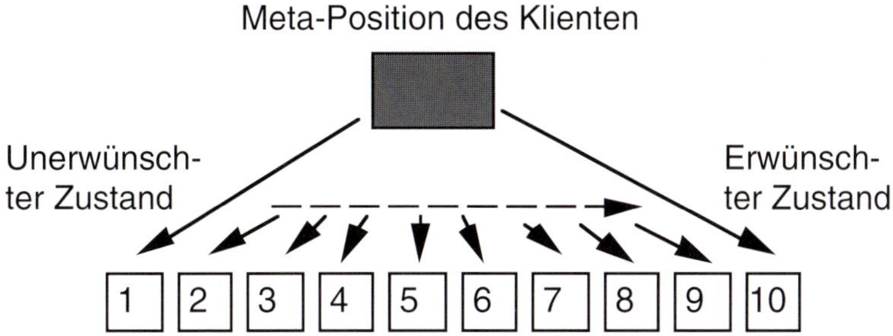

Der Klient wird zunächst gebeten, nacheinder die beiden Extrem-Positionen Wert 1 und Wert 10 einzunehmen und möglichst detailliert zu beschreiben, worin sie sich wahrnehmungsmäßig unterscheiden. Die Klienten beschreiben zunächst, was sie tun (äußerer Prozeß), was sie denken und empfinden (innerer Prozeß) und worin der Unterschied für sie besteht. Danach bewegen sie sich Schritt für Schritt von Wert "1" in Richtung Wert „10", wobei sie uns immer ihre subjektive Repräsentation dieses Wertes mitteilen. In diesem Prozeß kreiert die Person zugleich auf selbst-reflexive Weise ein äußeres und inneres Bezugssystem für sich selbst. Die Praxis zeigt, daß diese Beschreibungen sehr realistisch und angemessen sind; sie fußen weitgehend auf Erfahrungen, die die Klienten in der Vergangenheit oder zwischen den Therapiesitzungen gemacht haben („Ausnahmen", „ein bißchen wie ein Wunder", „der nächste Hinweis für Fortschritt" o.ä.) und wirken auf diese Weise wegweisend für die Zukunft („wirk-lich" i.S. von erreichbar und „orientierend" i.S. von Perspektiven gebend). Dieses Vorgehen ermöglicht es, in kürzester Zeit – meist innerhalb einer Sitzung – den Gesamtverlauf des Veränderungsprozesses mit verschiedenen Tempi (Zeitlupe beim Entwickeln der einzelnen Positionen, Zeitraffer beim nochmaligen Durchschreiten) zu durchlaufen. Die Meta-Position ermöglicht dabei den Klienten, eine Beoachter-Perspektive in bezug auf sich selbst einzunehmen, Übergänge und Schwellenmuster wahrzunehmen und im Sinne eines Selbst-Coachings oder Selbst-Managements feine Hinweise dafür zu bekommen, worin die Unterschiede bestehen, die einen Unterschied machen.

Psycho-logische Ebenen

Gregory Bateson hat angeregt, zwischen verschiedenen Ebenen der menschlichen Kommunikation und des Lernens zu differenzieren. Darauf bauend unterscheidet Robert Dilts die folgenden psycho-logische Ebenen:

> Spiritualität
> Identität
> Glauben, Werte, Überzeugungen
> Fähigkeiten, Fertigkeiten
> Verhalten
> Kontext, Umgebung.

Diese Ebenen sind „psycho-logisch" miteinander im Sinne eines Netzwerkes verbunden. Jede Ebene folgt eigenen Regeln, interagiert aber mit den anderen. Je höher etwas angesiedelt wird, desto zentraler und bestimmender ist es in der Regel auch. So berichten z.B. Klienten häufig über Dinge, die sie getan haben und die für uns als Beobachter/

Zuhörer den Schluß nahelegen, daß sie über eine bestimmte Fähigkeit/ Verhaltensmöglichkeit verfügen. Schreiben sie dies jedoch „der Situation“ oder „den anderen“ zu, so werden sie nicht davon überzeugt sein, daß sie etwas wiederholen können. Limitierende Einstellungen verhindern die weitere Nutzung eines Potentials, welches der Beobachter wahrnehmen kann. Umgekehrt belegen viele Beispiele aus der Therapie mit Schwerstkranken, daß „der Glaube Berge versetzen kann“. Die richtige Einstellung aktiviert ein ganzes Ensemble von Fähigkeiten und dazugehörigen Verhaltensweisen.

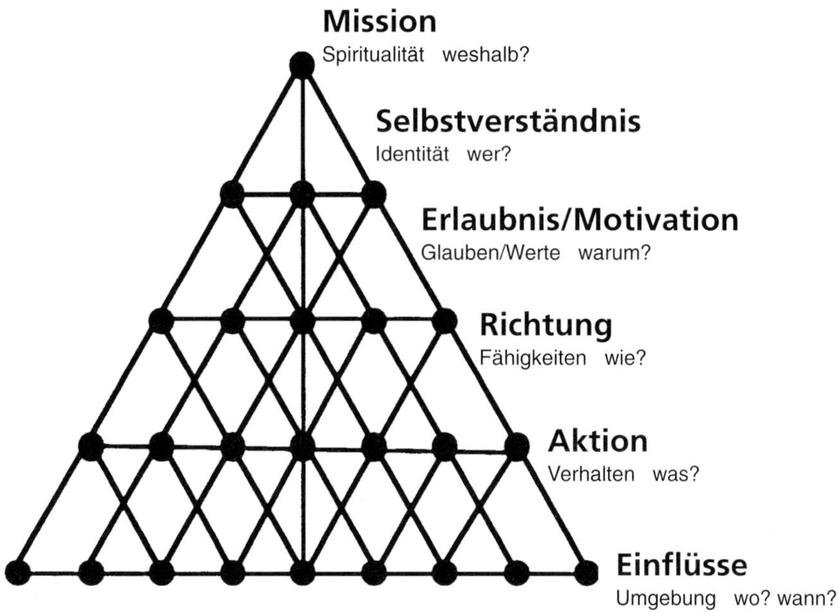

Netzwerk der psycho-logischen Ebenen

Wir wollen diese Prämissen mit den Voraussetzungen des lösungsorientierten Ansatzes in Verbindung bringen. Eine wesentliche Vorannahme ist, daß das Erreichen von Lösungen und Zielen darin besteht, die Häufigkeit und Wichtigkeit der Ausnahmen für den Klienten zu steigern. Die lösungsorientierte Therapie unterstützt Menschen bei der Erreichung ihrer Ziele, indem sie ihnen hilft, günstige Zufälle neu und anders zu attribuieren bzw. zu beeinflussen, erwünschte Ausnahmen häufiger zu produzieren und Verhalten, das zum Ziel führt, zu wiederholen und zu generalisieren. Die Bewegungen im Veränderungsprozeß verlaufen also

1. von instabil (zufällig, einmalig, selten) zu stabil (manchmal, öfter, fast immer) und
2. von external (zufällig, kontextabhängig) zu internal (persönlich, selbst-kontrolliert und -initiiert).

Die Fragen „Wann gab es schon einmal etwas, das ein bißchen wie das Wunder war?" und „Was ist besser?", „Wie haben Sie das geschafft?" fokussieren genau auf diese Dimensionen. Pointiert ausgedrückt läßt sich der immer wieder entscheidende Wendepunkt an der Betonung folgender Fragen ablesen. „Wie haben Sie **das** geschafft?" läßt das Ereignis noch als Glückstreffer gelten; „Wie haben **Sie** das geschafft?" fragt nach der (zunehmenden) persönlichen Kontrollierbarkeit.

Auf dem Weg von der externalen und instabilen zur internalen und stabilen Attribuierung von Ereignissen haben sich Skalierungen, Komplimente, Botschaften und Aufgaben gut bewährt. Dieses Kapitel soll eine Ermunterung sein, die bewährten Vorgehensweisen noch weiter zu optimieren; zum einen durch die Miteinbeziehung aller Sinnesmodalitäten, besonders durch Visualisierungen; zum zweiten durch die Möglichkeiten einer schriftlichen und symbolischen Dokumentation, die wiederum drittens eine absichtsvolle Attribuierung der Fortschritte im Sinne der psycho-logischen Ebenen miteinschließt.

Interaktionsphasen im Therapieverlauf

Im zeitlichen Rahmen der Therapie ergeben sich viele Möglichkeiten, mit Komplimenten, Aufgaben und Dokumenten zu arbeiten; oft beginnt die Suche nach Ausnahmen und Veränderungen mit kleinen, gezielten Ermunterungen: Kurzreframings, anerkennende Kommentare und Zwischenbemerkungen; auch die wiederholende Aufzählung von Ausnahmen und erfolgreichen Handlungen sind Formen des „cheerleading", durch die zugleich Rapport gestärkt als auch die Ressourcen-Orientierung aufrecht erhalten und ausgeweitet wird. Wenn die Fortschritte des Klienten schneller und häufiger auftreten, dann ist es an der Zeit, zu Zeitraffer-Techniken und generalisierenden Komplimenten (z.B. in Form von Beurkundungen) überzugehen. Folgende fünf Zeitabschnitte sind nach unserer Meinung dabei von besonderer Bedeutung:

> vor der ersten Sitzung
> im Verlauf einer Sitzung
> am Ende einer Sitzung durch die “Abschlußintervention” von Therapeut und Team
> zwischen den einzelnen Sitzungen
> zum Ende der Therapie

Während der Sitzung

In diesem Abschnitt gehen wir besonders auf die verschiedenen Sinnesmodalitäten ein; am weitesten verbreitet und am meisten bekannt ist sicherlich das Cheerleading von Fortschritten und Erfolgen mit Worten, Ausrufen und Tönen. Das Spektrum reicht vom leisen, anerkennenden MMHHH bis zu Ausrufen des Erstaunens und der Bewunderung; je nach Alter, familiären und gesellschaftlichen Gewohnheiten usw. hört sich das etwa so an: KLASSE! , BESTENS! , EHRLICH? oder EHRLICH GUT! Im Englischen können die spontanen Komplimente etwa lauten: WOW! AMAZING! SAY THAT AGAIN? oder INCREDIBLE!

12. Frage: Welche anerkennenden Ausrufe, Worte und Sätze sind für Sie typisch?

In kurzzeittherapeutischen Katamnese-Studien wird immer wieder bestätigt, wie wesentlich das Cheerleading während der Sitzung und die positive Konnotation bei der Formulierung der Interventionen am Ende von Sitzungen für die Klienten ist (z.B. GRØNAS, 1994).

Statt der ausgesprochenen Anerkennung – oder zusätzlich dazu – kann es sehr effektiv sein, wenn der Therapeut die Klienten fragt, wie – mit welchen Worten, Sätzen und Tönen – sie sich selbst zu ermutigen und zu loben pflegen. Viele Menschen in unserem Kulturkreis haben in ihrer Kindheit gelernt, daß „Eigenlob stinkt“ und tun sich dementsprechend zunächst schwer; mit diesen Menschen ist eine mehr oder weniger explizite Erörterung und Revision dieses Grundsatzes im Laufe der Therapie in der Regel unvermeidlich; für sie ist es manchmal leichter zu sagen, mit welchen Worten sie im Alltag für ihre Kinder, Partner und Freunde ermunternd wirken.

Nach unserer Erfahrung lohnt es sich, die individuellen und höchstpersönlichen Formen sprachlicher Ermunterung in der Weise zu würdigen, daß man die Klienten bittet, ihre ureigenen Worte und Sätze direkt und evt. während einer kurzen Gesprächspause („Ja, am besten jetzt gleich!") für sich selbst zu erinnern und aufzuschreiben („Wir können Ihnen ein paar kleine Kärtchen geben, damit Sie es sich aufschreiben können?!"). Diese Empfehlung entspricht unserer oben genannten Maxime, nicht nur die auditive Modalität, sondern möglichst auch die anderen Sinne mit einzubeziehen, um die innere Beteiligung immer dann zu erhöhen, wenn es wichtig erscheint. Aufschreiben erfordert Bewegung, das Ergebnis ist sichtbar und kann „schwarz auf weiß" mit nach Hause genommen werden!

Kommen wir zur Bewegung, Motorik und Kinästhetik. Eine u.a. durch DE SHAZER bekannt gewordene Form der Gratulation während einer Therapiestunde ist das Aufstehen des Therapeuten, Hingehen zum Klienten und ihm die Hand geben. Beim ersten Mal ist dieser Händedruck für den Klienten überraschend und vielleicht sogar etwas irritierend, aber in der Regel deswegen umso einprägsamer. Wenn ein solches, spürbares Kompliment beim Klienten zusätzlich noch angenehme Erinnerungen (an Gratulationen zum Geburtstag oder andere schöne Situationen) wachruft, potenziert sich die Wirkung dieser therapeutischen Geste. Die Form der Anerkennung läßt sich im Laufe einer Therapie dadurch spielerisch dosieren, daß man nicht jedesmal aufsteht und zum Klienten hingeht, sondern z.B. sitzenbleibend nur die ausgestreckte Hand wie zu einer Gratulation hinüberreicht – manchmal so beiläufig, daß das Gespräch gar nicht unterbrochen wird, sondern die symbolische Bewegung die gerade gesprochenen Worte quasi dick unterstreicht. Kinästhetisches Markieren erweitert den auditiven Rahmen des Gesprächs; es ist beim ersten Mal einprägsam und wird dann – wie wir immer wieder erfahren – auch vom Therapeuten erwartet. So antwortete neulich Frau B., der ich gerade wieder die Hand zum Kompliment geschüttelt hatte: "Ich habe schon gestern zu meinem Mann gesagt, wenn ich das Herrn Dreesen erzähle, wird er sicher wieder aufstehen und mir die Hand drücken! " – Gut, daß ich es von mir aus getan hatte!

13. Frage: Auf welche Art und Weise drücken Sie nonverbal Ermunterung und Anerkennung aus?

Die meisten Klienten suchen natürlicherweise immer schon nach nonverbalen Hinweisen, mit denen ihr Therapeut sie motiviert und/oder kritisiert. In dieser Sinnesmodalität reicht das Spektrum ebenfalls von minimalen Gesichtsbewegungen bis hin zu markanten und absichtsvollen Gesten. Am wichtigsten ist, daß zwischen Therapeuten und Klienten die gute Absicht des feedbacks und feed forewards i.S. von Ermunterung eindeutig kommuniziert wird. Zu einem adäquaten Rapport gehört die gegenseitige Kongruenz und Akzeptanz; wenn Sie selbst ein ausgeprägt kinästhetischer Mensch sind, werden Sie als TherapeutIn auch längst typische Ausdrucksweisen für sich erfunden haben. Wenn sich für Sie das Gratulieren und Applaudieren in dieser Form nicht so gut „anfühlt", könnten Sie dennoch Ihren Klienten (besonders wiederum kinästhetische Typen) anregen, sich selbst probehalber und spielerisch-ernst z.B. einmal anerkennend auf die Schulter zu klopfen. Sie könnten Klienten auch nach persönlichen Gewohnheiten fragen, wie sie ihre Zufriedenheit mit sich selbst körperlich und bewegungsmäßig ausdrükken; manche lehnen sich dann – als unmittelbare Antwort – z.B. etwas im Stuhl zurück, andere verändern die Tiefe ihrer Atmung – wichtig ist, was sich für den Klienten gut anfühlt und wirkt! Und wenn es gut ist, mach´ mehr davon!

Mit manchen Klienten „bauen" wir während der Therapiestunde gleichermaßen praktisch-handelnd wie symbolisch-dokumentierend eine Skalierung ihrer Fortschritte und Veränderungen; für jeden Erfolg, den die Klienten berichten, können sie selbst – oder wir mit ihnen – z.B. einen Baustein aus einem (Holz- oder Lego-)Baukasten nehmen und auf dem Tisch plazieren. Natürlich eignen sich dazu auch Papierschnipsel, Büroklammern, Steine oder Münzen – eben alles, was „greifbar" ist; in unserer Praxis haben wir u.a. auch eine Schale mit Bonbons stehen, um bei passenden Gelegenheiten (keineswegs nur in der Therapie mit Kindern!) die Möglichkeit zu haben, bestimmte Erfolge auch „geschmacklich" zu würdigen. Jedenfalls wird im Schmecken und in der Bewegung des (Be-)Greifens der aufbauende Prozeß „Bonbon für Bonbon fühlbar" oder „Stein für Stein faßbar".

In der alltäglichen Praxis werden Solution TALK und Solution WALK durch die verschiedenen Methoden der VISUALISIERUNG ergänzt. Während der Therapeut z.B. die Möglichkeiten einer Skalierung einführt und mit Worten erklärt, kann er zur gleichen Zeit eine Line auf ein Blatt Papier zeichnen und damit beim Klienten mehr oder weniger gezielt Assoziations-Bilder an Zahlen, Alltags-Skalen und die Idee der Meßbarkeit anregen. In unserer Praxis stehen wir in der Regel während des Sprechens auf, gehen an eine bereitstehende Flip-chart bzw. Schultafel und zeichnen die Linen zur Skalierung großflächig auf. Wenn die Klienten uns konkrete Maßzahlen bzw. analoge Skalenpunkte nennen, entscheiden wir uns intuitiv für eine der folgenden Möglichkeiten, nämlich entweder diese Angaben zunächst noch selbst auf die Tafel zu zeichnen oder aber die Klienten schon von Anfang an dazu einzuladen, ihre

Eintragung eigenhändig vorzunehmen. Die Aufforderung an die Klienten, mit uns zusammen an der Tafel ihre Fortschritte zu skalieren, entspricht unserem Prinzip, nicht nur zu sprechen, sondern immer auch „etwas zu tun“ und den Klienten schon während der Sitzung ganz konkret neue Perspektiven einnehmen und neue Standpunkte ausprobieren zu lassen; darüberhinaus ist für viele Klienten die Zusammen-Arbeit an einer Tafel auch ein anschauliches und fühlbares Beispiel für die Ko-Evolution und Ko-Kreativität im therapeutischen Prozeß.

Visualisierungen sind nicht nur im Rahmen von Skalierung interessant. Ebenso nützlich erweisen sie sich für die Hervorhebung, Würdigung und Verstärkung von spezifischen Schlüssel-Begriffen. Weiter oben haben wir schon einmal darauf hingewiesen, daß wir Klienten manchmal mitten im Gespräch direkt dazu auffordern, anerkennende (wiederentdeckte oder neu entwickelte) Selbstverbalisationen zu notieren. Die Tatsache, daß solche wichtigen Worte einzeln auf Kärtchen oder an die Tafel geschrieben werden, hat mehrfache Auswirkungen; erstens wird durch das Aufschreiben der Gesprächsfluß verlangsamt und für Sekunden eine Art „reflecting position“ zwischengeschaltet; diese „Reflexion“ wirkt wie ein Spiegel, der Licht auf etwas Besonderes wirft, das zur Lösung bzw. Zielerreichung beiträgt. Zweitens wird dadurch verhindert, daß solche Lösungsbegriffe zu schnell wieder aus den Augen verschwinden, im Gegenteil: die wichtigen Worte „bleiben sichtbar im Gespräch“. Drittens summieren sich auf diese Weise die einzelnen Begriffe im Verlauf des Gesprächs und es entsteht in manchen Stunden – analog wie beim brainstorming – eine Sammlung von mehreren bis sehr vielen Schlüsselbegriffen. In einem nächsten, vierten Schritt können diese dann – analog zur Metaplan-Technik – in einen neuen Zusammenhang gebracht werden: z.B. ergibt sich durch die Frage nach den Gemeinsamkeiten aller Begriffe für den Klienten oft schon eine neue Ordnung, die sich auch in einem neuen Motto oder nach Art der positiven Selbstverbalisationen/Affirmationen zusammenfassen läßt, die dann fünftens wiederum als wirksame Schlüsselbegriffe („magic words“) an der Tafel oder auf Kärtchen erscheinen sollten, um die zum Ziel führenden Ressourcen, Verhaltensweisen und Glaubenssätze systematisch zu verstärken und zu generalisieren.

Die gemeinsame Arbeit an der Tafel kann auch „ganz ohne Worte“ in Form von Zeichnungen und Skizzen geschehen. Neue lösungssuchende Perspektiven, zielorientierte Bewegungsverläufe sowie Balanceakte zwischen den Polen von Stabilität und Instabilität können ganz frei und „in Analogie zum erlebten Geschehen“ zu skizzieren versucht werden.

Antworten auf die Wunder-Frage lassen sich im Sinne eines Tagesplanes oder Einkaufzettels eher schematisch-digital notieren oder aber – entprechend der Vorgehensweise beim Mind-Mapping (BUZAN, 1993) – als „rechts-hemisphärische“, analoge und vernetzte Skizzen aufzeichnen. Wobei die Abbildungen, die im Verlauf einer Stunde entstehen, sozusagen als „reflecting objects“ nicht nur die Arbeit und das Arbeitsergebnis direkt widerspiegeln, sondern darüberhinaus auch als eine Botschaft für die Zukunft wirken – im ganzen vergleichbar den Komplimenten, die ein Team hinter dem Spiegel formuliert und dann als Zusammenfassung und Intervention wieder an den Klienten zurückgibt.

Im folgenden Fallbeispiel erwies sich das „Prinzip der Versinnlichung“ der gesprochenen Worte auch zur Illustration einer Standardaufgabe als nützlich. Die Klientin sprach davon, daß sie sich – nach dem das Wunder geschehen war – für bestimmte Verhaltensweisen „freie Fahrt“ und GRÜN geben könnte, während andere mit ROT gestoppt werden sollten. Die Frage war:

Th.: „Was haben Sie getan, wenn Sie der Versuchung widerstanden haben? “

Kl.: „Ich habe mir innerlich ROT gegeben!“

Th.: „Wie genau haben Sie das gemacht?“

Kl.: „Ach ja, ich habe eigentlich erst eine GELB-Phase gehabt, wobei noch nicht klar war, ob ich nach ROT oder GRÜN schalten werde !“

Der Klientin wurde im Gespräch offensichtlich, daß sie ihre innere Ampel umso bewußter und zielgerichteter schalten konnte, wenn sie sich zunächst GELBZEIT nahm, um die Vor- und Nachteile von ROT und GRÜN gegeneinander mit Ruhe abzuwägen. Von da an sammelte die Klientin konkrete GELBZEIT-Beispiele aus ihrem Alltag, einerseits für Situationen, in denen sie es geschafft hatte, sich selbst GELBZEIT zu verordnen; zum anderen dafür, wie sie die GELBZEIT zur Entscheidungsfindung und Kontrolle ihres Tuns genutzt hat. Zur nächsten Sitzung nahm ich eine Spielzeug-Ampel meiner Kinder mit und stellte sie auf den Tisch vor uns. Die Klientin war von dieser konkreten Metapher ganz begeistert (zumal sie selbst Mutter von zwei Kindern war) und illustrierte von da an während unseres Gesprächs den Prozeß ihrer Entscheidungsfindung immer „tatkräftig“, indem sie die Ampel mal auf ROT, mal auf GRÜN, meistens aber auf GELB schaltete. Sowohl die Klientin als auch unser therapeutisches Team war sich in der Katamnese einig, daß die in diesem Spielzeug handhabbar gewordene Metapher von Kontrolle bezüglich dreier Wahlmöglichkeiten für den Veränderungsprozeß sehr förderlich war.

14. Frage: Wie könnten Sie Ihre persönliche Art, Komplimente zu geben, noch weiter ausbauen?

15. Frage: Welche Erfahrungen haben Sie mit Visualiserungen als Methode zu Dokumentation von Fortschritten und Erfolgen Ihrer Klienten während der Sitzung?

Am Ende der Sitzung

„Sinnvolle" Therapiestunden, in denen zusätzlich zum Gespräch auch Worte aufgeschrieben, Zeichnungen entworfen, Hände geschüttelt, Bauklötze aufeinander getürmt und Bonbons gegessen werden, erscheinen in der Regel besonders kurzweilig, weil die Aufmerksamkeit in vielfältiger und abwechslungsreicher Weise beansprucht ist. Im gemeinsamen Tun entsteht manchmal sehr schnell eine Sammlung von „reflecting objects", die sowohl den bisherigen Weg zum Ziel dokumentieren als auch als Wegweiser für die zukünftige Richtung dienen können. Der Wert der gesammelten „Stunden-Dokumente" kann auf dreifache Weise utilisiert und gewürdigt werden:

1. Es kommt immer wieder vor, daß Klienten von sich aus darum bitten, die Visualisierungen und (Neu-)Konstruktionen von der Tafel abzeichnen zu dürfen, um sie als Wegeskizzen, Schatz- und Lagepläne sowie Zukunftsentwürfe, jedenfalls als Souvenir und Stärkungs-Mittel für den Alltag verwenden zu können. Dies ist im Prinzip die eigenständige Anwendung dessen, was sonst vom Team im Rahmen der positiven Konnotation und Abschlußintervention beabsichtigt wird, und sollte deswegen vom Therapeuten unterstützt und wiederum mit einem Kompliment bedacht werden.

2. Alle Stundendokumente sollten immer daraufhin geprüft werden, welche Botschaften, Empfehlungen und Aufgaben sie nahelegen. Hierzu ein Fallbeispiel einer konkreten Aufgabenstellung:

Frau W. schildert während der Sitzung eindrücklich, daß sie in ihren depressiven und dunklen Phasen „die Zeit vergißt" und alles als „endlos" traurig und schwarz erlebt. Im Verlauf unseres Gesprächs erwähnt sie jedoch auch Ausnahme-Zeiten, in denen sie deutlich spürt und weiß, daß es eine Vergangenheit, eine Gegenwart und eine Zukunft gibt. Um diese Wiederentdeckung augenblicklich hervorzuheben und zu markieren, zeichne ich eine Linie für Vergangenheit, einen Punkt für Gegenwart und eine Line für die Zukunft folgendermaßen an die Tafel (siehe Abb. S. 39).

Frau W. beteiligt sich an der Herstellung der Zeichnung, indem sie die Farben spontan auswählt; sie bestimmt braun für Vergangenheit, grün für Gegenwart

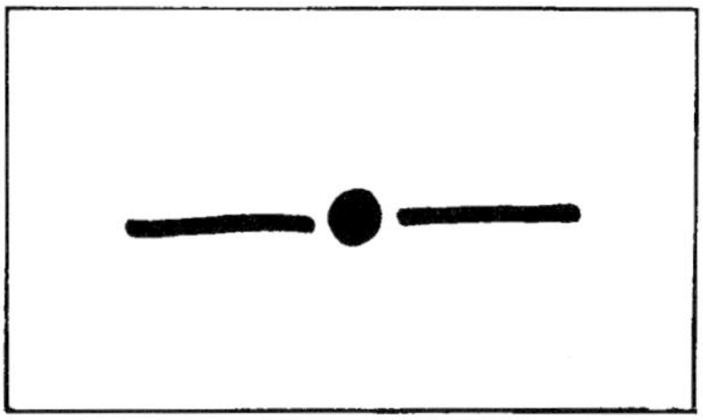

und orange für die Zukunft; zum Glück sind alle ihre Farbwünsche mit Kreide realisierbar.

Diese einfache Zeichnung bündelt als „Stunden-Dokument“ sehr viele Aspekte des Gesprächs; sie symbolisiert u.a. sowohl wesentliche Ressourcen-Erfahrungen der Klientin als auch zentrale Aspekte der von ihr angestrebten zukünftigen Verfassung; deswegen erscheint es als nächster Schritt sinnvoll, diese Erfahrungen in den Alltag zu generalisieren. Aus diesem Grund bietet sich folgende Intervention an:

Kompliment: „Wir haben heute über wichtige Dinge gesprochen. Sie waren dabei sehr aufmerksam und engagiert.

Botschaft: Ein wichtiges Ergebnis der Stunde sehen Sie an der Tafel. Die Zeichnung hilft Ihnen zwischen Vergangenheit – Gegenwart – Zukunft zu unterscheiden. Die Farben, die Sie gewählt haben, haben sicherlich auch eine besondere Bedeutung.

Aufgabe: Ich bitte Sie, sich zuhause diese Zeichnung und die Botschaft, die darin enthalten ist, zu vergegenwärtigen. Am besten übertragen Sie sich die Zeichnung auf ein Kärtchen und beachten auf diese Weise den Unterschied von Vergangenheit – Gegenwart – Zukunft in Ihrem Alltag!“

In der nächsten Sitzung berichtete die Klientin in guter Stimmung, daß sie sich „viele Kärtchen dieser Art gezeichnet hat“ und „daß die jetzt überall – in der Handtasche, hinterm Spiegel, neben dem Telephon, auf dem Armaturenbrett im Auto, etc. – herumliegen und die Leute sich wundern, was das bedeuten soll“ und „daß die Kärtchen mich fast mit jedem Augenblick daran erinnern, daß jetzt Gegenwart ist und es auch noch viel Zukunft gibt“.

3. Wenn die Essenz oder Gewichtung der in der Stunde gesammelten Dokumente noch nicht klar genug erscheint, empfiehlt sich folgende Aufgabenstellung, um in hypnotherapeutischer Art und Weise bis zur nächsten Sitzung interne und externe Suchprozesse zu induzieren:

   „Bitte suchen Sie in der Zwischenzeit nach einem Symbol für das, was Sie heute in der Stunde über mögliche Lösungen, über Ihr spezielles Ziel und Ihren persönlichen Weg wahrgenommen und gelernt haben. Finden Sie einen entsprechenden Gegenstand oder skizzieren Sie eine diesbezügliche Zeichnung oder formulieren Sie es in einem Satz bzw. in einem Motto."

Mit einem Klienten waren in der Sitzung die Ziele „Abgrenzung" und „Ruhe im Haus" thematisiert worden; u.a. wurde auch die Möglichkeit besprochen, das private Telephon manchmal einfach läuten zu lassen und sich selbst dabei die Erlaubnis zu geben, den Hörer nicht abzunehmen. Da während der Stunde viele gleichermaßen wichtige Beispiele zur Sprache gekommen waren, wurde die obige Aufgabe zur individuellen Schwerpunktbestimmung gestellt. Der Klient berichtete in der nächsten Stunde, daß er sich auf einem Flohmarkt für wenig Geld ein altes, rotes Telephon gekauft und es ohne Anschluß neben sein Alltags-Telephon gestellt hat: diese Symbolisierung von Wichtigkeit einerseits und von Überflüssig-Sein andererseits hilft ihm nun in anschaulicher Weise dabei, seinem Ziel näher zu kommen und mehr Kontrolle beim Telephonieren zu realisieren.

Die Tatsache, **daß** und die Art und Weise, **wie** während der Sitzung eine vielsinnige Sammlung von zielrelevanten Ausnahmen und Erfolgen stattfindet, kann für den Klienten Modellcharakter haben. Wie Sie, liebe LeserInnen, sicher aus Ihrer Erfahrung wissen, folgen Tagebücher meistens eher dem Muster des problem talk; dagegen werden in Photoalben die familiären Feste und besonders Urlaube in der Regel nach dem Motto zusammengestellt: „Mach´ es wie die Sonnenuhr, zähl´ die heiteren Stunden nur!" Nach Therapiestunden, in denen systematisch Ressourcen gesammelt wurden, liegt die Idee in der Luft, auch zukünftig und außerhalb der Sitzungen in Analogie zur Sonnenuhr Fortschritte zu skalieren und weitere Erfolge zu sammeln.

16. Frage: Wie dokumentieren Sie Ihre Zufriedenheit nach einer Therapiesitzung?
Als Therapeut? – Als Team?

Welche Symbolisierungen sind / wären für Sie dabei hilfreich, anregend und erfreulich?

Entwicklungen zwischen den Sitzungen

Ein ganz wesentlicher Teil der lösungsorientierten Therapie besteht darin, die schon entwickelten Fähigkeiten zum Selbstmanagement der Klienten zu würdigen und zielbezogen zu ergänzen. Die Klienten sollen mit neuer Bewußtheit zu Experten für Zielerreichung und „Heilung" werden. Das interaktive Geschehen während einer Sitzung, nämlich die Fragen nach Ausnahmen und Ressourcen, die Verwendung von Skalierungen sowie die Verstärkungen durch Komplimente und Dokumente, sind nach dem „metalogischen Prinzip“ selbst schon eine mehr oder weniger explizite, jedenfalls modellhaft angelegte Darstellung dessen, was letztendlich (wieder) ganz vom Klienten selbst gemanagt werden soll. Ebenso dienen Interventionen und Aufgaben, die das Team am Ende einer Sitzung geben, als Prozeßinstruktionen für diese Entwicklung. Die Zeit zwischen den Sitzungen ist die wesentliche Veränderungszeit, in der der Klient mit sich selbst arbeitet – exemplarisch angeregt und eingebunden durch die Therapiesitzungen.

Die Ressourcen-Orientierung innerhalb der Sitzungen wird z.B. durch bestimmte Aufgaben an die Klienten über das Gespräch hinaus verlängert (z.B. „Sammeln Sie alles, was Ihnen beibehaltenswert erscheint!“). Das Wie des Sammelns kann entsprechend der Sinnesmodalitäten präzisiert werden; Menschen, die gerne schreiben und im inneren Dialog mit sich sind, freuen sich z.B. über die Anregung, ein „Tagebuch des pfleglichen Umgangs mit sich selbst“ zu beginnen. Es empfiehlt sich, genau zu besprechen, wann und wo ein geeigneter Zeitraum zum „Schreiben in Ruhe“ eingeplant werden kann; wir raten auch zur Verwendung eines neuen Heftes/Buches, wenn es nötig ist, sich von bisherigen, problemorientierten Tagebuch-Schreibgewohnheiten abzusetzen. Menschen, die eher visuell orientiert sind, bevorzugen es in der Regel, ihre Ressourcen und Stärken in Skizzenbüchern, Photoalben und Collagen zu sammeln. Mehr kinästhetisch handelnde Menschen gehen oft engagiert auf Schatz-Suche oder stellen Ressource-Symbole selbst her, die sie dann in Schatz-Kisten füllen. Ein Klient brachte einmal einen „Koffer des pfleglichen Umgangs mit sich selbst“ mit; als Reisetasche / als Aktenkoffer nahm er ihn überall dahin mit, wo er ihm Kraft geben sollte.

Für Kunden, die ein klares Ziel haben, steht oft die Zunahme der Häufigkeit eines bestimmten Verhaltens im Vordergrund; dann empfehlen sich als Aufgaben verschiedene Methoden der Selbstskalierung – wiederum an die Sinnesmodalitäten angepaßt.

In der Therapie mit einnäßenden Kindern bittet man üblicherweise, die trockenen Nächte in einem Kalender/auf einem Blatt visuell zu markieren. Ein Junge hatte Spaß daran, seine trockenen Nächte als Knoten in einer Schnur zu markieren, nachdem wir über Geheimschriften und Knotenschriften gesprochen hatten.

Bei Frau A. war uns während der Gespräche aufgefallen, daß sie eine besonders schöne Perlenkette trug; wir sprachen darüber, daß Ressourcen wie

„schöne Perlen" sind; sie stimmte dieser Metapher und unserem Vorschlag zu, alle zukünftigen, zielorientierten Verhaltensweisen ihrerseits als „symbolische Perlen" für ihr wachsendes Selbstbewußtsein zu betrachten. Auf einer Zeichnung in Form einer Perlenkette sollte sie bis zur nächsten Sitzung ihre Fortschritte protokollieren, indem sie für jedes von ihr selbst als konstruktiv eingeschätze Verhalten/Ereignis eine Perle bemalt und daneben kurz notiert, wofür sie sich diese Perle gegeben hat; in der nächsten Stunde konnten wir die Fragen „Was ist besser? Was bedeuten die einzelnen Perlen?" gemeinsam anhand ihrer Zeichnung analysieren.

Schema der Perlenkette

Diese analoge Skalierungsmethode war für die Klientin angenehm, weil sie ihrer Ideenwelt entsprach. Wir wählten drei unterschiedliche Größen von Perlen, da ja – wie auch die Klientin meinte – nicht jedes Ereignis gleichwichtig ist und sie nicht in genau gleicher Weise dem Ziel näher bringt. Die Anleitung zur Selbst-Skalierung der Fortschritte sollte durchaus zu den privaten Veränderungs-„Mythen" der Klienten passen; diese unterscheiden sich oft von der Annahme der Linearität und Gleichwertigkeit in einer Zahlenskala. In diesem Fall war es der Klientin wichtig, daß die Größe der Perlen sowohl mit einer unterschiedliche Bedeutsamkeit der Ereignisse korrespondierte als auch, daß die Reihenfolge, in der sie die Perlen bemalen konnte, von ihr selbst analog zu ihren Ideen des Auswählens und Auf- und Umfädelns von Perlen nicht linear, sondern „organisch" gestaltet werden konnte. Die Selbst-Skalierung half der Klientin nicht nur, ihre Fortschritte zu sehen, sondern ganz wesentlich auch in ihrem Selbst- Management. Um ihre Fortschritte zwischen den Sitzungen zu würdigen, formulierten wir eine Urkunde, mit der ihr metaphorisch **„Fünf neue Perlen des Selbstbewußtseins"** verliehen wurden. Die Klientin wünschte sich diese Dokumentation „zur persönlichen Ermutigung zwischendurch"; Da gerade Jahreswechsel anstand und Frau H. als Verwaltungsangestellte viel mit Jahresabschlüssen zu tun hatte, nannten wir dieses Dokument **Jahres-Urkunde**.

Selbst-Skalierungen zwischen den Sitzungen werden von den Kinästhetikern natürlich lieber durch die Handhabung und Manipulation von Gegenständen vorgenommen. Eine Klientin kaufte sich z.B. ein schönes, eckiges Glasgefäß, in das sie jeweils eine blaue Kerze hineinstellte, wenn es ihr gelungen war, einer bestimmten Versuchung zu widerstehen und statt dessen etwas zu tun, was ihren Zielvorstellungen entsprach. Auf diese Weise skalierte sie nicht nur ihren Fortschritt, sondern „belohnte" sich selbst durch die zunehmende Anzahl der Kerzen, die auch Verwendung finden durften.

Im Gegensatz zu solchen, offenen Methoden (z.B. die Anzahl der Kerzen war nicht begrenzt) bevorzugen einige Klienten Vorgaben und Meßsysteme, die „geschlossen" sind (z.B. das Zusammensetzen von Puzzle-Teilen). Halboffene Selbstskalierung in Form von teilweise vorformulierten „Zwischenzeugnissen" kommt bei Menschen gut an, die im schriftlichen Ausdruck und der Abgabe von Beurteilungen Übung haben (z.B. Lehrer). In unseren Ausbildungskursen verwenden wir zeugnis-analoge, halboffene Formblätter, die die individuellen Ressourcen und bisherigen Fortschritte erfassen sollen, nächste Schritte zum Ziel hin präzisieren helfen und die Perspektive Dritter thematisieren.

17. Frage: Welche Formen von Aufzeichnungen zwischen den Sitzungen benutzen Ihre Klienten?

Erfolge vor Beginn der Therapie

Der Zeitraum zwischen dem Entschluß zu einer Therapie, dem Telefonat mit Terminabsprache und der ersten Sitzung beträgt oft mehrere Wochen, wenn nicht gar Monate oder noch länger. Die Tatsache, daß dieser Zeitraum als veränderungsrelevant betrachtet und jeglicher „presession change" systematisch utilisiert wird, ist ein Grund dafür, warum sich der Behandlungszeitraum verkürzt. Durch eine lösungsorientierte Dokumentation von Anfang an wird dem Teufelskreis der Problemfokussierung ein „Engelskreis" der Ressourcen-Aktivierung entgegensetzt.

Von Milton ERICKSON wird gesagt, daß er manche Klienten in mehr oder weniger suggestiver Weise gebeten hat, auf jeden Fall zum vereinbarten ersten Termin zu kommen, auch wenn ihr Problem bis dahin schon eine Lösung gefunden haben sollte. Für viele Klienten ist der Entschluß zu einer Therapie bereits ein Wendepunkt vom passiven Ertragen eines Leides hin zu einer aktiven Such- und Bewältigungs-Haltung; durch dieses persönliche reframing entstehen oft neue Perspektiven und Verhaltensweisen, die alle in der ersten Sitzung im Sinne von succes recording erfragt und gewürdigt werden können. Unter diesem Gesichtspunkt tut man in der lösungsorientierten Therapie immer gut daran, die erste Sitzung schon als eine zweite oder dritte (oder letzte) zu sehen. Die Skalierung des tiefsten Tiefpunkts sowie des aktuellen Zustands rückt dann ins Rampenlicht, was sich bis zur ersten Sitzung schon alles in Richtung Ziel ereignet hat, und läßt sich im Sinne von feed foreward weiter ausbauen.

Zum Beispiel berichtete ein Klient in der ersten Sitzung von seinem Urlaub, aus dem er gerade zurückgekommen war; es war dort zu seinem eigenen Erstaunen vieles so gelaufen, wie er sich das wünschte. Wir schrieben die wichtigsten diesbezüglichen Erfahrungen an die Wandtafel; anhand der zeitlupenartigen Betrachtungsweise und Visualisierung seiner gesammelten Beispiele wird ihm erst richtig bewußt, daß die Urlaubswochen nicht nur „zufällige Ausnahmen" waren, sondern daß er sich die optimal-entspannenden Bedingungen selbst organisiert, gestaltet und erlaubt hat. Zur humorvollen Bestätigung und Würdigung seiner Leistungen, die er bis dahin noch gar nicht als solche wahrgenommen hatte, entwarfen wir in dieser ersten Stunde eine **Urlaubs-Urkunde**, die seine externale in eine internale Attribuierung der Ereignisse verwandeln hilft; durch die Formulierung des Dokumentes wird der Schluß nahegelegt, daß sich seine Urlaubs-Verhaltensweisen durch Wiederholung im zukünftigen Alltag schon bald zur gewünschten Fähigkeit entwikkeln kann.

Ende der Therapie: mit Zuversicht in die Zukunft

Wir halten den Vergleich von Psychotherapien mit Übergangsriten für sinnvoll (van der Hart,1983; Dreesen & Kruse 1995); im therapeutischen Setting wird für die Klienten der Weg von einem Problemraum in einen Lösungsraum möglich; ist die Therapie erfolgreich, dann wird der Klient sich – gemäß der Metapher vom Übergang – in einem neuen Raum bzw. auf einer neuen Stufe befinden. Um solche bedeutsamen Übergange deutlich zu markieren, werden in allen Kulturen und Traditionen bestimmte Symbole und Zeichen verwendet; in unserer Gesellschaft ist es üblich, einen Lebensabschnitt, in dem man Neues lernen und viel Erfahrung sammeln konnte, z.B. mit einem Zeugnis, Zertifikat oder Diplom abzuschließen. Im therapeutischen Rahmen haben besonders Michael White (1990) und seine Kollegen zu einer kreativen Verwendung von „Gegendokumenten" und Urkunden angeregt. Diese schriftlichen Bestätigungen sind nicht nur vergangenheits-orientiert, sondern beeinhalten ebenso wichtige Folgerungen für Gegenwart und Zukunft, indem sie bestimmte Fähigkeiten festschreiben und spezielle Erlaubnisse geben.

Wenn man schon während der therapeutischen Sitzungen die Klienten, Paare oder Familien durch Skalierungen, gezielte Komplimente, Mini-Urkunden und Stunden-Dokumente begleitet und unterstützt hat, bietet es sich natürlich auch am Ende der Therapie an, noch einmal durch ein Resümee die gesammelten Erfolge zu bündeln und und das Erreichen der neuen Stufe privat und/oder öffentlich zu würdigen. Was anfangs als instabil wahrgenommen und external attribuiert wurde, ist auf dem Weg zum Ziel stabiler geworden und kann in der Regel auch besser kontrolliert werden (ist "internal" verfügbar). Diese Entwicklung zunehmender Kontrolle und zunehmender Stabilität kann anhand der psychologischen Ebenen charakterisiert werden. Diese Ebenen liefern einen guten Leitfaden für die Arbeit mit Komplimenten und Dokumenten. Die persönlichen Fortschritte und die individuelle Erfolgsgeschichte vollzieht sich in der Regel von der Ebene der Ausnahmen und des Zufalls in der Umwelt über die Verhaltensebene zur Ebene der Fähigkeiten und Fertigkeiten sowie zu inneren Überzeugung und dem Glauben an sich selbst (Identitätebene) bis hin zu einer spirituellen Neuordnung.

Auf jeder dieser Ebenen können Symbolisierungen, Visualisierungen und Dokumente eine wichtige Rolle spielen; wir wollen im folgenden einige Beispiele dafür geben, wie man durch die Miteinbeziehung der psychologischen Ebenen therapeutische Urkunden präzisieren und „maßschneidern" kann.

Dokumentieren auf der Verhaltensebene

Ein 9 Jahre altes Mädchen hatte die Nächte, in denen sie trocken gewesen war, auf einem Zettel eigenhändig notiert. Sie hat das regelmäßig und sorgfältig gemacht und zu jeder Therapiestunde mitgebracht. Als Belohnung sowohl für ihre Sorgfalt als auch für die Tatsache, daß sie zunächst einige Nächte, dann immer häufiger trocken war, durfte sie in der Therapiestunde an unserem Computer arbeiten. Wir probierten verschiedene Sätze, mit denen sie sich selbst loben könnte, und schließlich tippte sie: **Ich bin prima**! Dieser Satz war als Lob einerseits ganz auf das gegenwärtige Geschehen bezogen; da er aber auch auf den Ebenen der Überzeugung und der Identität zu verstehen ist, bietet er eine Generalisierung i.S. von Selbstakzeptanz an. Andrea tippte den Satz mit Schwung und durfte sich dazu noch eine Graphik aussuchen; sie wählte einen lustig laufenden Hasen und wir gestalteten gemeinsam diese persönliche Affirmation, die sie als gedruckte Karte mit nach Hause nehmen und analog zu ihren Stickers und Poesiealben-Bilder betrachten und/oder herumzeigen konnte.

Im Verlauf der letzen Therapiestunde tippte sie sich die folgende, vorher gemeinsam formulierte Abschluß-Urkunde, die ihre Erfolge auf der Verhaltenbsebene würdigt.

• *Siehe Urkundenbeispiel auf Seite 53*

Die spezielle Buchstabenform war gewählt worden, um gemeinsam Wort für Wort mit Buntstiften anmalen zu können; dadurch wird die Visualisierung zusätzlich spürbar. Obwohl die Formulierung “nur“ ein Verhalten beschreibt, klingt ein „inneres Echo“ auf den höheren Ebenen bis hin zur Identität an.

In analoger Weise haben wir mit einem Kollegen, der in seiner Beratungsstelle regelmäßig Rechtschreib-Kurse für Jugendliche durchführte, eine ECHT-STARK-URKUNDE entwickelt, die den jugendlichen Teilnehmern am Ende des Trainings bestätigt, daß sie “in rasantem Tempo“ und „echt toll“ eine viel bessere Rechtschreibung gelernt haben. Die Jungen und Mädchen nahmen dieses nicht-schulische, sondern alternative „Zeugnis in ihrer Sprache“ immer gern entgegen.

Dokumentieren auf der Fähigkeitsebene

Wenn sich Fertigkeiten und Fähigkeiten entwickelt haben und attestiert werden sollen, bieten sich stufenartige Graduierungsmodelle an, die den Klienten bekannt sind (z.B. bei bestimmten Sportarten). Die Kennzeichnung und Anerkennung der erworbenen Fertigkeiten erfolgt beispielsweise beim Judo durch farbige Gürtel; vom Beginn des Trainings bis zur Meisterschaft verändern sich die Farben von weiß über gelb, orange, grün, blau und braun bis zu schwarz. Einer Patientin mit Ängsten gefiel die Metapher der Judokämperferin und sie übte sich darin, ihren verschiedenen psychosomatischen Reaktionen und Ängsten, die als „ungebetene Gäste" erschienen, in einer Art mentalem Judo zu begegnen; deswegen wurden ihr im Verlauf der Therapie schrittweise und symbolisch verschiedene Gürtel für ihre Trainings-Erfolge verliehen, am Ende war der **Blaugurt** erreicht. Diese Farbe entspricht ihrem realistischen Ziel der persönlichen Selbstverteidigung; ein Schwarzgurt war dazu nicht nötig.

In dem folgenden Urkundentext wurde die Generalisierung ihres Verhaltens im Sinne von Fertigkeiten und Fähigkeiten gewürdigt:

URKUNDE

Hiermit wird bestätigt, daß Frau S. in den vergangenen sechs Monaten gelernt hat, sich im Umgang mit „ungebetenen Gästen" wesentlich dickfelliger und selbstsicherer zu verhalten. Besonders in bezug auf die Abwehr von Ängsten hat sie sich systematisch immer weiter qualifiziert und so erfolgreich trainiert, daß sie in Zukunft berechtigt ist, einen „Blaugurt" zu tragen.

Bremen, im August 1991 **Unterschriften**

Dokumentieren auf allen Ebenen

In einer Urkunde können alle psycho-logischen Ebenen systematisch in Verbindung gebracht werden, um situationsspezifisches bzw generalisiertes Verhalten, entsprechende Fähigkeiten, dazu gehörige Überzeugungen sowie identitätsstiftende Persönlichkeitsaspekte in ihrem Zusammenhang zu würdigen.

Auf einer EBTA-Konferenz (Stockholm 1994) haben wir ein **Muster-Dokument** vorgestellt, um die Erstellung und Formulierung von Urkunden zu systematisieren und zu erleichtern. Der Text dieses Musters folgt dem Attribuierungsprinzip von external und instabil zu internal und stabil; dementsprechend führt das Schema zunächst in exemplarischer Weise von spezifischen Situationen („Ausnahmen") und Verhaltensweisen zur Ebene der Fertigkeiten und Fähigkeiten; mit zunehmender Zuversicht wird eine weitere Generalisierung auf der Überzeugungsebene von der Gegenwart in die Zukunft sowie in den sozialen Raum gebahnt. Auf der Identitäsebene wird ein Angebot zu einem (neuen) Glaubenssatz über sich selbst in direkter Rede formuliert.

• *Siehe Urkundenbeispiel auf Seite 54*

Die u.U. mehrstündige Erarbeitung eines zusammenfassenden Abschlußdokumentes ist – wie die Interaktion von Klient und Therapeut überhaupt – ein kokreativer Prozeß; um diese Gemeinsamkeit zum Ausdruck zu bringen, werden alle unsere Urkunden immer sowohl vom Klienten als auch vom Therapeuten unterschrieben, wobei jeder von beiden ein Exemplar erhält.

Maßschneidern

Der kokreative Prozeß führt in der Regel zu persönlichen und maßgeschneiderten Dokumenten. Wenn die Idee der Beurkundung erst einmal in der Luft liegt, liefern Klienten gern eigene Entwürfe, Grafiken und Wortschöpfungen, die für sie ganz persönliche Bedeutung haben. So fand eine Klientin die Formulierung eines „Zeugnisses" eher lächerlich, engagierte sich aber für die Erstellung eines „Diploms"; da sich der therapeutische Prozeß der Neurahmung und Integration der für sie zunächst unvereinbar empfundenen Überzeugungen und Glaubenssätze am besten unter dem Motto „Sowohl-Als-Auch" zusammenfassen ließ, wurde ein **Sowohl-Als-Auch-Diplom** formuliert; diese Metapher entsprach der Auffassung der Klientin, nicht nur im Verhalten und auf der Ebene der Fertigkeiten weitergekommen zu sein, sondern auch als intellektuelle Persönlichkeit, d.h. identitätsmäßig neue Seiten und Perspektiven entwickelt zu haben.

Manche Dokumente enthalten ganz private Assoziationen und kreative Wortneuschöpfungen bzw. Wortverbindungen (z.B. „aufblasbare Gitterstäbe" als Metapher für die wiedergefundene Flexibilität, um aus dem „goldenen Käfig" herauszukommen), die alle psycho-logischen Ebenen umfassen, aber als höchstpersönliche Chiffren für Integrationsprozesse und Selbstmanagement von Außenstehenden kaum verstanden werden und sich auch nicht zur Veröffentlichung eignen.

Rituelle Übergabe der Dokumente

Die Übergabe der Urkunden kann in einem mehr oder weniger ausgestalteten, rituellen Rahmen erfolgen. Für manche Menschen ist es genau richtig, sich die Urkunden nach der Unterschrift in einer möglichst sachlichen Weise (allenfalls noch mit einem Händedruck) zu überreichen. Andere wünschen sich eine zeremonielle Übergabe ihrer Urkunden, bei der möglichst alle Sinne beteiligt sind; z.B. mit einer besonders ausgewählten Musik und bei einer Tasse Kaffee/Tee, evt. auch mit Geschenken und an einem besonderen Ort.

Frau H. hatte seit sieben Jahren alle Krankschreibungen, die sich auf ihre vielen depressiven Erlebnisse und Phasen bezogen, einschließlich ihres diesbezüglichen Schriftverkehrs und ihrer Berufsunfähigkeits-Bescheinigung in einer Pappkiste gesammelt. Im Laufe der Therapie schrieb sie Zitate, die sie ermutigten und aufmunterten, in Schönschrift ab und skizzierte ressourcenbezogene Zeichnungen. Sie hatte Tanja Blixen als „emotionale Mentorin" gewählt und erlaubte sich deswegen eine immer direktere Konzentration auf ihre Ressourcen – so wie es Tanja Blixen bei ihrem Aufenthalt in Afrika gemacht hatte. Die Klientin legte am Ende der Therapie sehr viel Wert auf ein „offizielles Gegendokument" zu ihrer bisherigen Krankengeschichte. Den Text ihrer **Heilungs-Urkunde** ist mit ihren ganz persönlichen Worten und Assoziationen formuliert und bezieht alle Sinnesmodalitäten mit ein, die sie für sich wiederentdeckt hat.

• *Siehe Urkundenbeispiel auf Seite 55*

Darüberhinaus wurde die Übergabe der Heilungs-Urkunde in feierlicher Form realisiert. In der letzten Sitzung gab es Tee und Gebäck; eine Kerze brannte, während wir die beiden Urkunden (eine für sie, eine für mich) unterschrieben. Dann standen wir von unseren Stühlen auf und tauschten die Urkunden mit einem freundlichen Händedruck aus; anschließend war ich Zeuge wie die Klientin in feierlicher Weise ihre Karriere als „kranke Frau" beendete, indem sie die Heilungs-Urkunde mit einem Lächeln ganz oben auf die gesammelten Krankheitsdokumente legte, langsam den Deckel auf den Karton drückte und ihn dann mit einer Schnur umwickelte und fest zuband.

Frau H. hatte nicht nur in sorgfältiger Weise ihre Begrifflichkeit und ihren rituellen Rahmen gewählt, sondern ging noch darüber hinaus, indem sie mir einen handgeschriebenen Brief und ein Buch mit Bildern und Zeugnissen aus dem Leben von Tanja Blixen überreichte; den Brief und das Buch solle ich in Zukunft an andere Klientinnen weitergeben, falls sie mit ähnlichen Problemen kämen wie Frau H. zu Beginn der Therapie. So war die Klientin letztendlich nicht nur zu einer „Veränderungsexpertin für sich selbst“ geworden, sondern trug in engagierter Weise mit dazu bei, dieses Wissen weiterzugeben, um andere Frauen auf ihrem Weg zu ermutigen.

18. Frage: Wenn Sie an Ihre derzeitigen Klienten denken:

Wer würde eine Urkunde verdienen? Wie sähe diese Urkunde aus?

Leitfaden zur Erarbeitung von Dokumenten und Urkunden

Zusammenfassend möchten wir Ihnen einige Anregungen für Ihre zukünftige Praxis bei der Erarbeitung von Dokumenten und Urkunden geben:

1. Erkundigen Sie sich nach den „Dokumentations-Gewohnheiten” Ihrer Klienten im Alltag – z.B. Schreiben von Tagebüchern, Führen von Fotoalben, Video-Dokumentation von besonderen Anlässen, Sammeln von Zertifikaten, Ausstellung von Pokalen etc.; achten Sie auf besondere (z.B. alters- und berufstypische) Gewohnheiten.
2. Beobachten Sie genau, wie Klienten auf Ihre Komplimente sinnesspezifisch reagieren und wie sie das Dokumentieren während der Sitzung aufnehmen – z.B. Visualiseren an der Flip-Chart oder die Verwendung von Kärtchen; wie können Sie dazu beitragen, daß Menschen diesbezüglich neugierig werden?
3. Überlegen Sie, in welchem Stadium der Therapie und zu welchem Zweck Sie etwas dokumentieren wollen – z.B. anfangs zur Bewußtmachung von Ausnahmen, später zur Würdigung eines neuen Verhaltensrepertoires, als Markierung eines Übergangs oder zum Abschluß der Therapie als Symbol mit „Depotwirkung“ für die Zukunft.
4. Besprechen Sie mit den Klienten Sinn und Zweck von (Selbst-) Dokumentation: Erläutern Sie den Weg von der Selbstbeobachtung über Selbstbewertung zur Selbstverstärkung.
5. Fassen Sie die Dokumente während der Stunde zusammen mit den Klienten ab und beachten Sie alle Sinnesmodalitäten, die bedeutsam sind. Wie können Sie den Prozeß der Dokumentation möglichst „sinnenreich“ gestalten?

6. Überlegen Sie, auf welchen psycho-logischen Ebenen das Dokument etwas aussagen oder besonders akzentuieren soll (vgl. Muster-Urkunde).
7. Planen Sie mit dem Klienten das Wann, Wie und Wo der Dokumenten-Übergabe; berücksichtigen Sie symbolische und rituelle Aspekte. Welche spielerischen und humorvollen Ideen können miteinbezogen werden?
8. Sprechen Sie auch über Formen der Präsentation und Verwendung dieser Dokumente im familiären und sozialen Kontext: Sollen sie ganz privat sein? Wer soll sie zu welchen Gelegenheiten sehen? Wer auf keinen Fall? Wo sollen sie aufbewahrt werden?

Nachfragen

Liebe Leserin, lieber Leser!

Vielen Dank für Ihre Bereitschaft zum Dialog mit uns. Wir hoffen, daß Sie einige nützliche Hinweise für Ihre alltägliche Praxis bekommen haben. Neugierig möchten wir Sie deswegen noch fragen:

19. Frage: Welche Ideen in diesem Kapitel haben Ihnen am meisten eingeleuchtet, haben Sie besonders angesprochen oder spürbar etwas in Bewegung gebracht?

20. Frage: Welche Vorschläge wollen Sie innerhalb der nächsten Woche in Ihrer Praxis ausprobieren?

21. Frage: Welche Komplimente möchten Sie sich für Ihre aktuelle berufliche Arbeit machen und wie sollte eine diesbezügliche Urkunde gestaltet sein?

Literatur

ANDERSEN, Tom (ed.): Das reflektierende Team. Dortmund: verlag modernes lernen, 1990

BANDLER, Richard & MAC DONALD, Will: Der feine Unterschied, Paderborn, Junfermann, 1990

BATESON, Gregory: Ökologie des Geistes, Frankfurt: Suhrkamp, 1991

BUZAN, Tony: The Mind Map Book, London: BBC-Books, 1990

DILTS, Robert: Die Veränderung von Glaubenssystemen, Paderborn: Junfermann, 1992

DILTS, Robert & SEGAL, Mia: NLP und Feldenkrais, Seminar-Unterlagen: NIK, Bremen, 1994

DREESEN, Heinrich & KRUSE, Peter (Hrsg.): Therapeutische Rituale, Hypnose und Kognition: Band 12, Heft 1, 1995

GRØNÅS, Unni: Katamnese-Studie des Psykiatrisk Ungdomsteam, Oslo, 1994, Vortrag und mündliche Mitteilung auf der 2. EBTA-Konferenz, Stockholm, 1994

GRAWE, Klaus, DONATI, Ruth & BERNAUER, Friederike: Psychotherapie im Wandel – Von der Konfession zur Profession, Göttingen: Hogrefe, 1994

IMBER-BLACK, Evan, ROBERTS, Janine & WHITING, Richard: Rituale, Heidelberg: Auer, 1993

TOMM, Karl: Das systemische Interview als Intervention: Teil III. Lineale, zirkuläre, strategische oder reflexive Fragen? System Familie (1989) 2: 21-40

VAN DER HART, Onno: Rituals in Psychotherapy, New York: Irvington, 1983

WALTER, John & PELLER, Jane E.: Lösungsorientierte Kurztherapie, Dortmund: verlag modernes Lernen, 1994

WHITE, Michael & EPSTON, David: Die Zähmung der Monster, Heidelberg: Auer, 1990

Gratulationsurkunde

ANDREA

BEKOMMT DIESE URKUNDE,

WEIL SIE

IN DEN VERGANGENEN MONATEN

ÜBER 120 MAL

TROCKEN GEWESEN IST.

Bremen, im November 1991

WHITE, Michael & EPSTON, David: Die Zähmung der Monster, Heidelberg: Auer, 1990

....

Andrea Heinrich D.

Urkunde

Hiermit wird bestätigt, daß

Frau / Herr.....................................

in den vergangenen Wochen / Monaten gelernt hat, sich in **folgenden Situationen,** die bisher für Sie / Ihn ein Problem waren,

....

....

zu **verhalten**.

Besonders in bezug auf

....

hat er / sie sehr erfolgreich trainiert und das neue Verhalten in die Tat umgesetzt. Damit ist bewiesen,
daß er / sie die **Fertigkeit und Fähigkeit** hat

....

....

Er / Sie kann davon überzeugt sein,

daß er / sie diese Verhaltensweisen und Fertigkeiten
auch in Zukunft einsetzen und weiterentwickeln wird.
Es ist nur noch eine Frage der Zeit, bis andere Menschen
diese Entwicklung beobachten und bestätigen können.

Das alles bedeutet,

daß Herr / Frau .... mit Recht über sich sagen kann:

„Ich bin eine .... Person! “

Bremen, im Oktober 1994

....

Unterschrift Unterschrift

Heilungsurkunde

Hiermit wird bestätigt, daß

Frau ....

ihre roten und silbernen Lebensfäden in den vergangen Monaten
mit viel Geschick und in heilsamer Weise weiter gewoben hat.
Datei hat sie u. A. auch das **tanzende Mädchen** wiederentdeckt.

Sie erlebt inzwischen die Welt insgesamt
duftender, farbiger und formiger
sowie **in greifbarem Zusammenklang.**

Indem sie nun ihre Grund- und Wesens-Bilder gestaltet,
kommt sie mehr und mehr zu sich und spürt dabei mit aller Deutlichkeit,
daß sie **sich selbst vertrauen kann.**

Darüberhinaus hat sie gezeigt,
daß sie die **Handtasche des pfleglichen Umgangs mit sich selbst**
in sorgsamer und kreativer Weise packen kann.

Für diese Entwicklung wird ihr der

Tanja ✿ Blixen ✿ Blumenstrauß

zuerkannt

Bremen, im September 1991

....

Frau H. H.D.

Kreative Kindertherapie

Lösungsorientierte Therapie mit Kindern und Jugendlichen

Manfred Vogt-Hillmann und Wolfgang Burr

Einleitung

Eltern suchten eine kinder- und jugendpsychiatrische Praxis auf, weil Jonas, gerade 5 Jahre alt geworden, sich neuerdings nicht mehr von Mutters Rockzipfel entfernen mochte. Er zeigte Angst, zum Spielen das Haus zu verlassen und begann, sich zu isolieren. Die Eltern hatten überlegt, ob das Verhalten mit dem Umzug der Familie zusammenhänge, dies aber verworfen, weil Jonas zunächst begeistert die neuen Möglichkeiten mit gleichaltrigen Spielkameraden wahrgenommen hatte. Erst in jüngster Zeit war er zunehmend ängstlich geworden. Die Eltern, psychologisch und familientherapeutisch interessiert, hatten zahlreiche Erklärungen und Hypothesen über den Einfluß ihrer eigenen Entwicklung und ihrer Partnerschaft bedacht und auch mit einer befreundeten Psychologin gesprochen, die ihre Partnerschaft kritisch analysierte. Das Resultat der elterlichen Überlegungen war ein häufigeres Streiten über ihren unterschiedlichen Erziehungsstil und sie begannen schon, ihre Partnerwahl zu hinterfragen. Im Verhalten des Kindes hatte sich nichts geändert.

Nach diesem Bericht der Eltern äußerte der Therapeut den Wunsch, Jonas näher kennenzulernen. Die weitere Untersuchung zeigte eine verzögerte Entwicklung seiner grobmotorischen Koordination. Jonas fiel es schwer, sein Gleichgewicht im Einbeinstand zu halten. Der Therapeut hob gegenüber den Eltern in Anwesenheit des Jungen die Anstrengung hervor, die es Jonas kostete, auf einem Bein zu stehen und erfuhr daraufhin, daß er im Gegensatz zu den anderen Kindern der Wohnumgebung das „Fahrradfahren-Lernen“ aufgegeben hatte, nachdem die bisherigen Versuche in Streit und Tränen geendet hatten. Alle gleichaltrigen Kinder in der Straße könnten bereits Fahrrad fahren, und Jonas habe zuletzt meist am Rande des Geschehens gestanden, wenn er doch einmal draußen war. Seit 4 Wochen weigerte Jonas sich, weiter Fahrrad fahren zu lernen und blieb nur noch im Haus.

Daraufhin wurde eine differenzierte Untersuchung der motorischen Entwicklung vorgeschlagen, bei der die Eltern anwesend sein konnten. Bereits im nächsten Termin berichtete die Mutter, daß Jonas zuhause das Stehen auf einem Bein intensiv und ohne Anleitung geübt hatte. Im folgenden Termin berichtete sie, daß er sich eines Nachmittags sein Fahrrad geschnappt und ganz allein solange geübt habe, bis er allein fahren konnte. Dies habe er seinem Vater, als der nach Hause kam, stolz präsentiert. Von diesem Tag an hatte Jonas kaum mehr Zeit, wenigstens zum Essen ins Haus zu kommen. Die Behandlung mit Psychomotorik wurde noch 6 Monate fortgesetzt, weil Jonas sich noch weitere Ziele gesetzt hatte. Die Angstsymptomatik tauchte nicht wieder auf.

Jonas und viele andere Kinder in unserer Praxis haben uns gelehrt, daß allein die präsentierte Beschwerde aus einer anderen Wahrnehmungsperspektive zu betrachten, schon so dramatische Änderungen auslösen kann, daß wir selbst manchmal überrascht sind, wie schnell therapeutische Lösungen entwickelt werden können. Lösungsorientierte Interventionen, wie sie von DE SHAZER (1989a, b, 1992) und BERG (1992) entwickelt wurden, sind in der einzeltherapeutischen Arbeit mit Kindern ab etwa dem 10. bis 12. Lebensjahr (abhängig von ihrer intellektuellen Entwicklung) anwendbar. Bei jüngeren Kindern können Eltern als Mediatoren bzw. Co-Therapeuten helfen, weil Kleinkinder nur in Ausnahmefällen zu problemorientierten bzw. zielfokussierenden Gesprächen in der Lage sind. Die Praxis zeigt, daß Eltern oder Bezugspersonen nicht immer als sprachliche Mediatoren zur Verfügung stehen. Besonders in Situationen in denen

- Kinder bereits in der Lage sind, eine eigene Beschwerde und Ziele zu formulieren;
- Eltern keine Möglichkeiten sehen, durch Veränderung des eigenen Verhaltens das kindliche Verhalten zu beeinflussen;
- Eltern besonders sensibel für Schuldgefühle bezogen auf die gezeigte Symptomatik reagieren;
- symptomatisches Verhalten als Reaktion auf den Einfluß körperlicher Entwicklungsfaktoren zu interpretieren ist;

- Kinder in außerfamiliären Kontexten wie Kindergarten und Schule Schwierigkeiten haben, die von den Eltern nicht wahrgenommen und für behandlungswürdig angesehen werden;
- Kinder in Kinderheimen und Jugendwohngemeinschaften als Waisen oder „Sozial-Waisen" ohne Eltern und mit wechselnden Bezugspersonen leben;
- Kinder im Rahmen von Schmerzbehandlung und zur Vorbereitung medizinischer Behandlungen Therapie suchen

ist oftmals ein individuumzentriertes Vorgehen gefordert.

Die häufig angewandten non-direktiven und spieltherapeutischen Konzepte im Bereich der Kindertherapie sind als problemorientierte Verfahren angelegt (Steinhausen, H.C. & von Aster, M., 1993) und führen oft zu lang andauernden Therapieverläufen (siehe auch Petzold & Ramin, 1991).

Die bekannten Vorgehensweisen lösungsorientierter Kurzzeittherapie (Walter & Peller 1992) als verbale und handlungsauffordernde Interventionen lassen sich durch methodische Variationen im Bereich der Kindertherapie vielfältig erweitern (Vogt-Hillmann 1992). Kreative Kindertherapie meint aber nicht allein die Kreativität des Therapeuten bei der Auswahl therapeutischer Techniken im Rahmen eines lösungsorientierten Paradigmas. Im Vordergrund steht die Utilisierung der individuellen kindlichen Kreativität innerhalb der therapeutischen Interaktion. Die Kunst besteht neben dem Gebrauch vielfältiger Methoden und Strategien in der lösungsorientierten Anwendung des Utilisationsprinzips, wie es für die Hypnotherapie von M. H. Erickson (1965, 1981) beschrieben und als praktische Handlungsregel in der Kurzzeittherapie genutzt wird. Als therapeutische Maxime besteht es aus folgenden Aussagen:

- jedes Individuum ist einzigartig und trägt alle Ressourcen zu seiner Veränderung in sich selbst;
- Wirklichkeit ist das, was für den Klienten angemessen wirkt;
- nutze in der therapeutischen Kommunikation alles, was dem Klienten hilft, seinen Zielen näher zu kommen.

Kreative Kindertherapie ist eine ganzheitliche Behandlungsperspektive, die die verbalen Interview- und Interventionsstrategien um sinnlich erfahrbare Interventionen aus den Bereichen der Psychomotorik, der Hypnotherapie, des Neurolinguistischen Programmierens und anderer

Kind	Erwachsener
bewegungsorientiert	sprachorientiert
hohes Entwicklungstempo	langsame Entwicklung
flexibles Glaubenssystem und Selbstkonzept	feste Glaubenssätze und Selbstkonzept
wenig Erfahrungen	zahlreiche Erfahrungen
orientiert im Hier und Jetzt	vergangenheits- und zukunftsgerichtet
kontextbezogenes Denken, einfach, konkret	kontextübergreifendes Denken, komplex, abstrakt
phantasievoll und hohe Imaginationsfähigkeit	realitätsbezogen und rational
großer Einfluß körperlicher Entwicklung	körperliche Entwicklung relativ abgeschlossen
große Abhängigkeit von Umweltbedingungen	relative Autonomie von Umweltbedingungen
große Akkomodationsfähigkeit	geringe Akkomodationsfähigkeit

Abb. 1: Unterschiede zwischen Kindern und Erwachsenen

„Kreativ-Verfahren“ aus der Mal-, Musik- und Spieltherapie nutzt und synergetisch bündelt. Die Wahl und Anpassung der Interventionsstrategien für Kinder verschiedener Altersgruppen erfordert eine differenzierte Berücksichtigung der kindlichen Entwicklung. Es gilt daran zu erinnern, daß Kinder keine kleinen Erwachsenen sind (siehe Abbildung 1). Sie unterscheiden sich in ihren Ressourcen wesentlich von denen Erwachsener. Diese kindlichen Merkmale differenzieren sich innerhalb der Entwicklung und werden durch unterschiedliche Faktoren beeinflußt.

Eine systemische Perspektive kindlicher Entwicklung

Aus systemischer Sicht stellt sich die kindliche Entwicklung als Prozeß dar, der durch Stabilität und Instabilität im Zeitverlauf gekennzeichnet ist. Einflußfaktoren äußerer und innerer Systeme führen immer wieder zu Instabilitäten, die sich auch immer wieder in einem selbstregulatorischen Prozeß zu einzelnen Entwicklungsphasen stabilisieren (Sprechen; Laufen; abstraktes Denken beim Rechnen; soziales Verhalten in Kindergarten und Schule; sexuelle Entwicklungsschritte). Dennoch ist die kindliche Entwicklung durch ein hohes Maß an Offenheit und Möglichkeiten insgesamt als instabile Lebensphase zu kennzeichnen.

Auf körperlicher Ebene bilden Kinder vom Beginn der Entwicklung des Nervensystems neurophysiologische Muster heraus, die die Generierung und Konstruktion von Bedeutung auf der Ebene des Psychischen ermöglichen. Dies wirkt rückbezüglich auf die Entwicklung des Nervensystems und anderer Organ- und Funktionssysteme des Körpers. In solcher Wechselwirkung entwickeln sich Wahrnehmungssysteme (vgl. AYRES, 1984) und Wirklichkeitskonstruktionen zu emotional-kognitiven Einheiten. Ihre Organisation führt zur Ausbildung eines flexiblen psychischen Konstruktsystems, das das Selbstkonzept des Kindes entstehen läßt (siehe Abbildung 2).

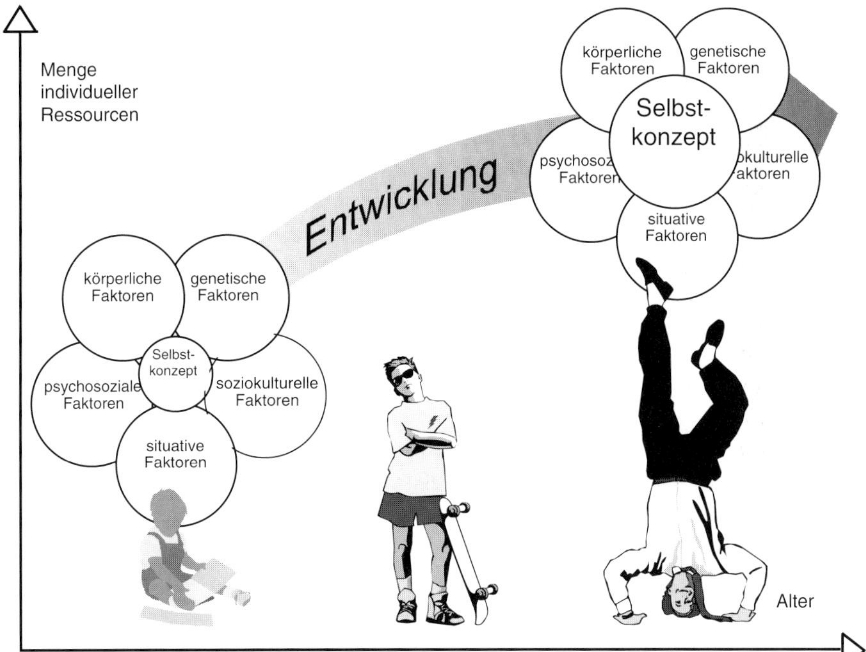

Abb. 2: Einflüsse auf die kindliche Entwicklung

Sozial vermittelte und emotional bedeutsame Anregungen gelten als maßgebliche äußere Einflußfaktoren der psychischen Entwicklung. Die Wechselwirkungen sinnlicher Erfahrungen und handelnder Praxis bilden die Grundlage der von qualitativ unterschiedlichen Phasen gekennzeichneten kindlichen Entwicklung. Kindliches Verhalten kann als phasenspezifisches selbstregulatorisches Handlungssystem beschrieben werden (SCHMIDTCHEN 1978).

In der therapeutischen Arbeit mit Kindern und Jugendlichen sind folgende elementar beeinflussende Entwicklungskomponenten zu berücksichtigen:

Genetische Faktoren bestimmen die grundlegenden Möglichkeiten kindlicher Entwicklung (z.B. bei. Trisomie 21, als Morbus Down bzw. Mongolismus bekannt). Die Einschätzung möglicher Auswirkungen zu Beginn einer Kindertherapie ist hilfreich, um Erwartungshaltungen über das Entwicklungstempo und -möglichkeiten zu reflektieren. Information und Aufklärung stellt in solchen Situationen eine wichtige therapeutische Intervention für die Eltern dar, damit sie dem Kind einen angemessenen Entwicklungsraum anbieten können.

Körperliche Faktoren in der kindlichen Entwicklung meint Auswirkungen von schwerwiegenden Erkrankungen in der Kindheit, wie z.B. Enzephalitis, bei der das kindliche Nervensystem vorübergehend oder dauerhaft einen Teil seiner bisher erworbenen Ressourcen verliert und eine Neuadaption verlangt, oder Diabetes mellitus, bei dem das kindliche Hormonsystem unerwartete körperliche und psychische Anpassungsleistungen fordert. In beiden Fällen müssen Kinder und Eltern spezifische Ressourcen zur Krankheitsbewältigung entwickeln. Mögliche Folgen von somatischen Erkrankungen können einen Unterschied markieren, der sogar zu einem späteren Zeitpunkt bei wiedererlangter körperlicher Gesundheit maßgeblich die weitere Entwicklung beeinflussen kann.

Als **psychosoziale Faktoren** gelten kindliche Sozialisationsbedingungen wie die familiäre und soziale Situation der Familie, die Stellung in der Geschwister-Reihe des Kindes, die entwickelten Sprach-Codes und die materielle und emotionale Versorgung des Kindes etc.

Als **soziokulturelle Faktoren** grenzen wir die möglichen kulturellen Einflüsse von psychosozialen Einflüssen ab, die bei Kindern, hervorgerufen durch die interkulturelle Entwicklung in unserer Gesellschaft, besondere Anpassungsleistungen erfordern. Die Zunahme von bi-kulturellen Familien führt bei vielen Eltern und Kindern zu psychosozialer Desorientierung. Familienrituale werden hinterfragt und verlieren ihre stabilisierende Funktion (DREESEN, 1993, IMBER-BLACK, 1993). Andere moralische und religiöse Wertvorstellungen und Glaubenssysteme verlangen eine Flexibilität des kindlichen Selbstkonzepts in der Identitätsbildung, besonders wenn die Modelle der Erwachsenen von ambivalentem Verhalten geprägt und für identifikatorisches Lernen untauglich werden. In der Therapie können diese Herausforderungen als Chancen interpretiert werden, die Selbstverantwortung und Autonomie in einer sich ändernden Gesellschaft fördern.

Situative Faktoren sind familiäre Besonderheiten wie bei Trennung, Tod von Familienmitgliedern oder bei Wohnortwechsel, die eine besondere emotionale Bedeutung in der kindlichen Entwicklung einnehmen. Dazu zählt auch der mögliche Einfluß eines Krankenhausaufenthaltes oder die Erfahrungen aus therapeutischen Kontexten.

Das kindliche **Selbstkonzept** entwickelt sich durch die Synthese von Bedürfnisregulierung und Lernerfahrungen, durch die sich das Kind als individuelles Wesen innerhalb seiner sozialen und materiellen Welt erlebt (vgl. PIAGET, 1950). Der permanente Vergleich bisheriger Erfahrungswerte (Bedürfnisbefriedigung) mit den Antizipationen der Zukunft führt durch den Akt der Wiederholung zu identitätsstiftender erlebter Stabilität des psychischen Konstruktsystems, das die individuellen Handlungsprozesse reguliert (GLASERSFELD, 1987). Die Fähigkeit zur Konstruktbildung beinhaltet die Entwicklung von selbstbezogenen Kern-Konstrukten, die das Selbstkonzept des Kindes kennzeichnen (vgl. KELLY, 1955). Hierzu zählen individuelle Konstrukte des aktuellen Selbst (Wer bin ich?), des Erfahrungs-Selbst (Wer war ich?) und des idealisierten Selbst (Wer oder wie möchte ich gerne sein?). Das Selbstkonzept umfaßt somatisches, motorisches und psychisches Geschehen. Es beinhaltet auf verschiedenen logischen Ebenen (DILTS, 1993) der Identität, der Glaubens- und Wertvorstellungen, dem Erleben eigener Fähigkeiten und Verhaltens individuell und situationsspezifische Merkmale, die sowohl sprachlich als auch nichtsprachlich als individuelle „Programme“ (UEXKÜLL, 1988) vom Individuum und von anderen wahrnehmbar sind. Kinder bewegen sich innerhalb ihrer ‘unabgeschlossenen Selbstkonzeptentwicklung’ flexibel und schnell zwischen dem Erleben von aktuellem Selbst und Ideal-Selbst hin und her. Neugier und Offenheit gegenüber Anderem und die Wahrnehmungsfähigkeit von Wandel und Veränderungen als selbstverständlicher Bestandteil von Alltagserfahrungen charakterisieren die instabile Prozeßdynamik (vgl. KRUSE, 1988) des psychischen Konstruktsystems im Kindesalter.

Entwicklung als Systemkomponente hebt das allumfassende Band der Zeit innerhalb des Kontinuums der interaktiven Prozesse der genannten Faktoren hervor. In der Entwicklung früh auftretende Einflüsse auf das psychische Konstruktsystem haben globalere Auswirkungen, als im relativ-stabilen Erwachsenenalter, wenn sich schon ein stabiles und zuverlässig-ordnendes Selbstkonzept verfestigt hat. Der Zeitpunkt des Auftretens spielt eine entscheidende Rolle für die Bewältigungsmöglichkeiten des Kindes. Die erlebte Trennung der Eltern zeigt andere Auswirkungen, wenn das Kind 6 Monate oder 6 Jahre alt ist. Auf somatischer Ebene führt eine z.B. durch Hirnentzündung hervorgerufene organische Hirnschädigung in jüngeren Entwicklungsstufen zu globaleren Auswirkungen auf die Entwicklung, als wenn sie später eintritt.

Die skizzierte Komplexität kindlicher Entwicklung kennzeichnet die unterschiedlichen Phasen als einen Wechselwirkungsprozeß der durch den Wechsel von Stabilität und Instabilität auf verschiedenen Systemebenen charakterisiert ist. Aus der Selbstorganisationstheorie lebender Systeme wissen wir, daß in Phasen erhöhter Instabilität eines Systems geringe Änderungen oder Anregungen von außen genügen, um weitreichende Veränderungen auszulösen (Krammer, 1990, Kruse, 1988). Für therapeutische Interventionen bedeutet dies, daß minimale Anregungen zum passenden Zeitpunkt effektive Änderungen einleiten und dadurch therapeutische Prozesse einfach, kurz und gut gestaltet werden können.

Praxis der Kreativen Kindertherapie

Therapeutische Praxis ist die systematische Anwendung eines Set von theoretisch begründeten Handlungsregeln und entspricht einem aus kommunikativen Einheiten bestehenden Handlungssystem (vgl. Vogt-Hillmann et al., 1992a). Zur kreativen und systematischen Organisation dieser Praxis schlagen wir das SCORE-Modell von Dilts (1988) vor. Mit ihm werden therapeutische Kommunikationsprozesse in fünf Bereiche unterteilt (siehe Abb. 3).

SYMPTOM: Kommunikationen über Symptome oder Probleme sind bewußter Ausgangspunkt eines präsentierten Zustandes in der Gegenwart, der zur Aufnahme von Therapie führt.

CAUSE: Kommunikationen über Erklärungen und Glaubenssätze, die zur Entstehung und Aufrechterhaltung von Problemen beitragen. Die Exploration subjektiver Krankheitstheorien gibt Aufschluß über die erlebte Lösungskompetenz. Erklärungstheorien erschließen sich über die erzählten Lebensgeschichten bzw. in individuellen Narrativen (Gergen 1986). Für ein lösungsorientiertes Vorgehen ist eine differenzierte Unterscheidung zwischen

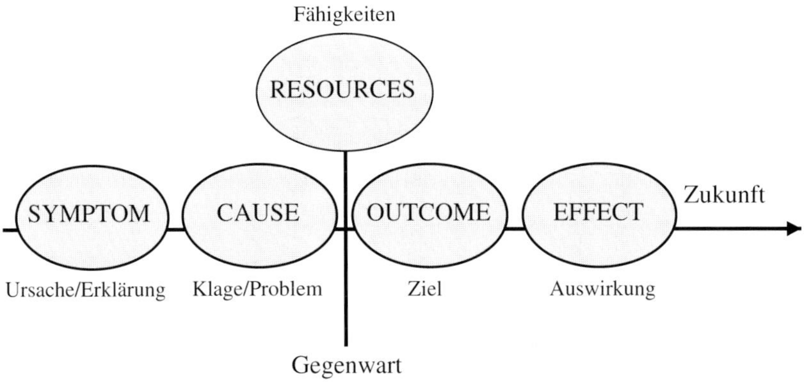

Abb. 3: SCORE-Modell

erzählend = narrativ

- progressiven Narrativen, die darauf verweisen, daß sich Menschen ihren Zielen annähern;
- stabilen Narrativen, die die Folgerung zulassen, daß sich nichts im Leben verändert;
- digressiven Narrativen, aus denen geschlossen werden kann, daß Menschen sich von ihren Zielen fortbewegen von zentraler Bedeutung. (MILLER & DE SHAZER, 1991, S. 123).

OUTCOME: Kommunikationen über die erwünschten Ziele, zu denen gehört, all das zu tun, zu fühlen und zu erleben, was ohne Auftreten beklagter Situationen für die Patienten möglich war. Das Sprechen über erlebte Ausnahmen von der Beschwerde dient der assoziativen Verknüpfung von Verhaltensweisen aus jener Klasse von Handlungen, die unabhängig von der Beschwerde nach erfolgreicher Therapie beibehalten werden sollen und fokussiert die erwarteten Ziele (DE SHAZER, 1988).

RESOURCES: Kommunikationen über vorhandene und/oder zu entwickelnde Ressourcen dienen dazu, alle Fähigkeiten, die für die Erreichung und Aufrechterhaltung von Zielzuständen nützlich sind, zu generieren und utilisieren.

EFFECT: Kommunikationen, in denen angestrebte Veränderungsprozesse auf Auswirkungen im individuellen Lebenskontext reflektiert werden. Mögliche Reaktionen von Beziehungspartnern werden antizipiert und individuelle Handlungsalternativen modelliert.

Mit dem SCORE-Modell gliedern wir die Praxis kreativer Kindertherapie in drei Bereiche:

1. Kommunikationen über Beschwerden (SYMPTOM und CAUSES),
2. Kommunikationen über Ziele (OUTCOME und EFFECT),
3. Kommunikation über die Ressourcen (RESOURCES), die wir in
   a) Ressourcen des therapeutischen Kontextes und
   b) Ressourcen der Klienten unterteilen.

Kinder kommen selten allein und freiwillig in die therapeutische Praxis. Die Motivation für Therapie liegt zu Beginn häufig bei den Mitgliedern des erwachsenen Bezugssystems. Neben den eigenen Eltern sind es Lehrerinnen und Kindergärtnerinnen, die Verhaltensauffälligkeiten oder Schwierigkeiten des Kindes bemerken. Sie sind diejenigen die eineBeschwerde äußern und Besserung wünschen und Kinder zum Therapeuten schicken. Solange Kinder selbst in einer unerfreulichen oder belastenden Situation sind, zeigen sie ihre Belastung offensichtlich, haben aber außerhalb dieser Situation oft keinen reflexiven Zugang dazu. Deshalb sind sie selten in der Lage, eine Beschwerde, geschweige denn ein therapeutisches Ziel zu formulieren. Positiv formulierte Erwartungen, was anstelle der Beschwerde sein sollte, sind meist nicht vorhanden. Am Beginn der Therapie steht deshalb die sorgfältige Klärung folgender Fragen:

- Wie lauten die Beschwerden?
- Wie lautet der Auftrag an den Therapeuten?
- Welche Ziele verbinden die Beteiligten, insbesondere die Erwachsenen mit der Therapie?
- Wie ist der Entwicklungsstand des Kindes?
- In welchem Setting soll die Therapie erfolgen? Wer soll direkt beteiligt werden? Wer soll das Therapieergebnis evaluieren?

Der Prozeß, in dem die Klärung dieser Fragen erfolgt läßt sich schematisch so darstellen, wie in Abbildung 4 gezeigt.

Klären der Beschwerde (SYMPTOM und CAUSES)

Ganz am Beginn steht am sinnvollsten eine offene Frage wie z.B.: „Was führt Sie her?“ Darauf wird den Begleitpersonen genügend Raum

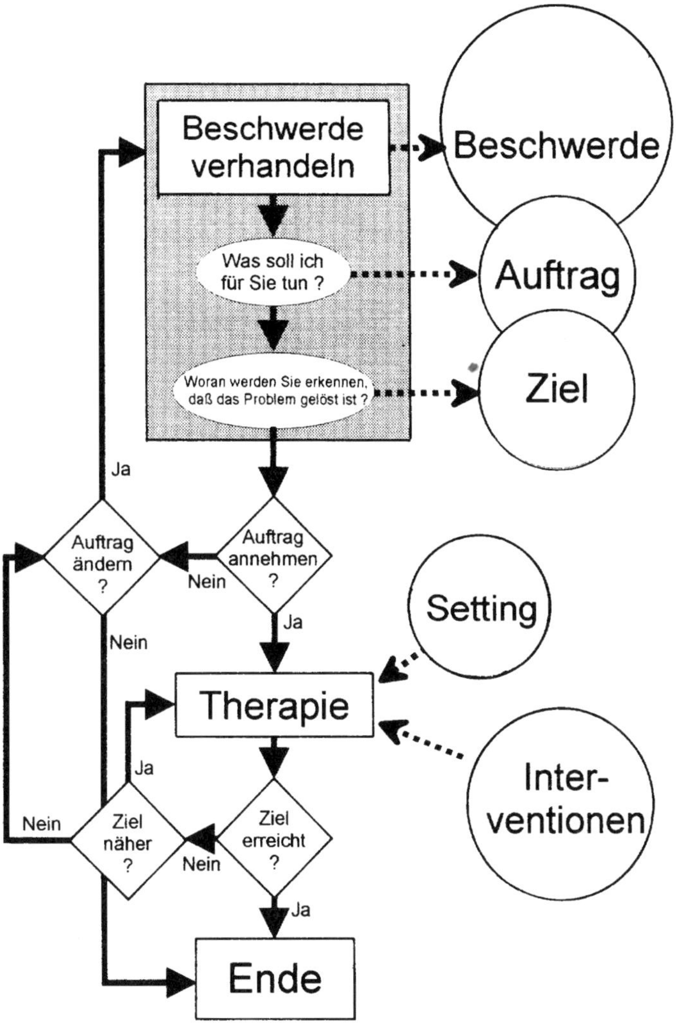

Abb. 4: Therapieplanung

und Zeit gegeben, ihre Beschwerden zu formulieren. Der Therapeut kann diese Sequenz abschließen, indem er wiederholt, wie er die Beschwerden verstanden hat und die Frage anschließen: „Ist es das, was Sie herführt oder gibt es noch andere Sorgen?“ Zum Klären der Beschwerde sind weitere Fragen relevant: „Gibt es eine oder mehrere

Beschwerden?", „Wer beobachtet sie?", „Wer wird zuerst bemerken, wenn etwas anderes an die Stelle des beklagten Zustandes tritt?". Wenn mehrere Beschwerden formuliert werden: „Welche Vorstellungen gibt es über Zusammenhang oder Unabhängigkeit der Beschwerden?", „Gibt es eine Hierarchie der Beschwerden i.S. eines Verursacher-Modells?" Die Berücksichtigung der individuellen „Problem- oder Krankheitstheorie" ist wichtig, um sicherzugehen, daß die Therapie nicht im Hausflur eines kognitiven „Problem-Verursachungs-Gebäudes" steckenbleibt.

Marianne z.B. wurde von der Mutter in die Praxis gebracht, weil sie im Kindergarten flippig und unkonzentriert sei, tagsüber noch häufig und nachts regelmäßig einnässe. Die Mutter hatte die Idee, daß Marianne sich häufig „verspiele" und nicht darauf achte, auf die Toilette zu gehen. Beunruhigt war sie mehr über das soziale Verhalten ihrer Tochter, konnte sich aber einen Zusammenhang zwischen Trockenwerden und mehr Konzentration vorstellen. Auf die Frage, woran sie eine Änderung bemerken würde, antwortete sie, daß sie dann seltener frische Unterhosen in den Kindergarten bringen müßte und statt dessen ihrer Hausarbeit nachgehen könne. Auf Seiten der Problemtheorie standen Konzentrationsmangel und verspieltes Wesen und auf der Seite der Ziele das Trockenwerden. Die Fokussierung auf das Einnässen am Tag nutzte der Therapeut, darauf hinzuweisen, daß Kinder im allgemeinen erst tagsüber, dann nachts trocken würden. Tochter, Mutter und Therapeut einigten sich darauf, zunächst das Trockenwerden am Tag zu erreichen.

Verhandeln von Zielen (OUTCOME und EFFECT)

Die vorgestellten Klagen der Beteiligten werden vom Therapeuten unbedingt akzeptiert. Der Wunsch der Erwachsenen, das Kind zur „Behandlung abgeben zu wollen", wird als ernstzunehmende Sorge um dessen Wohlergehen und als Vertrauensbeweis gegenüber dem Therapeuten gewertet. Die Entscheidung für ein einzeltherapeutisches Vorgehen wird gemeinsam mit dem Kind und den Eltern entwickelt. Um zu vermeiden, daß der Therapeut nach erfolgreichen Interventionen bei der nächsten Rücksprache mit den Eltern erfährt, daß diese leider nichts von den berichteten Erfolgen bemerkt haben, ist er gut beraten, gemeinsam mit den Eltern und dem Kind gezielte Referenzerfahrungen zu markieren, woran Änderungen bemerkt werden. Wird eine gemeinsame Zielformulierung entwickelt, auf die sich alle Beteiligten kalibrieren, so kann die therapeutische Befürchtung weichen, die Eltern aus der Verantwortung zu entlassen und sich selbst als „Kinder-Reparatur-

Werkstatt" zu empfinden. Vereinbarte therapeutische Ziele führen eine gleichberechtigte Kundenorientierung in den Bereich der Kindertherapie, in der die Eltern in ihrer Verantwortung gegenüber dem Kind belassen bzw. bestärkt werden. Therapeutische Beobachtungsaufgaben führen häufig zu Änderungen des gegenseitigen Verhaltens und zur Auflösung bisher beklagter Situationen.

Ziele von Kindern sind häufig, die therapeutische Situation schnellstmöglich verlassen zu können. Mit ihnen gilt es, einen Rahmen zu etablieren, durch den sich der Therapeut mit dem Kind verbündet, um den elterlichen/erwachsenen Auftraggebern zu genügen. Gleichzeitig achtet der Therapeut auf die kindlichen Bedürfnisse und sorgt dafür, daß ein Interessenausgleich stattfindet.

Wohlgeformte konstruktive Zielformulierungen von Eltern und von Kindern sollen an folgenden Kriterien ausgerichtet sein:

- Ziele sollen für alle Teilnehmer des Systems wichtig sein und ihnen ins Auge springen, wenn sie erreicht sind,
- Ziele sollen als klein und von den Betroffenen als realisierbar und erreichbar formuliert sein,
- Ziele sollen die Anwesenheit von etwas, wie z.B. ein neues Verhalten zum Gegenstand haben, anstatt die Abwesenheit von einem beklagten Verhalten,
- Ziele sollen den Beginn von etwas und nicht das Ende von etwas fokussieren,
- Ziele müssen konkret und für andere wahrnehmbar sein, d.h. erreichte Ziele sollen eine durch Beobachtung nachvollziehbare Veränderung in einem Verhalten darstellen,
- Zielformulierungen sollen individuell originär und nicht auf Vergleiche zu anderen aufgebaut sein, wie z.B. „Ich möchte, daß mein Kind so ist wie alle anderen" (vgl. DE SHAZER 1986).

Zielformulierungen haben in der Kindertherapie eine zweite wichtige Bedeutung, durch die der Therapeut eine mögliche Annäherung in seinem Verstehen der kindlichen Situation gegenüber entwickeln und diese nachfühlen kann. Mit den vorgetragenen Zielen von Eltern sind oft die Wünsche verbunden, das Kind möge seinen Mut und seine Lebensfreude entwickeln, leistungsfähig und erfolgreich werden, gemeinschaftliches Sozialverhalten zeigen, seine Liebesfähigkeit und über alles seine Kreativität entfalten. Dabei sind es häufig genau diese Ziele, die das Kind in seinen gescheiterten Lösungsversuchen zu erreichen anstrebt. Es sucht nach emotionaler Unterstützung und liebevoller Anerkennung für seinen Mut und seine Kreativität. Schwierigkeiten zwischen Kindern und Eltern liegen manchmal genau darin, daß sich erwünschte „Charaktereigenschaften“ und „Fähigkeiten“ nicht durch direktes Bestreben erreichen lassen. Sie bleiben gemäß der „Sei-Spontan-Paradoxie“ solange unerreichbar, so lange Eltern und Kinder ausgehend von unterschiedlichen inhaltlichen Ideen dieser „Eigenschaften“, diesen zielstrebig hinterherlaufen.

Ressourcen (RESOURCES)

Die Summe der Handlungsalternativen, Fähigkeiten und Fertigkeiten, mit denen der Therapiefortschritt erreicht werden kann, bezeichnen wir als Ressourcen. Wir unterscheiden Ressourcen des therapeutischen Kontextes und Ressourcen der Klienten. Zunächst stellen wir dar, auf welche Weise wir die erforderlichen Ressourcen des therapeutischen Kontextes utilisieren.

Ressourcen des therapeutischen Kontextes

Zur sorgfältigen Klärung dieser Ressourcen gehört in jedem Fall das Klären des Auftrags und das Verhandeln des therapeutischen Settings.

Klären des Auftrags

Die Erwartungen von Kindern und Erwachsenen sind zahlreich und komplex. Unsere Erfahrung zeigt, daß der Erfolg kurzzeittherapeutischer Interventionen maßgeblich davon abhängt, wie zu Therapiebeginn die Beschwerden und Ziele in einen Handlungsauftrag übersetzt werden, um das therapeutische Vorgehen zu planen und organisieren (vgl. auch Vogt-Hillmann et. al. 1992b). Nachdem Beschwerden und Ziele bekannt sind, folgt die Frage „Was möchten Sie, das ich für Sie tue?“, die je nach Situation ganz unterschiedlich betont werden kann. Sie läßt Eltern oft sehr nachdenklich werden und hilft ihnen, ihre Ziele zu reflektieren und formulieren. Die Antworten sind meist auch wohl formuliert und werden vom Therapeuten als Angebot eines impliziten Therapiekontrakts angesehen, vorausgesetzt, er hält für möglich, das zu tun, was von ihm erwartet wird. Wenn nicht, wird mit den Beteiligten die Frage nach anderen Hilfsmöglichkeiten und Ressourcen reflektiert.

Eine Mutter kam mit Ihrer 5jährigen Tochter in die Praxis und berichtete auf die Frage, was sie herführe, daß diese immer völlig verstört sei, wenn sie und der zweijährige Bruder von 14-tägigen Besuchskontakten beim Vater zurückkämen. Die Eltern hätten sich vor einem halben Jahr getrennt und man streite noch um das Sorgerecht für die beiden Kinder. Sie sorge sich um die weitere seelische Entwicklung ihrer Tochter und wolle, daß diese die Trennung besser verarbeiten könne. Auf die Frage des Therapeuten, was er denn für sie tun könne, antwortete sie: „Ich möchte, daß Sie mir bestätigen, daß diese Besuche beim Vater für meine Tochter schädlich sind". Anstatt Psychotherapie wollte sie also ein Gutachten in Auftrag geben. Der Therapeut klärte die Mutter auf, daß für eine Begutachtung auch die Befragung des Vaters erforderlich sei und dies besser in Zusammenarbeit mit dem Familiengericht erfolge. Diese konkrete Auftragsklärung verhinderte möglichen Ärger und Mißverständnisse bei weiteren therapeutischen Kontakten.

Verhandeln des Settings

Die Annahme des therapeutischen Auftrages führt zur Wahl des geeigneten Settings, die mit gleich guter Erfolgserwartung häufig sehr verschieden beantwortet werden kann (vgl. Burr, 1993). Die Antwort hängt von der Kooperationsbereitschaft der Bezugspersonen, den institutionellen Kontextbedingungen und persönlichen Präferenzen und Möglichkeiten der Therapeuten ab. Die folgenden Möglichkeiten der Settingwahl für kreative Kindertherapie bieten sich an:

Therapie im Mehrpersonen-Setting mit Kind und Bezugspersonen.

Eine hohe Kooperationsbereitschaft und Motivation sich aktiv an therapeutischen Änderungsprozessen zu beteiligen, spricht dafür, die vorgestellten Kinder in Anwesenheit ihrer Eltern oder Bezugspersonen zu behandeln. Bei Kindern unter 6 Jahren ist die Anwesenheit einer erwachsenen Bezugsperson hilfreich für das Kind, sich sicher zu fühlen, und für den Therapeuten, um auf verbaler Ebene ausreichend Informationen zu erzeugen. Die Anwesenheit von Erwachsenen ist jedoch nicht Voraussetzung und aus den zu Beginn geschilderten Gründen nicht immer möglich.

Therapie im Bezugspersonen-Setting ohne Kind

Diese Variante stellt eine indirekte Kindertherapie dar und richtet sich an erwachsene Bezugspersonen, wenn diese ihre Beschwerden so darstellen, daß sie ihr eigenes Verhalten ändern möchten, körperliche Entwicklungsfaktoren beim Kind keine Rolle für die vorgestellte Beschwerde spielen und/oder die Kinder zu klein sind um sich an der

Therapie zu beteiligen. In Fällen, in denen ältere Kinder oder Jugendliche eine Beteiligung an der Therapie strikt ablehnen, die Bezugspersonen es aber nützlich finden, über ihre eigenen Verhaltensoptionen zu sprechen, werden die Kinder thematisch und mit zirkulären Fragen wie „Was würde Ihre Tochter/Sohn antworten, wenn er/sie hier wäre?“ einbezogen. In diesen Fällen, sind die Übergänge zur lösungsorientierten Kurztherapie mit Erwachsenen fließend. Der Dialog mit den erwachsenen Bezugspersonen, kann zu deren veränderten Handlungsmustern indirekt die zukünftigen Wahlmöglichkeiten der beteiligten Kinder erhöhen.

Einzel-Setting mit dem Kind

Zum Einzel-Setting entscheiden wir uns,

- wenn Kinder selbst eine Beschwerde und Ziele formulieren können,
- wenn Konflikte mit Bezugspersonen nur eine untergeordnete Rolle spielen,
- wenn der Einfluß körperlicher Entwicklungsfaktoren im Vordergrund steht und
- wenn Bezugspersonen nur eine geringe Bereitschaft zu Beteiligung zeigen.

Die Vorteile der Einzeltherapie mit Kindern liegen darin, daß die Informationsflut geringer ist und individuell maßgeschneiderte Interventionen direkt probiert und evaluiert werden können. Erfordert das junge Alter des Kindes aktives Handeln im Rollen- oder Puppenspiel, kann es für Kinder leichter sein, sich auf die Verzauberung des therapeutischen Spiels einzulassen, wenn es nicht durch andere Anwesende abgelenkt wird. Erfolgt Kindertherapie als supportive Behandlung bei somatisch erkrankten Kindern, besteht im Einzel-Setting der Vorteil einer emotional bedeutsamen Beziehungsgestaltung zwischen Kind und Therapeuten. Wird das Kind von den Eltern als „krank“ präsentiert, ist der Therapeut ebenfalls aufgefordert, sich zumindest phasenweise um das Kind allein zu kümmern, auch wenn er glaubt, mögliche Lösungen lägen bei den Eltern.

Das Spiel mit verschiedenen Setting-Varianten kann in Einzelfällen das zentrale Mittel der Veränderung sein, wie der Fall „David“ illustriert. David wurde im Alter von 6;9 Jahren von der Leiterin der Kindergartengruppe und seiner Mutter vorgestellt, weil er im Kindergarten auffällig zurückhaltend und ruhig sei, aber manchmal unvermittelt wütend werde und dann laut schreie. Besonders beim Turnen zeige er Probleme mitzumachen. Die Mutter, eine Frau mit Sonderschulabschluß für Lernbehinderte, wirkte scheu und konnte aus ihrem häuslichen Erleben die Beobachtungen der Kindergärtnerin nicht bestätigen. Auf konkrete Fragen äußerte sie sich ausweichend, vage und widersprüchlich. Das weitere Gespräch über die Erklärungen des symptomatischen Verhaltens ergab lediglich die Auskunft, daß Davids 9jähriger Bruder wegen seines destruktiven Verhaltens und der damit verbunden Erziehungsschwierigkeiten vor drei Wochen in ein heilpädagogisches Heim gekommen sei. Genaueres war hierüber aber nicht zu erfahren. Selbst der strenge Vater, Elektromechaniker von Beruf, konnte dies nicht verhindern. David verfolgte die Anamnese still und fast reglos und zu keinerlei Kooperation zu bewegen. Der Therapeut schlug deshalb vor, das Setting zu wechseln und bot an, ein weiteres Gespräch mit beiden Eltern und der Kindergärtnerin zu führen. Dies kam aber nicht zustande.

Ein halbes Jahr später wurde David erneut, jedoch von beiden Eltern vorgestellt. Die Pädagogin des Schulkindergartens, in den David mit 7;1 Jahren wegen mangelnder Schulreife zurückgestellt worden war, hatte dazu geraten. Wieder war er nicht bereit zu kooperieren. Der Therapeut wechselte das Setting dahingehend, daß er David anbot, zunächst mit ihm allein etwas zu spielen. Nachdem die Eltern darauf das Zimmer verließen, nahm David das Angebot zögernd an und spielte ein wenig mit dem dargebotenen Spielmaterial. Zum nächsten Termin erschien der Vater allein mit dem Sohn. Diesmal äußerte David spontan den Wunsch, die im ersten Termin verweigerte neurologische Untersuchung durchzuführen. Sie zeigte eine extreme taktile Empfindlichkeit des Jungen, die auf eine abweichende Entwicklung seiner Körperwahrnehmung deuteten. Der Therapeut hob dies gegenüber den Eltern hervor, die sichtlich erleichtert waren, keine erneuten Schuldvorwürfe zu erfahren, wie vermutlich bei ihrem älteren Sohn geschehen. Zu einer genaueren Abklärung willigten die Eltern ein, David zur psychomotorischen Diagnostik einer Kindertherapeutin vorzustellen. Sie bestätigte die Wahrnehmungsschwierigkeiten des Jungen, die sich einschränkend auf sein Verhalten und die Entwicklung seines Selbstkonzeptes auswirkten. Seine bisher als sozialängstliches Vermeidungsverhalten interpretierten Umgangsformen im Kindergarten erschienen jetzt als Ausdruck seiner Berührungsangst, die sich zu einer Angst vor Unerwartetem generalisiert hatte. Dies alles wurde den Eltern in wieder einem anderen Setting, bei dem nun sie zum Gespräch kamen, erläutert. Nach den Erfahrungen, für Davids Verhalten nicht allein verantwortlich zu sein, war den Eltern das Gespräch unter Erwachsenen willkommen. Mit ihnen wurde dann eine Einzeltherapie mit David verabredet. Dazu wurde erneut ein Gespräch mit der Pädagogin des Schulkindergartens angeboten, um diese über die angestrebte psychomotorische Behandlung zu informieren und sie unter der Zuhilfenahme der Erfahrungen der Eltern für die weitere Entwicklung zu sensibilisieren und zu beraten. Das Gespräch mit Eltern und der Pädagogin kam im Unterschied zu dem mißlungenen ersten Versuch am Beginn der Therapie schnell zustande und zeigte die gefestigte Kooperationsbereitschaft der Familie.

Bald kristallisierte sich heraus, daß David wie auch die Familie ideenreich an der Bewältigung der taktilen Empfindlichkeit arbeiteten. Der Vater berichtete z.B. über die Urlaubs- und Wochenendfahrten mit der Familie, die für alle ein Gewinn gewesen seien. David habe sich sogar getraut, am Strand mit anderen Kindern zu spielen, wobei er zu Beginn immer noch seine schützenden Schuhe anbehielt. Zu einer der nächsten Therapiestunden erschien er mit der Bemerkung, er wolle lernen, barfuß zu laufen, was er dann mit großer Energie betrieb. Das Hauptgewicht lag von da an auf der psychomotorischen Einzeltherapie, in der er sich ständig neue Ziele setzte und gute Fortschritte machte. Die Eltern brachten ihn regelmäßig. Ein Jahr später besuchte David mit gutem Erfolg und Begeisterung die erste Klasse der Grundschule. Die Pädagogin des Schulkindergartens, die der Therapeut zufällig bei einer Fortbildungsveranstaltung traf, meinte, sie hätte am Beginn der Therapie nie für möglich gehalten, daß dieses Kind jetzt erfolgreich die Grundschule besuchen könnte; und das, obwohl die Eltern aus ihrer Sicht nicht viel geändert hätten.

Die Ressourcen des Kindes – Klären des Entwicklungsstandes

Der Fall von David erinnert daran, daß, je jünger die vorgestellten Kinder sind, desto mehr der Einfluß körperlicher und sprachlicher Entwicklung beim Verstehen der elterlichen Klagen zu berücksichtigen ist. Gerade bei sehr jungen Kindern beruhen Beschwerden über symptomatisches Verhalten häufig auf einem Mißverhältnis von elterlichen Erwartungen und den tatsächlichen kindlichen Möglichkeiten. Ahnen Kinder die möglichen Enttäuschungen, so beteiligen sie sich an der Verschleierung ihrer Entwicklungsmöglichkeiten und es wird für Therapeuten schwierig, einen realistischen Ausgangspunkt für die Therapie zu erreichen. Tobias, der immer die Fenster öffnete, ist ein Beispiel, wie eine sorgfältige Entwicklungseinschätzung bereits die ganze Therapie sein kann.

Tobias wurde im Alter von 3 Jahren von einer völlig erschöpften Mutter zur Therapie vorgestellt, weil er keine Nacht durchschlief, statt dessen durchs Haus lief und für Unordnung sorgte. Am Tag war er extrem unruhig und beschäftigte sich viel mit stereotypen Handlungen. Er sprach nur verwaschen, schwer verständliche Einzelwörter. In der Praxis war er intensiv damit beschäftigt, die Fenster zu öffnen und zu schließen und die Lichtschalter zu betätigen. Auf den ersten Blick war er nicht altersgemäß entwickelt, die Information darüber rief bei der Mutter besorgte Abwehr hervor. Nach wenigen Therapiesitzungen, in denen Tobias zusammen mit seiner Mutter durch psychomotorische Interventionen lernte, seinen Körper deutlicher zu spüren, war er bereits erheblich ruhiger geworden. Eine entscheidende Wende ergab sich aber erst, als Tobias in der Lage war, bei einem Entwicklungstest zu kooperieren, dessen Ergebnis die Vermutung einer geistigen Behinderung nahelegte. Nachdem dies mit der Mutter einfühlsam besprochen worden war, veränderte sich ihre Wahrnehmungsperspektive radikal. Sie erklärte sich sofort bereit, Tobias in einen integrierten Kindergarten mit heilpädagogischer Förderung zu geben. Als sie daraufhin selbst eine Halbtagsbeschäftigung wieder aufnahm, aus der sie neue Selbstbestätigung schöpfte, kehrte auch für sie mehr Ruhe ein. Nach dieser Wende waren Tobias Stereotypien fast vollständig verschwunden, er war viel ruhiger, konnte sich gestellten Aufgaben zuwenden und entwickelte sich seinem Tempo entsprechend.

Dieser Fall zeigt, daß es manchmal therapeutische Aufgabe ist, das Gegenteil der ursprünglichen elterlichen Wünsche zu initiieren: bremsen des angestrebten Entwicklungstempos und hinterfragen der angestrebten Entwicklungsziele, um dem Kind Zeit und Raum zu schaffen, eigene Ressourcen im natürlichen „Entwicklungs-Zeitrahmen“ zu entwickeln.

Beziehungsgestaltung und Therapeutenpersönlichkeit in der Kreativen Kindertherapie

Lösungsorientierte Therapiepraxis als kreative Kindertherapie ist durch die geschilderte sorgfältige Therapieplanung gekennzeichnet, darüberhinaus ist die Effektivität der therapeutischen Interventionen von der Art der Beziehungsgestaltung und der Prozeß- und Systemkompetenz des Therapeuten bestimmt (vgl. LIPCHIK, 1994).

Therapeutische Beziehungen sind durch den gegenseitigen Rapport, d.h. durch Akzeptanz, Kongruenz, Harmonie, Kooperation und wohlbalancierte Nähe zwischen Kindern/Jugendlichen und Therapeuten getragen. Therapeutischer Rapport basiert auf dem gegenseitigen verbalen und non-verbalen Angleichen der Wahrnehmungsperspektiven von Kind und Therapeuten. Indem der Therapeut sich an die innere Welt des Kindes anpaßt, ermöglicht er ihm, sich akzeptiert, sicher und verstanden zu fühlen. Zu Therapiebeginn dient eine aktive Rapport-Phase dazu, mögliche Erwartungsängste des Kindes gegenüber der ihm unbekannten therapeutischen Situation zu reduzieren und Vertrauen aufbauen zu helfen. Die ersten Minuten sind für den weiteren Verlauf entscheidend: wenn den Kindern „irgend etwas“ am Therapeuten oder an der Situation nicht gefällt, kann es schwierig werden, Vertrauen zu gewinnen und das Kind zur Kooperation zu motivieren. Flexibilität ist gefordert, um Kindern ein Gefühl zu vermitteln, sich an einem „sicheren Ort“ zu befinden und ihre Neugierde zu wecken, sich von Ideen des Therapeuten verzaubern zu lassen. Die Utilisierung der kindlichen Repräsentationssysteme und sprachlicher Metaphern, wie sie im Neurolinguistischen-Programmieren (NLP) entwickelt sind, hilft, in kurzer Zeit, intensiven Rapport aufzubauen.

Weiterhin ermöglicht die Rapportphase dem Kind, die therapeutische Praxis kennenzulernen. Der Therapeut berichtet von anderen Kindern und Therapieverläufen und stellt sein methodisches Vorgehen vor. Viele Kinder fürchten im Therapeuten jemanden, der sie unbedingt anders haben will. Deshalb sollte er behutsam über Veränderungsmöglichkeiten sprechen und stattdessen mit dem Gebrauch verständlicher Metaphern über Möglichkeiten und Bewältigungsformen sprechen, die es Kindern erleichtern, in einer Welt von Veränderungswünschen bestehen zu können. Im Einzelfall informiert der Therapeut über mögliche bisherige Elterngespräche und sein bisheriges Verständnis der Situation. Dadurch werden dem Kind die Unterschiede zwischen Klage/Beschwerde, Auftrag und Ziel transparent. Mit der Metapher, zusammen mit dem Kind „in einem Boot zu sitzen“, sucht der Therapeut dann gemeinsam nach Möglichkeiten, wie die Auftraggeber zufriedengestellt werden können.

Für einen kongruenten Rapport ist es für den Therapeuten hilfreich, folgende Informationen über das Kind zu erfragen, die es erleichtern sich an dessen Erleben anzugleichen. Sie können in späteren Interventionen, wie z.B. dem Erzählen therapeutisch relevanter Geschichten oder in gemeinsamen interaktiven Spielen genutzt werden. Bedeutsame Informationen sind in diesem Zusammenhang:

- lebt das Kind in der Stadt oder auf dem Land?
- geht es in den Kindergarten, Schule, Musik- oder Sportunterricht?
- welches ist seine Lieblingsbeschäftigung, in der Schule das Lieblingsfach?
- welches ist seine Lieblingspuppe, Lieblingsheld in Märchen und/ oder im Fernsehen?
- lebt das Kind in einer Klein-, Groß- und/oder Stieffamilie, etc.?
- welchen Beruf üben die Eltern aus?
- hat das Kind Kontakt zu den Großeltern;?
- wie bewertet es besondere Lebens- und Lernerfahrungen?
- sind eigene Fähigkeiten bewußt?
- welche Metapher hat das Kind für die therapeutische Situation, werden Lösungsperspektiven mit externen Hilfsangeboten verbunden?

Kongruenter Rapport fördert die Ja-Haltung des Kindes gegenüber therapeutischen Interventionen. Nachdem der Therapeut sich auf die Welt des Kindes kalibriert hat, beginnt er, es in mögliche Lösungsperspektiven zu führen. Die Fähigkeit zum schnellen Wechsel zwischen Angleichen, Kalibrieren und Führen in therapeutischen Interaktionen mit Kindern kennzeichnen wesentliche Merkmale der Prozeßkompetenz des Therapeuten.

Holger, 11;2 Jahre alt und wegen mangelhafter schulischer Leistungen zur Therapie vorgestellt, drückte seinen Unmut gegenüber der Therapie durch seinen Provokationsversuch aus, die Wandtafel mit rechtsradikaler Symbolik zu verzieren. Unbeeindruckt von der politischen Botschaft fragte der Therapeut: „Wieviel sind 3 von diesen und 9 von diesen Zeichen?" Nachdem Holger wie selbstverständlich 12 antwortete, mußte er über sich selbst lachen. Der Therapeut unterschied sich mit seiner Reaktion von den Erwachsenen, die er sonst kannte und wurde für den Jungen ein interessanter Beziehungspartner, an dem er sich im weiteren Verlauf messen konnte. Nach wenigen Minuten bestand ein intensiver tragfähiger Rapport (Vogt, 1990).

Zur Prozeßkompetenz gehört auch die Systemkompetenz des Therapeuten. Hierzu zählen wir die Fähigkeit, Klagen/Beschwerden und Ziele in der Kindertherapie kontextuell zu verstehen, die sorgfältige Wahl der

Setting-Gestaltung und die Reflexion der therapeutischen Interventionen nach dem skizzierten SCORE-Modell. Dazu gehört aber auch die Reflexion der eigenen Persönlichkeit wie die Berücksichtigung der eigenen Wirkung als „Realität der stärkeren Persönlichkeit" (STIERLIN, 1975) gegenüber Kindern und Jugendlichen und die Fähigkeit zu einer emotional-sensiblen Grundhaltung gegenüber den Bedürfnissen der kindlichen Klienten. Gleichzeitig sollte der Therapeut eine neugierig respektlose und respektvolle Haltung (CECCHIN, 1991) gegenüber Kindern, Jugendlichen und deren Eltern einnehmen. Als besondere Fähigkeit des Therapeuten gilt, sein eigenes „inneres Kind" bewahrt zu haben und offen zu sein für die Wahrnehmungsperspektive des Kindes. Das Zusammenspiel persönlicher Intuition, biographischer und therapeutischer Erfahrungen, die Anwendung therapeutischer Regeln und Methoden, entwickelte Prozeß- und Systemkompetenz und die Fähigkeit, die kindliche Kreativität der kleinen Klienten zu entdecken und zu entfalten, kennzeichnen die klinische Praxis der kreativen Kindertherapie.

Methoden und Techniken in der Kreativen Kindertherapie

Die eingesetzten Methoden und Techniken haben zum Ziel, statt der Verbindung individueller Symptom- und Problemtheorien mit den vorhandenen Ressourcen des Kindes, neue Verknüpfungen von Ressourcen mit vereinbarten Zielen anzuregen. Dazu werden zunächst Symptome als gescheiterte Lösungsversuche i.S. von vorhandenen Ressourcen bewertet. Die Absicht kindlichen Verhaltens wird als positiv unterstellt. In einigen Fällen wird die Beschwerde zu Beginn als Wahrnehmungsproblem gegenüber dieser unterstellten Absicht formuliert. Therapeutisches Ziel ist es dann, gemeinsam mit dem Kind Ideen für Verhaltensweisen zu entwickeln, wie den Eltern das gezeigt werden kann, was das Kind „eigentlich" gern zeigen möchte. Das Symptom ist zur Ressource geworden, um den Eltern/Bezugspersonen etwas „beizubringen". Parallel zu diesem Bemühen erhalten die Bezugspersonen Beobachtungsaufgaben. Fühlen sich die Eltern während dieser Zeit aufgerufen, das Kind durch die stille oder heimliche Beobachtung in Ruhe zu lassen, führt dies häufig zum Ende verzweifelter Versuche, das Symptom zu bekämpfen. Das indirekte Ende der Symptombekämpfung als Musterunterbrechung ist eine der bedeutendsten Interventionen in der kreativen Kindertherapie. Die Verknüpfung der Ressourcen mit den therapeutischen Zielen erfolgt durch unterschiedliche Methoden und Techniken. Diese dienen vor allem dazu, die therapeutische Kommunikation in einer Lösungsebene zu halten (siehe Abbildung 5).

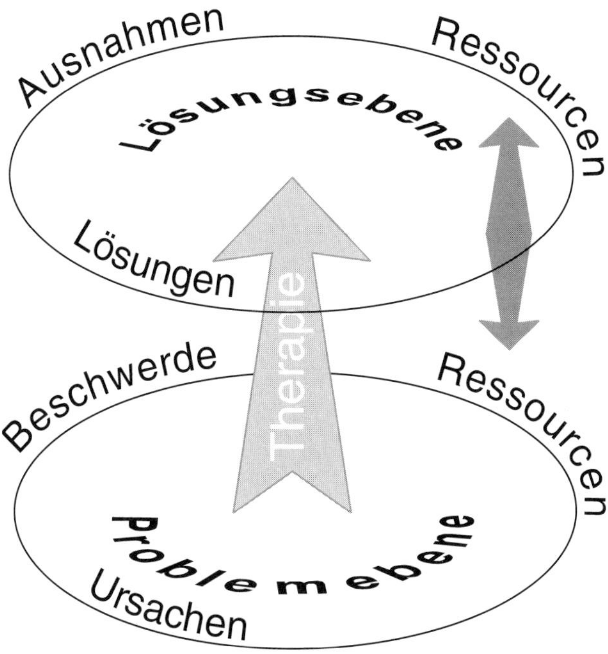

Abb. 5: Funktion therapeutischer Techniken

Das konkrete Handeln in der Einzeltherapie mit Kindern wird vor allem vom größeren Bewegungsdrang der Kinder, ihrer Imaginationsfähigkeit und ihrer Fähigkeit, flexibel mit Realität umzugehen, bestimmt. Der Einsatz von Sprache ist weniger direkt inhaltsbezogen, als vielmehr symbolisch metaphorisch. Im folgenden werden einige Techniken zu therapeutischen Interventionsmöglichkeiten dargestellt.

Handpuppen

Handpuppen gelten in der Kindertherapie als ausdrucksstarke Medien, durch die Kinder ihr inneres Erleben zeigen (Petzold, 1991; Straub, 1991). Zu Handpuppen zählen wir all jene Spielzeugfiguren, die die Möglichkeit bieten, sich mit ihnen zu identifizieren und/oder einzelne Persönlichkeitsstile oder -anteile zu charakterisieren. Bevorzugt werden jene Puppen, die das Kind auf der Hand halten und durch die eigenen

Bewegungen zum „Leben erwecken“ kann, da sich der Grad der assoziierten Identifikation im kindlichen Spiel mit den Puppen deutlich erhöht. Das Spiel mit Handpuppen bietet dem Kind Möglichkeiten, durch Fraktionierung einzelner Konstruktsystembereiche eingeengtes Fühlen und eingeschränkte Möglichkeiten auszudrücken, ohne direkt verbalisieren zu müssen. Darüber hinaus können mit Handpuppen Handlungsalternativen im Probehandeln reflektiert werden.

So beim 7jährigen Sven, der wegen sozialer Isolierung und aggressiven Verhaltens vorgestellt wurde. Er erlebte sich als einzelkämpfender Tiger, den er auf seiner rechten Hand hielt, während auf seiner linken der ebenso aggressive, aber sozialbezogene Wolf saß. Der Therapeut bot die Idee an, daß das Jagen im Rudel Vorteile biete, wenn man selbst mal nicht in Höchstform sei und dennoch Hunger habe. Dazu müsse man allerdings manchmal Kompromisse schließen, wie so mancher Wolf manchem Tiger lehren könnte. Sven fand Gefallen an dieser Idee und spann sie im Dialog zwischen den Handpuppen und dem Therapeuten weiter aus. Die sinnliche Involvierung über die eigene Motorik erhöht hier die Aufnahmebereitschaft des Kindes gegenüber dargebotenen Lösungsideen.

Malen und Zeichnen

Malen und Zeichnen als sinnliche Erfahrungen erhöhen wie das Spiel mit Handpuppen den Grad der kindlichen Assoziation im therapeutischen Prozeß. Das Malen von gegenwärtigen Problemsituationen und Wunschbildern führt bei Kindern zu einer symbolischen Transparenz, die den Anlaß zu verstehen und das Ziel der Therapie anzustreben helfen. Die Differenzierung von zwei zustandsbezogenen Bildern ermöglicht dem Kind, sich konkrete Schritte und Teilziele vorzustellen und sie an passenden Ressourcen zu orientieren.

Annette, 7;4 Jahre alt, wurde wegen ihres scheuen, depressiv anmutenden Verhaltens von der Mutter zur Therapie vorgestellt. Sie sei von Geburt an ängstlich gewesen, was sich seit ihrer Einschulung stetig gesteigert und zur relativen Isolation geführt habe. Der Therapeut forderte sie zu Beginn auf, sich selbst zu malen, wenn es ihr schlecht ging und auf einem anderen Blatt eine ihrer Lieblingsfiguren. Sie malte Pippi Langstrumpf, die sie wegen ihres Mutes und ihrer Kraft bewunderte. Anschließend wurden beide Bilder übereinandergelegt und Annette hielt sie fest in ihren Händen, woraufhin der Therapeut mit hypnotischer Stimme eine Integration der Ressourcen beider Figuren vorschlug. Ihre ausgeprägte Imaginationsfähigkeit führte schnell dazu, Ideen zu entwickeln, was sie wie genau machen könnte, wenn sie manchmal so tun würde, als sei sie wie Pippi Langstrumpf. Auf dieser Grundlage wurden im weiteren Verlauf von sechs Sitzungen vergangene und zukünftige Situationen gesucht und gemalt, in denen sie so tat, als sei sie Pippi Langstrumpf. Langsam wurde aus einem verschüchterten „Mauerblümchen“ ein lustiges und lebensfrohes Mädchen. Annette drängte mehr und mehr, die Therapie zu beenden, um die Nachmittage mit Mitschülerinnen zu verbringen und um sich anbahnende Freundschaften schließen zu können. Nach Rücksprache mit den Eltern wurde die Therapie daraufhin beendet. Mit künstlerisch interessierten und begabten Kindern kann der gesamte Therapieverlauf wie ein Cartoon dargestellt werden, in dem das Kind die Geschichte seines Lebens und seiner Zukunft entwirft (Crowley & Mills, 1989).

Imaginative Verfahren und Hypnose

Die ausgeprägte Imaginationsfähigkeit und Phantasie von Kindern fordert dazu heraus, mit ihnen Hypnose anzuwenden, um in imaginierten Bildern Möglichkeiten anzubieten, ihr inneres Erleben auszudrücken und möglicherweise zu verbalisieren, sowie Lösungsperspektiven zu entwickeln (Vogt, 1993). Hypnose bei Kindern findet in strategisch-orientierten Therapiekonzepten häufige Anwendung (Gardner, 1981; Mrochen, 1990; Oudshoorn, 1988). Kindern fällt die Beantwortung der „Wunderfrage“ („Woran erkennst Du, wenn über Nacht ein Wunder geschehen ist und sich alle Probleme, wegen derer Du hier bist, gelöst haben?“), leichter, wenn sie sich in einem Trance-Zustand auf einem Zauberberg imaginieren und dort einen Zauberer treffen, der durch seine Zauberkräfte Wunder vollbringen kann. In hypnotischen Kontexten sind die Kinder stark assoziiert und ihre imaginativen Fähigkeiten können utilisiert werden, um Lösungen zu kreieren. In der therapeutischen Schmerzbehandlung von Kindern sind hypnotherapeutische Verfahren anerkannt und bewährt, um Schmerzkontrolle zu lernen (Olness, 1980).

Urkunden und Auszeichnungen

Die Dokumentation therapeutischer Fortschritte dient dazu, den Kindern therapeutisch-bedeutsame Veränderungsprozesse transparent zu machen und zu markieren (vgl. dazu Dreesen und Eberling, in diesem Band). Besonders Schulkinder, die sich in einem fortlaufenden Bewertungsprozeß ihrer Leistungen erleben, sind offen gegenüber schriftlichen Auszeichnungen in Form von Buttons, Zeugnissen und Urkunden.

Erfolgsvisualisierungen durch Urkunden beinhalten Komplimente, die die Fähigkeiten der Kinder herausstellen und Umdeutungen von beklagten Verhaltensweisen ermöglichen. Sie beziehen sich auf einzelne Leistungen und konkret wahrnehmbare Veränderungen bis zur supportiven Stärkung im Prozeß der Identitätsbildung.

In der Behandlung von Kai, 9 Jahre, wurde das Erreichen aller therapeutischen Teilziele beurkundet. Kai war zur Therapie vorgestellt worden, weil er sich in der Schule nicht konzentrieren konnte, seine kleineren Geschwister ärgerte, sein Zimmer nicht ordentlich aufräumte und seinen Eltern unzulänglich gehorchte, anstatt seine Schulaufgaben zu machen und mit Gleichaltrigen zu spielen. Hinzu kam, daß er sich seit der Geburt seiner 2-jährigen Schwester beständig in den Mittelpunkt der Familie drängte. Seit ihrer Geburt fühlte er sich zurückgesetzt. In der 2. Sitzung stellte sich heraus, daß ihm sein Spiele-Computer wegen Unordnung und schlechter schulischer Noten abgenommen worden war. Die Eltern hatten die Herausgabe des Computers damit verknüpft, daß er ordentlicher werde und zum Schuljahreswechsel in 7 Monaten versetzt werde. Kai hatte sich zunächst angestrengt, sich aber nur kurz bemüht. Er war mit dieser langen Zeitvorgabe überfordert. Eine Perspektive von 7 Monaten ist für das konkretistische Denken von Kindern häufig zu abstrakt. Der Therapeut entschied, sich der Erziehungsidee der Eltern anzuschließen, anstatt sie zu hinterfragen. Um Kai die vorgeschlagene Zeitspanne transparent zu machen, wurden seine Teilerfolge in den folgenden 3 Sitzungen mit gemeinsam entworfenen Urkunden hervorgehoben. Dies entsprach seinem Geltungsbedürfnis und zeigte gute Fortschritte. Als er zum Schuljahresende seine Versetzung gesichert hatte, zog er sich am ersten Ferientag beim Spielen einen komplizierten Armbruch zu, so daß er jetzt zwar den versprochenen Spiele-Computer bekam, ihn aber nicht bedienen konnte. Die vereinbarte therapeutische Sitzung mußte auf die Zeit nach den Ferien verschoben werden. Für Kai hatte der angestrebte Zielzustand (in den Ferien unbekümmert Computer-Spiele auszuprobieren) schlagartig an Attraktivität verloren. Da der Therapeut die in der Therapiesitzung mit ihm geplante gemeinsame Erstellung einer Urkunde verschieben mußte, entschloß er sich, Kai eine Urkunde (siehe Abb. 6) zuzusenden.

Nach den Ferien berichtete die Mutter, daß er sich riesig über die Urkunde gefreut hatte, die seitdem über seinem Bett hänge. Kai selbst wollte jetzt wissen, was noch nötig sei, um die Abschlußurkunde zu erhalten. Gemeinsam mit ihm und der Mutter wurden Kriterien diskutiert und therapeutische Schritte vereinbart.

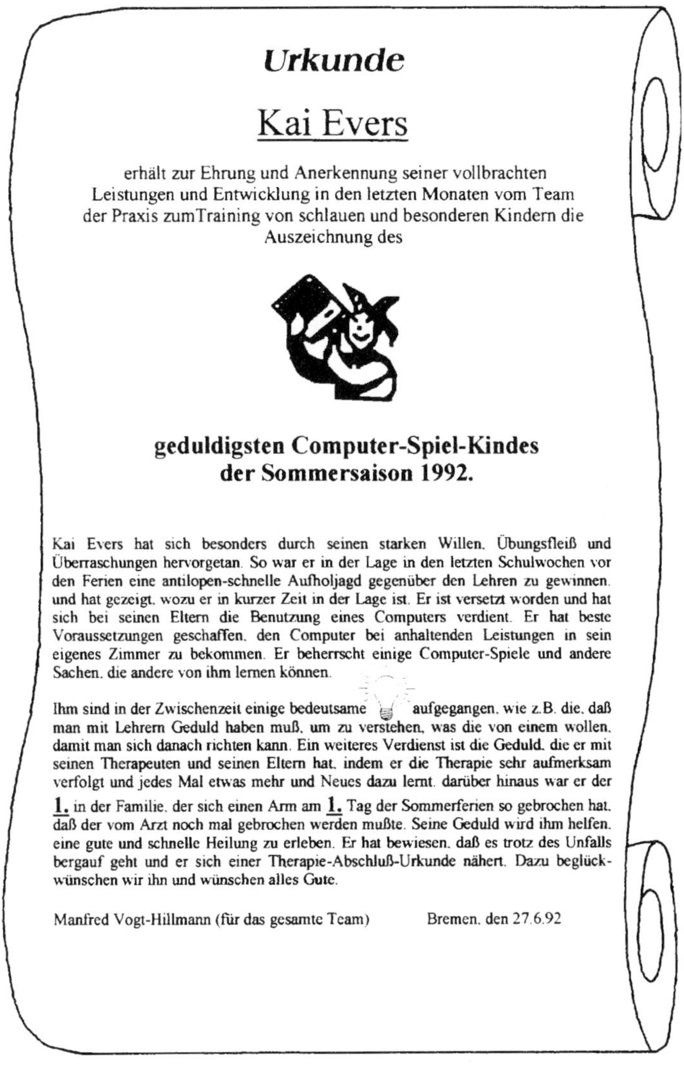

Urkunde

Kai Evers

erhält zur Ehrung und Anerkennung seiner vollbrachten Leistungen und Entwicklung in den letzten Monaten vom Team der Praxis zumTraining von schlauen und besonderen Kindern die Auszeichnung des

geduldigsten Computer-Spiel-Kindes der Sommersaison 1992.

Kai Evers hat sich besonders durch seinen starken Willen, Übungsfleiß und Überraschungen hervorgetan. So war er in der Lage in den letzten Schulwochen vor den Ferien eine antilopen-schnelle Aufholjagd gegenüber den Lehren zu gewinnen, und hat gezeigt, wozu er in kurzer Zeit in der Lage ist. Er ist versetzt worden und hat sich bei seinen Eltern die Benutzung eines Computers verdient. Er hat beste Voraussetzungen geschaffen, den Computer bei anhaltenden Leistungen in sein eigenes Zimmer zu bekommen. Er beherrscht einige Computer-Spiele und andere Sachen, die andere von ihm lernen können.

Ihm sind in der Zwischenzeit einige bedeutsame aufgegangen, wie z.B. die, daß man mit Lehrern Geduld haben muß, um zu verstehen, was die von einem wollen, damit man sich danach richten kann. Ein weiteres Verdienst ist die Geduld, die er mit seinen Therapeuten und seinen Eltern hat, indem er die Therapie sehr aufmerksam verfolgt und jedes Mal etwas mehr und Neues dazu lernt, darüber hinaus war er der **1.** in der Familie, der sich einen Arm am **1.** Tag der Sommerferien so gebrochen hat, daß der vom Arzt noch mal gebrochen werden mußte. Seine Geduld wird ihm helfen, eine gute und schnelle Heilung zu erleben. Er hat bewiesen, daß es trotz des Unfalls bergauf geht und er sich einer Therapie-Abschluß-Urkunde nähert. Dazu beglückwünschen wir ihn und wünschen alles Gute.

Manfred Vogt-Hillmann (für das gesamte Team) Bremen, den 27.6.92

Abb. 6: Urkunde

Beobachtungsbögen und Skalen

Beobachtungsbögen und Skalen werden benutzt, um mit Kindern und Eltern Ausnahmen vom Problem und Fortschritte im Therapieverlauf sichtbar zu machen. Zum Auffinden von Ausnahmen hat sich z. B. die

14-Tage-Variante eines Tischkalenders bewährt, der sich vielfältig einsetzen läßt.

Eine Mutter kam mit ihrem 7;6 jährigen Sohn Simon in die Praxis, weil er seit einem Jahr, seit er die Schule besuchte, wieder massiv einkotete. In der Kindergartenzeit war das zwar ab und zu, aber doch sehr selten vorgekommen. Jetzt kam er meist stinkend von der Schule nach Hause. Simon wurde ein „14-Tage-Beobachtungsbogen" mitgegeben. Er sollte einen Kreis an die Uhrzeit zu malen, wenn er sein Geschäft normal auf der Toilette (Ausnahme!) erledigt hatte. Stolz präsentierte er nach 14 Tagen den Bogen, den er fast ganz allein ausgefüllt hatte. Der zeigte, daß er ausschließlich morgens vor der Schule seinen „Dutt" gemacht hatte. Die Mutter berichtete, daß das Einkoten schon sehr viel seltener vorgekommen sei als noch in den Wochen davor. Simon wurde dann vorgeschlagen, einen weiteren Bogen zusammen mit der Mutter bei der Toilette anzubringen. Er bekam die Aufgabe, nicht in die Schule zu gehen, bevor er nachgesehen hätte, ob er an diesem Morgen schon einen Kreis gemalt hätte. Die Mutter wurde gebeten, darauf zu achten, daß Simon genug Zeit dazu hatte. Weitere 14 Tage vergingen und es war kein einziger dabei, an dem Simon „stinkend" nach Hause kam.

Ausnahmen, die nicht so einfach zu zählen sind, lassen sich durch Skalierungen deutlich machen. Mit Kindern bietet es sich oftmals an, die abstrakte Skala als eine auf Papier gemalte Treppe oder als Zug mit einigen Wagen, der den Berg hinauffährt, zu symbolisieren. Auf diese Weise läßt sich auch der Therapiefortschritt sichtbar machen und nächste Teilziele verhandeln, z.B. so: „Du meinst also, in der letzten Woche hast Du im 3. Wagen hinter der Lok gesessen, die den Berg hinauffährt. Ich glaube, irgendwann wirst Du im 2. Wagen hinter der Lok sitzen, die den Berg hinauffährt. Was meinst Du, was wirst Du dann schon können, was Du heute noch nicht kannst?" Die Möglichkeiten der Symbolisierung sind vielfältig und abhängig von der Kreativität des Therapeuten, und davon, was in die Vorstellungswelt des Kindes und zu seinem Entwicklungsstand paßt.

Metaphern und Geschichten

Kinder sind häufig besser durch indirekte Vorschläge und Erklärungen zu erreichen, als durch direkte Handlungsaufforderungen. Ihre Imaginationsfähigkeit und Phantasie hilft ihnen, verschlüsselte Botschaften in Handlungsanweisungen für sich selbst umzusetzen. Die Bedeutsamkeit indirekter Kommunikation durch therapeutische Geschichten sind aus der Hypnotherapie vielfältig bekannt (Brett, 1993; Erickson, 1991; Gordon, 1985; Lankton, 1991).

In der Therapie mit Kindern und Jugendlichen, die unter Angst oder Panik leiden, hat es sich bewährt, gleich zu Beginn der Therapie die Idee zu transportieren, daß Angst etwas Nützliches, Unverzichtbares ist. Mit Jugendlichen kann ein Reframing mit angestrebter Beobachtungs- oder Handlungsaufforderung in ängstlichen Situationen die Strategie des „Beobachte genau, was Du tust, wenn..." oder „Mache etwas ganz anderes, wenn das Symptom auftritt" folgendermaßen eingeführt werden:

Th: „Du erlebst Deine Angst als etwas ganz Schreckliches, das ist mir ganz deutlich. Ist Dir aber klar, wie wichtig Angst für Dein Leben ist?. Ohne Angst würdest Du vielleicht auf die Idee kommen, auf der Autobahn Walzer zu tanzen oder vom Hochhaus zu springen, um Fliegen zu lernen. Es ist also nicht sinnvoll zu hoffen, ohne Angst leben zu können. Du kannst aber lernen, Deine Angst zu beherrschen, wenn sie unsinnig ist. Dafür wirst Du hart arbeiten müssen. Du wirst aber auch vorsichtig sein müssen, denn jedesmal, wenn Du meinst, es geschafft zu haben, Deine Angst zu beherrschen, wird sie beim nächsten Mal etwas kleiner sein, wenn Du es aber nur versuchst und dabei scheiterst, wird sie beim nächsten Mal etwas größer sein."

Eine Geschichte für Kinder könnte so erzählt werden:

Eines Tages kam der Hofmarschall zum König und berichtete: „Eure Majestät, die Prinzessin Sarah sitzt in ihrem Zimmer und weint ganz bitterlich. Es scheint, daß sie gar nicht wieder aufhören kann." „Was hat sie denn", erkundigte sich der König besorgt. „Sie sagt, sie hat Angst", entgegnete der Hofmarschall. „Eine Prinzessin und Angst?!", rief der König, „das paßt nicht. Eine Prinzessin braucht keine Angst zu haben! Holt sofort den Leibarzt, das muß eine Krankheit sein." Der Arzt wurde gerufen. Er untersuchte die Prinzessin von oben bis unten und wieder zurück, aber er konnte nichts finden. Darüber war der König sehr besorgt und beschloß, Hofrat zu halten. Die Gelehrten und Weisen wiegten die Häupter, aber ihnen wollte nichts Gescheites einfallen. So wiegten sie eine ganze Weile ihre Häupter, bis plötzlich ein sehr weiser und sehr alter Gelehrter sprach: „Vor vielen Jahren hörte ich von einer Fee, die einmal ein Kälbchen dazu brachte, wieder von der Muttermilch zu trinken, obwohl es schon halb verhungert und eigentlich viel zu schwach dafür war". „Das klingt wie ein Wunder", dachte sich der König, „und auch der Prinzessin kann wohl nur ein Wunder helfen." So ließ er nach der Fee suchen.

Es dauerte sehr lange, bis sie endlich gefunden war. Und als sie das Zimmer der Prinzessin betrat, weinte diese immer noch. „Prinzessin, wie kommt es, daß Du so traurig bist?", fragte die Fee. Und diese antwortete, daß sie so große Angst habe, daß sie sich nicht einmal mehr traue, aus dem Zimmer zu gehen. „Das ist schlimm", meinte die Fee, „Deine Angst scheint sehr stark. Starke Angst ist jedoch auch gut, sie kann Dich beschützen. Aber Angst ist auch dumm, sie weiß nicht, wann sie Dich beschützen muß und wann nicht. Das mußt Du ihr sagen, Du bist die Prinzessin, die regiert!". „Aber sie hört nicht auf mich!", schluchzte die Prinzessin. „Oh, das klingt, als müßtest Du Deine Angst ein wenig erziehen! Ich will Dir etwas verraten, aber Du mußt mir versprechen, sehr sorgsam damit zu sein!" Als die Prinzessin es versprochen hatte, erklärte die Fee: „Du mußt etwas tun, obwohl Deine Angst nicht will, daß Du es tust. Aber sei Dir klar, Du darfst es nicht nur versuchen, denn jedesmal, wenn Du es versuchst und scheiterst, wird Deine Angst etwas stärker, aber jedesmal, wenn Du erfolgreich bist, wird sie etwas schwächer. Wenn Du eifrig übst, wird es Dir bald schon besser gehen." Die Prinzessin hatte aufmerksam zugehört und als die Fee sie fragte, ob sie ihrem Rat folgen wollte, da sagte sie: „Ja, das will ich!" „Gut", sagte die Fee, „aber sei Dir bewußt, daß es harte Arbeit wird, vielleicht die härteste, die Du in Deinem Leben bisher verrichten mußtest! Und eines noch: Bedenke, daß Deine Angst Dich beschützt, also laß' sie nicht zu schwach werden." Mit diesen Worten verschwand die Fee. Die Prinzessin begann sofort zu üben. Als erstes stand sie aus ihrem Bett auf, obwohl es ihr Angst machte. Und als sie eine Weile gestanden hatte und merkte, daß die Angst langsam nachließ, ging sie ans Fenster und schaute hinaus, obwohl es ihr Angst machte. Und so übte sie eifrig immer weiter, bis sie eines Tages bemerkte, daß sie seit drei Tagen keine Angst mehr gehabt hatte.

Diese Geschichte kann in vielerlei Hinsicht variiert werden. Sie kann aus der Märchenwelt der Vergangenheit genauso in die Science-fiction- oder Computerwelt der Zukunft transportiert und so der Gedankenwelt des jeweiligen Kindes angepaßt werden. Das Wirkprinzip besteht darin, daß die Geschichte aus dem „Dämon" Angst einen Partner macht, gegen den sich das Kind nur wehren muß, wenn es sich eingeengt fühlt. Im Anschluß an diese Geschichte lassen sich Beobachtungsaufgaben (Schau mal, wie Du das machst, wenn Du Deine Angst beherrscht) oder Handlungsaufgaben (Was würdest Du zuerst tun, um zu lernen, Deine Angst zu beherrschen?) vorschlagen, die mit den zuvor ausgehandelten Zielen des Kindes in Verbindung stehen.

Bewegung und Wahrnehmung

Wie bereits das Fallbeispiel von Jonas am Beginn zeigt, messen wir der Entwicklung von Motorik und Wahrnehmung in ihren Auswirkungen auf die psychische Entwicklung große Bedeutung bei (Burr & Burr-Fulda, 1993). Dies gilt für das Handeln in der Kindertherapie um so mehr, je jünger die Kinder sind. Der Grenzbereich zwischen Kindertherapie als Psychotherapie und Übungsbehandlung als Entwicklungsförderung ist dabei sehr weit gesteckt. Manchmal lassen sich Psychotherapie und Entwicklungstherapie voneinander trennen, aber oftmals hat der Therapeut gar keine andere Wahl, als Bewegungs- und Wahrnehmungstherapie auch im Sinne einer ganzheitlichen Sichtweise in seine Behandlung einzubeziehen (Burr-Fulda & Ehmsen, 1993). Da war z. B. Phillip, 2;9 Jahre alt, als seine Eltern ihn (völlig entnervt) laut schreiend in die Praxis brachten, weil er sofort und anhaltend schrie, sobald etwas Neues auf ihn zukam, insbesondere wenn ihn Menschen, die er nicht sehr gut kannte auch nur ansahen. Die Eltern berichteten, er sei von Anbeginn ein Schreikind gewesen, mit Kaiserschnitt geboren und sonst immer gesund gewesen. Die Therapeutin forderte die Eltern auf, Phillip nicht weiter zu beachten, während er mitten im Raum stand und laut schrie und sprach derweil weiter mit den Eltern. Nachdem sein Schreien etwas leiser geworden war und zeitweilig sogar ins Stocken geriet, bat sie die Mutter, mit ihm einige Bewegungsspiele (Ballspielen, Treppe gehen, Hüpfen) zu vollführen. Das führte dazu, daß Phillip sein Schreien vollständig einstellte. Dabei beobachtete sie, daß Phillips Bewegungssicherheit und Gleichgewichtsreaktionen unterentwickelt waren. Aufgrund der Angaben der Eltern und dem, was sie sah, vermutete sie Probleme im Bereich der Körperwahrnehmung, erläuterte dies den Eltern und vereinbarte weitere Termine mit dem Ziel, Phillips Fähigkeiten zur Wahrnehmungsintegration zu erkunden und zu verbessern.

Phillips Eltern begannen darauf, seine Reaktionen nicht mehr als rätselhaft und gegen sie gerichtet zu sehen, sondern als Signal seiner eingeschränkten Wahrnehmungsmöglichkeiten. Sie redeten nicht mehr auf ihn ein, sondern bemühten sich von da an, ihn regelmäßig, aber vorsichtig mit Neuem zu konfrontieren und achteten darauf, die Situation erst dann zu beenden, wenn Phillip aufhörte zu schreien. Bereits im nachfolgenden Termin war zu bemerken, daß Phillip nur noch zu Beginn ganz kurz ein Pflichtpensum „Schreien“ erfüllte, sich dann aber begeistert auf die Bewegungstherapie einließ. Die Therapeutin konnte jetzt beobachten, daß Phillip einen deutlichen Rückstand in der Sprachentwicklung zeigte. Die Eltern erklärten dazu, daß Phillip erst seit wenigen Wochen gezielt Sprache als Kommunikation verwende und seit Beginn der Therapie dramatische Fortschritte gemacht habe. Auch sei jetzt schon einmal eine Freundin der Mutter mit Kindern überraschend zu Besuch gekommen und er habe ohne zu schreien mit den Kindern gespielt. Früher habe er sich immer in seinem Bett versteckt.

Schlußbemerkungen

Die angewandten Methoden und Techniken, wie das Spiel mit Handpuppen, Malen, Zeichnen und Imaginieren von Lösungen, Erzählen von therapeutischen Methaphern und Geschichten, Bewegungsspielen sowie die Erfolgsdokumentation durch Urkunden und Auszeichnungen kennzeichnen die Kreative Kindertherapie als ziel- und ressourcenorientiertes Vorgehen. Zusammenfassend läßt sich in ein Set von Handlungsregeln beschreiben, das das lösungsorientierte Vorgehen in der therapeutischen Praxis mit Kindern charakterisiert:

1. Begegne Kindern und Eltern respektvoll.
2. Differenziere, wer welche Beschwerde, welches Ziel und welchen Auftrag für Dich hat.
3. Sei skeptisch gegenüber eigenen Vorstellungen und Zielen zur Therapieplanung, orientiere Dich an den Zielen von Kindern und Eltern.
4. Wähle ein angemessenes Setting sorgfältig, aber bedenke, es geht auch anders.
5. Kläre, welche Entwicklungsbesonderheiten das Kind mitbringt.
6. Halte die Beziehung zum Kind attraktiv und emotional bedeutsam.
7. Nutze vorhandene Ressourcen innerhalb des kindlichen Bezugssystems und beim Kind selbst, um zur weiteren Entwicklung anzuregen.
8. Bedenke bei allem, was Du tust: im Spaß liegen mehr Lösungen als im Ernst.

9. Wenn etwas gut funktioniert, mach' mehr davon. Wenn nicht, mach' etwas ganz anderes.

10. Bleibe kritisch gegenüber vorgegebenen Handlungsregeln.

Diese Ausführungen beschreiben die Anwendung des lösungsorientierten Vorgehens in der Arbeit mit Kindern und Jugendlichen. Ihre Entwicklung ist im Fluß. Sie wird beständig durch die Zusammenarbeit mit den Kindern und Eltern in unserer Praxis und den Teilnehmerinnen und Teilnehmern unserer Weiterbildungskurse angeregt und fortgeschrieben.

Literatur

AYRES, A. Jean (1984). Bausteine der kindlichen Entwicklung. Berlin-Heidelberg-New York: Springer.

BERG, Insoo K. (1992). Familien – Zusammenhalt(en). Dortmund: Verlag Modernes Lernen.

BRETT, Doris (1993). Anna zähmt die Monster. Therapeutische Geschichten für Kinder. Hamburg: ISKO-Press.

BURR, Wolfgang (1993). Evaluation der Anwendung lösungsorientierter Kurztherapie in einer kinder- und jugendpsychiatrischen Praxis. Familiendynamik, 18(1),11-21.

BURR, Wolfgang & Hildegard BURR-FULDA (1993). Partielle Entwicklungsverzögerungen im Kleinkindalter. Schleswig-Holsteinisches Ärzteblatt, 46(8),14-18.

BURR-FULDA, Hildegard & Maria EHMSEN (1993). Von Mehlsäcken und Baumstämmen – Kinder mit muskulärer Hypotonie in der Psychomotorik. Praxis der Psychomotorik, 18(4), 228-235.

CECCHIN, Gianfranco, Gerry LANE & Wendel A. RAY (1992). Respektlosigkeit – Eine Überlebensstrategie für Therapeuten. Heidelberg: Carl-Auer-Systeme.

CROWLEY, Richard J. & Joyce C. MILLS (1989). Cartoon magic. New York: Magination Press/Brunner/Mazel.

DE SHAZER, Steve, Insoo Kim BERG, Eve LIPCHIK, Elam NUNNALLY, Alex MOLNAR, Wallace GINGERICH & Michele WEINER-DAVIS (1986). Kurztherapie – Zielgerichtete Entwicklung von Lösungen. Familiendynamik, 11 (3), 182-205.

DE SHAZER, Steve (1988). Therapie als System. In REITER, Ludwig, Ewald J. BRUNNER & Stella REITER-THEIL (Hg.), Von der Familientherapie zur systemischen Perspektive (pp. 217-230). Berlin-Heidelberg-New York: Springer.

De Shazer, Steve (1989a). Wege der erfolgreichen Kurztherapie. Stuttgart: Klett-Cotta.

De Shazer, Steve (1989b). Der Dreh. Heidelberg: Carl Auer Verlag.

Dilts, Robert (1988). Logical Levels. In: Workshop-Paper, St.Cruz,California: Dynamic Learning Center.

Dilts, Robert (1993). Die Veränderung von Glaubenssystemen. Paderborn: Junfermann.

Dreesen, Heinrich (1993). Neu-Konstruktion von Wirklichkeiten durch Rituale. Bremen: Vortrag am Norddeutschen Institut für Kurzzeittherapie.

Erickson, Milton H. (1965). The use of symptoms as an integral part of therapy. American Journal of Clinical Hypnosis, 8, 57-65.

Erickson, Milton H. & Ernest L. Rossi (1981). Hypnotherapie. München: Pfeiffer Verlag.

Erickson, Milton H. & Ernest L. Rossi (1991). Der Februarmann Persönlichkeits- und Identitätsentwicklung in Hypnose. Paderborn: Junfermannn.

Gardner, G. Gail & Karen Olness (1981). Hypnosis and Hypnotherapy with Children. Orlando: Grune & Stratton.

Gergen, Kenneth J. & Mary J. Gergen (1986). Narrative form and the construction of psychological science. In Sarbin, Theodor R. (Hg.), Narrative Psychology: The storied nature of the human conduct (pp. 22-44). New York: Praeger.

Glasersfeld, Ernst v. (1987). Wissen. Sprache und Wirklichkeit. Braunschweig: Vieweg.

Gordon, David (1985). Therapeutische Metaphern. Paderborn: Junfermann.

Imber-Black, Evan, Janine Roberts & Richard A. Whiting (1993). Rituale. Heidelberg: Carl-Auer-Systeme.

Kelly, George A. (1955). The Psychology of Personal Constructs.Vol.1 and 2. New York: Norton, dtsch. (1986). Die Psychologie der persönlichen Konstrukte. Paderborn: Junfermann.

Krammer, Anton (1990). Die Bedeutung von Instabilitäten für die Entstehung neuer Strukturen. In Kratky, Karl W. & Friedrich Wallner (Hg.), Grundprinzipien der Selbstorganisation Darmstadt: Wissenschaftliche Buchgesellschaft.

Kruse, Peter (1988). „Stabilität-Instabilität-Multistabilität. Selbstorganisation und Selbstreferentialität in kognitiven Systemen. Delfin, 6(3). 35-57

Lankton, Stephen (1991). Geschichten mit Zauberkraft – Die Arbeit mit Metaphern in der Psychotherapie . München: Pfeiffer.

Lipchik, Eve (1994). Die Hast kurz zu sein. Zeitschrift für systemische Therapie,12(4), 228-235.

MILLER, Gale & Steve DE SHAZER (1991). Jenseits von Beschwerden: Ein Entwurf der Kurztherapie. In REITER, Ludwig & Corina AHLERS (Hg.), Systemisches Denken und therapeutischer Prozeß (pp.117-135). Berlin-Heidelberg: Springer.

MROCHEN, Siegfried (1990). Die Ansätze von M. H. Erickson und F. Baumann in der hypnotherapeutischen Arbeit mit Kindern und Jugendlichen. Hypnose und Kognition, 7(1), 76-80.

OLNESS, Karen, Henry WAIN & Lydia NG (1980). Pilot study of blood endorphin levels in children using self-hypnosis to control pain. Develpmental & Behavioral Pediatrics,1(4), 187-188.

OUDSHOORN, Dick N. (1988). Hypnoseanwendungen bei Bettnässern. Zeitschrift für Experimentelle und Klinische Hypnose, 4(1), 59-74.

PETZOLD, Hilarion & Gabriele RAMIN (2.Auflg. 1991). Schulen der Kinderpsychotherapie. Paderborn: Junfermann.

PETZOLD, Hilarion (1991). Puppen und Pupenspiel in der Integrativen Therapie mit Kindern. In PETZOLD, Hilarion & Gabriele RAMIN (Hg.), Schulen der Kinderpsychotherapie (427-489). Paderborn: Junfermann.

PIAGET, Jean (1950). Konstruktion der Wirklichkeit beim Kinde. Stuttgart: Klett-Verlag.

SCHMIDTCHEN, Stefan (1978). Handeln in der Kinderpsychotherapie. Stuttgart: Kohlhammer.

STEINHAUSEN, Hans-Christoph & Michael VON ASTER (1993). Handbuch Verhaltenstherapie und Verhaltensmedizin bei Kindern und Jugendlichen. Weinheim: Beltz Psychologie-Verlags Union.

STIERLIN, Helm (1975). Die Anpassung an die Realität der „stärkeren Persönlichkeit". Einige Aspekte der symbiotischen Beziehung bei Schizophrenen. In STIERLIN, Helm (Hg.), Von der Psychoanalyse zur Familientherapie Stuttgart: Klett.

STRAUB, Heika (1991). Psychodramatische Kindertherapie mittels Puppen. In Petzold, Hilarion & Gabriele RAMIN (Hg.), Schulen der Kinderpsychotherapie Paderborn: Junfermann.

UEXKÜLL, Thore von (1988). Paradigmawechsel-Wirklichkeit liegt nicht vor, sondern wird von uns erzeugt. In SCHÜFFEL, Wolfram (Hg.), Sich gesund fühlen im Jahre 2000 (pp. 42-48). Berlin-Heidelberg: Springer.

VOGT, Manfred (1990). Hypnosetherapie mit Kindern und Jugendlichen nach Milton H. Erickson ohne klassische Tranceinduktion. Zeitschrift für Experimentelle und Klinische Hypnose, 6(1), 7-20.

VOGT, Manfred (1993). Entwurf einer konstruktivistischen Hypnosetherapie für die Behandlung von Kindern und Jugendliche. In MROCHEN, Siegfried, Karl-Ludwig HOLTZ, & Bernhard TRENKLE (Hg.), Die Pupille des Bettnässers (pp. 30-47). Heidelberg: Carl-Auer-Systeme.

VOGT-HILLMANN, Manfred (1992). Imaginative Verfahren und Visualisierungsstrategien in der Hypnotherapie mit Kindern und Jugendlichen. In HENNIG, Heinz, Erdmuthe FIKENTSCHER & Wolfram ROSENDAHL (Hg.), Tiefenpsychologisch fundierte Psychotherapie mit dem katathymen Bilderleben (pp.165-188). Halle/Saale: Martin-Luther-Universität Halle – Wittenberg.

VOGT-HILLMANN, Manfred, Wolfgang EBERLING & Wolfgang BURR (1992). Ein klinisches Metakonzept für die Entwicklung lösungsorientierter Kurzzeittherapie. Zeitschrift für systemische Therapie,10(4), 268-278.

VOGT-HILLMANN, Manfred, Wolfgang BURR & Wolfgang EBERLING (1992b). Ein kurztherapeutisch synergetischer Ansatz in der Kinder- und Jugendpsychiatrie. Praxis der Kinderpsychologie und Kinderpsychiatrie, 41(8), 286-293.

WALTER, John L. & Jane E. PELLER (1992). Lösungs-orientierte Kurztherapie. Dortmund: verlag Modernes Lernen.

Wie frei ist frei?

Lösungsorientierte Kurztherapie in freier Praxis im Gesundheitswesen

Jürgen Hargens und Armin Albers

Ideen ...

Eine freie Praxis, die sich an Ideen der lösungsorientierten Kurztherapie ausrichtet, sollte sich, so könnte man/frau denken, von anderen Praxen unterscheiden. Und schon steht die Frage im Raum – wie und worin unterscheidet sich eine solche freie Praxis und wer würde dies erkennen: eine lösungsorientierte Frage, die auf Perspektivenwechsel hinweist?

„Lösungsorientiert" bedeutet für uns zunächst einmal, daß wir bestimmten Ideen in unserem (therapeutischen) Handeln folgen – Ideen, die sich für uns in unserer Arbeitskultur widerspiegeln, d.h. sie zeigen sich konkreter in der Arbeitsstruktur und in der Art des Vorgehens, sind aber nicht zwangsläufig und unvermeidlich von einer außenstehenden BeobachterIn auf den ersten (oder zweiten) Blick erkennbar (vgl. Walter & Peller 1994).

Natürlich haben Zeit und (Erfahrung mit) Praxis unsere Arbeitsstruktur und die Art unseres Vorgehens immer wieder verändert – „Änderung ist ein fortlaufender Prozeß, Stabilität eine Illusion", dieser Satz kennzeichnet treffend unsere Arbeit und ist mitzudenken, wenn Sie diesen Beitrag lesen. Diese Idee der fortlaufenden Änderung stellt in unserem Verständnis eine kaum zu überschätzende Ressource dar – denn insbesondere das kontinuierliche Befragen unseres Tuns ermöglicht es uns, unser Vorgehen in seiner konkreten Ausgestaltung zu verändern, ohne deshalb Grundüberzeugungen lösungsorientierten Arbeitens aufzugeben.

Jedes therapeutische Handlungsmodell definiert auf die je spezifische Weise die therapeutische Beziehung. Wie wird der Kontakt hergestellt, wie erfolgt die Gestaltung der Beziehung, wie wird ein Gespräch über persönliche Themen aufrechterhalten etc.? In konstruktivistischer Terminologie geht es hier um „Ankopplungsprozesse miteinander interagierender Lebewesen in Sprache" (EFRAN et al. 1992, MATURANA 1982)

Anfangs schauten wir dabei auf die Beziehung zur KundIn (HARGENS 1993a) und weniger auf die Beziehungen, die wir über bzw. durch die KundIn auch zu den Systemen aufnahmen, mit denen sie in Kontakt stand. Für uns schien das vorrangig zu sein, was sich „zwischen" TherapeutIn und KundIn in der therapeutischen Begegnung abspielte. Natürlich richteten wir als SystemikerInnen unseren Blick auch auf die umfassenderen Systeme, machten uns allerdings zunächst nicht klar, daß wir allein durch unseren Kontakt zur KundIn auch in Beziehung zu diesen Systemen standen. Anders gesagt – auch wir konnten uns nicht „außen vor" stellen, sondern waren in diesen Beziehungen und unseren Beschreibungen enthalten (v. FOERSTER 1993).

Ein grundlegendes Dilemma – wir sprechen inzwischen von „Herausforderung" (vgl. HARGENS & GRAU 1990) – jeder freien Praxis läßt sich pointiert in der grundsätzlichen Frage beschreiben, wie das Einkommen gesichert werden kann. Systemtheoretisch läßt sich dies in der bekannten Aussage zusammenfassen, daß die kritische Variable jedes Systems der Erhalt des Systems ist (ASHBY 1974). Das System „freie Praxis" kann sich u.a. nur dann erhalten, wenn die „finanzielle Ausstattung" immer neu gesichert werden kann. Alles andere wäre eine „zu große Verstörung" (MENDEZ et al. 1988) und hätte die „Auflösung" der freien Praxis zur Folge – oder, weniger theoretisch formuliert, die Praxis wäre bankrott.

Darstellungen psychotherapeutischen Tuns klammern diesen Aspekt oft einfach aus – Geld spielt, wenn überhaupt, eine Rolle als Motivationsfaktor aufseiten der KlientInnen, auch wenn dabei teilweise offenbleibt, ob dieser Motivationsfaktor nur deshalb wichtig ist, weil er dazu beitragen könnte, das Gesundheitssystem aufrechtzuerhalten. Jedenfalls ließen sich die aktuellen Diskussionen über das geplante Psychotherapiegesetz um die Einführung einer Selbstbeteiligung der PatientInnen durchaus in diesem Sinne lesen. Dieses Tabu – Geld – wurde dann auch sehr rasch in der Organisation der eigenen Praxis höchst bedeutsam.

Lösungsorientierte Therapie (DE SHAZER 1989a, b, 1992; BERG 1992, WALTER & PELLER 1994) zielt darauf, effektiv Symptome aufzulösen und dies soll in kurzer Zeit geschehen. Diese beiden Aspekte machen diesen Ansatz für die freie Praxis problematisch: Ist die Arbeit einfach kurz und gut, dann wird ein erheblicher „KundInnen-Durchlauf" notwendig und dieser scheint aus zwei Gründen schwierig.

Erstens ist die Konkurrenz der Psychotherapie-AnbieterInnen sehr groß und darüber hinaus bleibt die Frage der Bezahlung offen. Krankenkassen haben die Punktwerte für Psychotherapie kontinuierlich verringert, so daß für dasselbe Einkommen mehr PatientInnen behandelt werden müssen oder mehr Sitzungen pro PatientIn zu machen sind (sofern die Kasse überhaupt zahlt).

Zweitens impliziert ein lösungsorientierter Ansatz nicht nur, daß KundInnen in kurzer Zeit effektiv geholfen werden kann, sondern auch, daß KundInnen über Ressourcen verfügen, die es ihnen ermöglichen, diese bei etwaigen zukünftigen Problemen hilfreich zu nutzen. In diesem Sinne kann lösungsorientiertes Arbeiten auch als eine Form der Prävention gelten, die – aus der Sicht der freien Praxis – nicht nur die Anzahl der Sitzungen verringert, sondern auch das Wiederauftauchen der KundInnen.

Diese Problematik übertrugen wir auf die Gestaltung einer freien Praxis, indem wir (uns) immer wieder fragen: was tun wir aus fachlich-theoretischen Erwägungen heraus und was tun wir einfach deshalb, um Geld zu verdienen? Und welcher dieser beiden Aspekte kann und darf in welcher Form öffentlich thematisiert und diskutiert werden?

Wir müssen einräumen, daß wir hier noch zu keiner Lösung gekommen sind, wohl aber etliche lösungsorientierte Schritte getan haben, wobei die Betrachtung „anderer Praxen" hilfreich war.

Bei der Untersuchung anderer Praxen – eine Perspektivenerweiterung – fiel uns auf, daß es kaum Praxen zu geben schien, die sich ausschließlich einem lösungsorientierten Ansatz verschreiben. Praxen, die neuere therapeutische Ansätze propagieren, verfügen offenbar immer über eine andere sichere Grundlage, z.B. Fortbildungen oder traditionelle Methoden oder Einbindung in ein institutionelles Netz. Daraus zogen wir die Konsequenz, daß sich eine lösungsorientierte Praxis nicht dadurch sichern lassen würde, indem sie ausschließlich auf lösungsorientierter Psycho**therapie** beruht.

Wir gründeten unsere Praxis auf die **„lösungsorientierte Idee"** (DURRANT 1995) – dabei geht es um eine Art zu denken, die die gesamte Tätigkeit „auf eine Weise rahmt, die die Wahrscheinlichkeit erhöht, daß KlientInnen sich als kompetent erleben und Lösungen für ihre eigenen Probleme haben" (a.a.O., S. XI). Diese **rahmende Idee** soll sich dann in unterschiedlichen Praxisfeldern niederschlagen. In diesem Sinne suchten auch wir nach „mehreren Fundamenten", die ein finanzielles

Überleben sichern sollten – zum einen die stärker traditionellen psychosozialen Strategien (Therapie, Supervision, Fortbildung), zum anderen die Möglichkeit, immer wieder neue Bereiche zu erschließen (z.B. Projektarbeit, vgl. Grau & Hargens 1989, 1991, 1992).

Das hat sich dann auch in der Art niedergeschlagen, wie wir Beziehungen zu ZuweiserInnen definieren (vgl. Selvini-Palazzoli et al. 1983), z.B. zu ÄrztInnen, und wie wir Beziehungen zu anderen Institutionen verstehen, z.B. zu Jugendämtern.

Bevor wir hier konkreter werden, halten wir es für sinnvoll, den Rahmen, den Kontext und die Struktur unserer freien Praxis – so wie wir sie verstehen – etwas Genauer zu beschreiben.

Struktur der Arbeit

Lösungsorientierte Arbeit richtet den Blick weniger auf Defizite als vielmehr auf Ressourcen, Kompetenzen und (bisher verborgene und unerkannte) Fertigkeiten aller Beteiligten. Dieser andere Blick wird deutlich an Hägär, dem „Chef" eines Wikingerschiffes (Browne 1991):

Unter diesem Aspekt richtet sich der „diagnostische Blick" von VertreterInnen lösungsorientierter Ansätze eben weniger darauf, Symptome, Defizite und Krankheiten zu konstatieren, sondern darauf, Kompetenzen, Ressourcen und Lösungen anzuschauen. Und das gilt dann entsprechend auch für den Blick auf das eigene Handeln und dessen Strukturierung.

In unserer Praxis hat sich dies in verschiedenen Formen niedergeschlagen:

Vom Team zu Teams ...

Da wir in unseren Geschichten über uns und unser (professionelles) Tun immer auch selber enthalten sind (Kybernetik II. Ordnung), kommt es uns darauf an, die Möglichkeiten, die ein solcher **„Wirklichkeits-Reichtum"** enthält, zu nutzen sowie uns ein Stück davor zu schützen, in traditionell ausgerichtete Vorgehensweisen (zurück) zu fallen. Das sind auch zwei Gründe, weshalb die Arbeit immer von zwei Fachleuten gemeinsam ausgeführt wird.

In der Praxis sieht es so aus, daß der „Inhaber" der freien Praxis mit einer Gruppe von MitarbeiterInnen arbeitet, so daß immer wieder neue und andere Zweier-Teams entstehen. Die Unterschiedlichkeit, die dadurch fortlaufend betont wird, führt zu einem ständigen Gedankenaustausch über die eigene Arbeit – denn eine fachlich kompetente Reflexions-PartnerIn ist immer vorhanden.

Diese Struktur läßt sich auch ein wenig anders herleiten:

Unsere BeobachterInnenwirklichkeit ist in allen Beschreibungen, die wir fertigen, enthalten (Kybernetik II. Ordnung, vgl. von Foerster 1993, Hoffman 1987, 1995, Andersen 1990). Alles, was wir sagen, sagen wir als BeobachterInnen. Das hat uns Möglichkeiten gezeigt, „andere" Fragen zu stellen. Bezogen auf lösungsorientierte Ansätze stießen wir so sehr rasch auf die Frage: **lösungs orientiert – für wen?** Und damit waren wir bei der Frage des Eigen-Effektes unseres Tuns (Hargens 1994).

Für den effektiven Verlauf der Therapie erscheint uns bedeutsam, daß im Kooperieren zwischen TherapeutIn und KundIn ein Kontext entfaltet wird, in dem die jeweiligen Wertsysteme und Selbstorganisationsmuster bei der gemeinsamen Entwicklung und Entdeckung paßgenauer

Lösungen in ihrer Einzigartigkeit beobachtet, beachtet und unerschrokken respektiert werden können.*

Wenn wir lösungsorientiert arbeiten, dann „paßt es nicht“ in unser Konzept, uns ausschließlich auf die KundInnen auszurichten und dort Lösungen zu finden. Als „gemeinsames Unternehmen“ sind wir am „Projekt Therapie“ beteiligt, was sogleich die Frage aufwirft, welche Ziele wir verfolgen und anstreben, welche Lösungen und Änderungen uns für uns vorschweben. Ansehen und Einkommen? Erfolg und Effektivität? Oder etwas anderes, Verborgenes, was unser eigenes „psychisches Befinden“ betrifft?

Diese Konzeptualisierung hat unsere Bereitschaft erhöht, uns selber und unser Befinden in den therapeutischen Prozeß einzubeziehen. Wir tun dies u.a. mithilfe eines Vorgehens, das wir **Meta-Dialog** nennen (Hargens & Grau 1994a, b).

Unter Meta-Dialog verstehen wir Reflexionen der beiden BeraterInnen während des Interviews über das Interview in Anwesenheit der KundInnen. Reflexionen können sich auf alle die Aspekte beziehen, die die BeraterInnen für wichtig und wesentlich erachten – also auch auf die eigenen Befindlichkeiten. Wichtig ist uns, daß wir immer deutlich machen, daß wir den Dialog damit auf eine **andere** Ebene stellen. Dies drücken wir dadurch aus, daß wir uns von der KundIn abwenden, uns anblicken, uns zuwenden; dadurch, daß wir „konstruktivistisch sprechen“ (Hargens & Dieckmann 1994), indem wir konjunktivistische Formulierungen verwenden und indikative (und damit festschreibende) Formen) vermeiden.

Konkret sähe das etwa folgendermaßen aus: Ein beschriebener Sachverhalt, z.B. eine Diagnose, „ist“ nicht einfach gegeben – „wenn ich annehmen würde, es könnte so sein, dann wäre es denkbar“ oder „wenn ich die angestrebte Lösung verwirklichen sollte, dann könnte ich im Kopf auch immer den Gedanken mitbewegen, daß es mir nur mehr Anstrengung bereiten würde, wenn es mir gut ginge“. Dazu ein Beispiel:

Therapeut 1 (zu Therapeut 2): Ich denke gerade darüber nach, wie wohl der Chef von Frau Annen reagieren könnte, wenn sie ab morgen so täte, als würden seine subtilen Drohgebärden sie

*) Auf Ähnlichkeiten und Unterschiede in Hinblick auf „Ko-Evolution“ wollen wir hier nicht näher eingehen.

nicht mehr verunsichern. Würde sie damit die Spielregeln im Umgang mit dem Chef auch für andere als änderbar kenntlich machen? Könnte sie sich dann wohl eher den Gedanken erlauben, daß der Entschluß, wieder zu arbeiten, ein Schritt nach vorne sein könnte?

Therapeut 2 (zu Therapeut 1): Oder noch etwas ganz anderes? Ich finde die Idee spannend. Ich bin neugierig: Wie würdest Du wohl reagieren, wenn Du der Chef wärst?

Diese Form des Zweier-Teams begreifen wir auch als eine Möglichkeit, uns in unserer Arbeit „direkt und unmittelbar“ zu kontrollieren, zu befragen, zu supervidieren. All dieses findet gemäß unseren Leitlinien **öffentlich** statt – also in Anwesenheit der KundInnen. Diese öffentlichen Reflexionen, so unsere Erfahrung, stellen nicht nur eine Quelle von Anregungen und Ressourcen-Nutzung dar, sie sind eine Form dessen, was Tom Andersen (i.Dr.) unter *„reflektierenden Positionen“* versteht.

Und ein weiterer Vorteil ergibt sich manchmal eher zufällig und nebenbei und wird an folgender Begebenheit deutlich:

Da hin und wieder eine KollegIn kurzfristig erkrankte, ergab sich die Notwendigkeit, das „Arbeitsteam“ für eine oder zwei Sitzungen umzubauen – eine neue KollegIn kam für die ErkranktE dazu, sprang für sie ein. Interessanterweise hat in allen Fällen keine KundIn irgendwelche Einwände dagegen vorgebracht, sondern die neue KollegIn offen und bereitwillig angenommen. Für uns ergaben sich auch keine erkennbaren Hinweise auf eine stärkere Zurückhaltung der KundInnen, eine größere Vorsicht o.ä. Von daher wäre es sicher interessant, einmal eingehender darüber zu reflektieren, was es aus dieser Perspektive mit dem „Joining“, der therapeutischen Beziehung, der Intimität und des Aufbaus einer vertrauensvollen Beziehung auf sich haben könnte.

In unserer Arbeit haben die KundInnen offen und neugierig auf die neue KollegIn reagiert und deren – etwas andere – Fragen als anregend beschrieben.

... von Termin zu Termin ...

Wenn wir die Idee ernstnehmen, daß Lösungen und Kompetenzen das Zentrum professionellen psychotherapeutischen Handelns bilden, dann erhält die Frage des Therapiezieles und der Therapiedauer einen neuen Dreh – wer definiert wie Ziel und Dauer?

Wir orientieren uns an den Aufträgen der KundInnen, die wir gemeinsam in Ziele zu übersetzen suchen. Die Erreichbarkeit und das Erreichen dieser Ziele sind für uns Kriterien, über die nur die KundIn verfügt. Unsere Aufgabe besteht darin, die Notwendigkeit operationalisierbarer und erkennbarer Kriterien herauszustellen, da erst diese „Therapie“ zu einem „begrenzbaren Unternehmen“ machen.

Ein Beispiel:

Das Ziel „glücklich(er) sein oder werden“ reicht nicht aus, es in konkrete Operationen zu übersetzen, an denen erkennbar wird, was die KundIn tut, wenn sie dieses Ziel erreicht und den Weg dorthin anfängt zu beschreiten. Welche Handlungen im einzelnen dieses Ziel definieren, bestimmt die KundIn. Wir unterstützen sie, dieses Konkretisieren umzusetzen. Dabei leisten Skalierungs-, Wunder- und Operationalisierungsfragen (Berg 1992, Walter & Peller 1994) große Hilfe. Doch gehen wir in der ausdrücklichen Anerkennung der Kundigkeit noch einen ganzen Schritt weiter:

Die KundInnen entscheiden über Nutzen und Nützen der „Therapie“ – sie bestimmen daher auch, ob sie weitere Termine brauchen. Wir legen in der ersten oder zweiten Sitzung unsere „Spielregeln“ offen, was Termine angeht und zwar in etwa folgender Weise:

> „Die Arbeit, die wir hier gemeinsam machen, soll Nutzen für Sie haben, Ihnen hilfreich sein. Deshalb sind wir auch der Ansicht, daß Sie am besten darüber entscheiden können, ob diese Arbeit Ihnen nützt und hilfreich ist. Und wir sind überzeugt, daß Sie auch am besten einschätzen können, ob ein weiterer Termin für Sie nützlich und hilfreich ist. Deshalb sagen wir auch nicht, Sie brauchen noch einen oder drei oder fünf oder zehn oder hundert Sitzungen. Wir denken, das können Sie am besten für sich entscheiden, ob und wieviele Sitzungen Sie noch brauchen.
>
> Wir überlassen deshalb die Frage der weiteren Termine Ihnen.
>
> Wenn Sie der Ansicht sind, einen weiteren Termin zu wollen, dann sagen Sie es einfach – wir können dann sofort einen neuen Termin abmachen. Wenn Sie ohne Terminabsprache gehen, dann ist das in Ordnung. Wenn Sie dann später der Meinung sind, doch noch einen Termin zu wollen, dann rufen Sie uns an, unsere Telefonnummer haben Sie ja.
>
> Ist das so in Ordnung? (...) Gut, denn wenn wir Ihnen jetzt diese – wir nennen das so – „Spielregel“ erklärt haben, dann werden wir diese

bei möglichen Folgesitzungen nicht noch einmal neu erklären – Sie wissen dann, was Sie tun können, wenn Sie einen neuen Termin wollen."

Diese Praxis hat bisher dazu geführt, daß die Anzahl der Sitzungen gering geblieben ist. Nachuntersuchungen (Hargens 1994) wie Anmeldungen aufgrund von Empfehlungen ehemaliger KundInnen weisen daraufhin, daß diese Form der Arbeit effektiv und erfolgreich sein kann – und darüberhinaus noch interessante Nebeneffekte hat:

So melden sich des öfteren ehemalige KundInnen, die sagen, „ich brauche noch `mal eine Sitzung" und oft ist diese eine Sitzung dann auch ausreichend, daß die KundInnen ihr Leben ohne uns weiter erfolgreich gestalten. In diesem Sinne sind wir der Ansicht, daß diese Form des Umgangs mit Sitzungsterminen nicht nur sinnvoll und nützlich ist, sondern auch auf der Handlungsebene die Idee der Kundigkeit bestärkt. In diesem Sinne verstehen wir diese Form der Termingestaltung als **präventiv**, da sie das Zutrauen in die eigenen Kompetenzen erlebbar werden läßt.

Darüber hinaus macht sie das „Unternehmen Psychotherapie" zu einem zeitlich befristeten Unternehmen, wobei die KundIn selber über die Zeit entscheidet.

... und von Ort zu Ort

Aus anfänglichen räumlichen Engpässen ergab sich die Notwendigkeit von Hausbesuchen (Hargens 1993b), doch ist diese gewissermaßen aus der Not geborene Idee mittlerweile regel(ge)rechter Bestandteil unserer Arbeit: wir bieten unseren KundInnen an, daß sie zu uns oder daß wir zu ihnen kommen können. Dabei zeigt sich, daß die KundInnen gut zu entscheiden wissen – einige haben klare Bevorzugungen, andere probieren aus und wieder andere wünschen sich Sitzungen einmal bei ihnen und ein andermal bei uns.

Der Ort der Arbeit stellt immer eine Kontextmarkierung (Bateson 1981, 1982) dar, wobei die Bedeutung, die den Kontextmarkierungen verliehen wird, sehr unterschiedlich sein kann. Der Schluß von den eigenen Annahmen (Vorurteilen) auf die Annahmen unserer Gegenüber liegt dabei gerade bei Hausbesuchen nahe – „erfahre" ich doch die „Lebenswirklichkeit" meiner KundInnen viel direkter und unmittelbarer. Aussagen von KollegInnen, mit denen wir über Hausbesuche gesprochen haben, spiegeln diese Vor-Urteile wider: „Da können Sie ja sehr gut sehen, wie die Familie wirklich miteinander umgeht" oder „Das ist ja eine gute Gelegenheit, zu erfahren, was wirklich abläuft".

Wir sprechen hier ausdrücklich von **Vor-Urteilen**, da Bedeutungen nach unserem konstruktivistischen Verständnis immer Beschreibungen und Bewertungen sind, die „vor" den Urteilen kommen – Vor-Urteile. Urteile wären in diesem Sinne „wahre Beschreibungen" und wir gehen davon aus, daß dies im konstruktivistischen Sinne nicht möglich ist. Aber auch dies ist – selbst-reflexiv – ein Vor-Urteil, allerdings eines, das sich in unserer Praxis bisher bewährt hat.

Wir neigen mittlerweile viel mehr zu der Annahme, daß Hausbesuche tatsächlich **für uns** besonders hilfreich sind: wir erfahren etwas über **unsere eigene** Befindlichkeit, wenn wir „fremdes Territorium" betreten und wir können sehr viel über unsere eigenen Vorannahmen wahrnehmen, wenn wir unsere Beschreibungen der häuslichen Lebensumwelten unserer KundInnen allzu rasch im bewertenden Sinne abgeben. Und da erweist sich die KollegIn im Zweier-Team als überaus hilfreich, den Blick zurück auf uns selbst zu lenken.

Diagnosen

Symptome, Defizite, Krankheiten oder Ressourcen, Kompetenzen, Lösungen?

Um überhaupt die Möglichkeit der Finanzierung über Kassen zu schaffen und um Bestandteil des Heilsystems zu werden, gilt immer noch ungebrochen als Voraussetzung die Diagnose einer Krankheit. Dies scheint auf den ersten Blick der lösungsorientierten Perspektive zuwiderzulaufen – auf den ersten Blick.

KundInnen kommen immer dann zu uns, wenn **sie selber** einen Zustand „diagnostizieren", den sie ändern möchten. Diese Zustandsbeschreibung kann sich dann im Durchlaufen heilkundlicher Institutionen durchaus verselbständigen (Sturm & Zielke 1988, Grawe et al. 1994) und den Menschen zum Verschwinden bringen.

Die Frage „Diagnose von Defiziten" oder „Diagnose von Ressourcen" erscheint uns nicht als Widerspruch, sondern eher als einengende und begrenzende „**entweder-oder**"-Alternative, der wir mit dem Blick des „**sowohl-als auch**"-Möglichen begegnen, so daß mehr als eine Beschreibung möglich wird* (Shotter 1993).

Für unsere Arbeit ist es wichtig, daß wir uns klar darüber bleiben, wo wir den Schwerpunkt unseres professionellen Handelns in der jeweiligen Situation setzen – im und am Problem, im und am Lösen oder an ganz anderen Stellen (vgl. HARGENS & GRAU, in diesem Band). Genau hier sehen wir eine wichtige Unterscheidung zwischem einem problem- und einem lösungsorientierten Vorgehen. So bestimmt die Eingangsfrage „Was führt Sie hierher?" *eher* einen Problemrahmen, während die Eröffnung „Was möchten Sie erreichen?" *eher* einen Lösungsrahmen kennzeichnet (vgl. HARGENS und GRAU, in diesem Band).

Wir kooperieren mit den uns vorgegebenen Spielregeln, indem wir Kassenleistungen aufgrund diagnostizierter Krankheiten beantragen, allerdings Möglichkeiten gefunden haben, diese diagnostische Abklärung im Vorfeld der Kostenbeantragung von anderen heilkundlichen KollegInnen durchführen zu lassen. Diese Lösung sehen wir als Teil eines unablässigen Prozesses, mit den Anforderungen und Bedingungen des traditionellen Gesundheitswesens zu kooperieren, wobei sich die Form des Kooperierens durchaus ändert. Wir beziehen uns hier immer auf vorläufige, sich ändernde Lösungen, wobei der Praxisalltag uns deutlich vor Augen geführt hat, wie schwer es uns fällt, die lösungsorientierte Idee immer wieder umzusetzen.

So finden sich auf den Kostenerstattungsanträgen denn auch regelmäßig Diagnoseangaben nach dem ICD 10, in der konkreten Arbeit mit KundInnen gehen wir aber über diese Zuschreibungen hinaus, indem wir versuchen, sie (durch Operationalisierungsfragen) wieder „in Fluß zu bringen". Dazu gehört auch, daß wir keine Gedanken lesen – aus der Angabe eines „Symptoms", z.B. „ich trinke", leiten wir nicht automatisch ein Arbeitsziel ab – vielmehr befragen wir die KundIn „Ja – und was können wir für Sie tun?" oder „Und was ist Ihr Ziel, wenn Sie hierherkommen?"

... und was ist der Auftrag?

Die KundIn bestimmt, was sie als ihr Problem ansieht und sie bestimmt auch, wie sich dieses Problem konkret zeigt und sich auch uns – den Fachleuten – zu erkennen gibt. Und sie legt auch das Ziel fest, das sie erreichen möchte. Diese Auftragsermittlung steckt denn auch den Rahmen unserer Arbeit ab.

---

*) Wir machen darauf aufmerksam, daß wir die dritte Seite der Medaille – nämlich die Möglichkeit des „weder-noch" – hier unerwähnt gelassen haben.

Um beim Beispiel der KundIn zu bleiben, die sagt, sie trinke – der Auftrag kann in sehr unterschiedlichen Zielen seinen Ausdruck finden:

- weniger oft zu trinken, wobei wir das „weniger“ dann konkret erfragen
- überhaupt nicht mehr zu trinken
- nur bei bestimmten Anlässen zu trinken
- statt „harter Sachen“ nur noch Bier zu trinken
- an Orten zu trinken, wo die KundIn keinen Bekannten begegnet

Die Beispiele ließen sich noch lange fortsetzen, lassen aber erkennen, daß wir selber uns nicht davon freimachen können, einige Ziele als „positiver“, „besser“, „richtiger“ oder „angemessener“ zu sehen als andere. Und da hilft die KollegIn im Zweier-Team, als wir über die Möglichkeit verfügen, im Meta-Dialog öffentlich über solche unterschiedlichen Zielvorstellungen zu reflektieren – nicht um die KundIn „zu überzeugen“, sondern um die Vielfalt der Möglichkeiten, der Entscheidungsalternativen und ihrer Konsequenzen (EFRAN et al. 1992) zu illustrieren.

Die Notwendigkeit, sprachlich „tastend“ und „konstruktivistisch“ zu formulieren, haben wir an anderer Stelle herausgearbeitet (HARGENS & DIECKMANN 1994). Es geht nicht darum, eine Meinung, eine Norm als „besser“ zu errichten, sondern darum, Möglichkeiten zuzulassen und somit Optionen im VON FOERSTERschen Sinne zu vergrößern: „Handle stets so, daß die Anzahl der Wahlmöglichkeiten größer wird“ (VON FOERSTER 1985, S. 41).

Das bedeutet für uns, mit Diagnosen entsprechend umzugehen – sie als eine von mehreren möglichen Optionen zu sehen und mit diesen Möglichkeiten weniger fest- und zuschreibend, als vielmehr öffnend und in Fluß bringend umzugehen. Das ist für uns nur eine andere Form, von der dritten Seite der Medaille zu reden (GRAU & HARGENS). Das gilt sinngemäß auch für die Zusammenarbeit mit VertreterInnen des Gesundheitssystems, z.B. ÄrztInnen, und hat seinen Ausdruck gefunden, wie wir die Kommunikation über KundInnen („PatientInnen“) strukturieren.

ÄrztInnen-Briefe

Die Idee des Kooperierens und der darin enthaltene Verzicht auf negative Zuschreibungen wie „Widerstand zeigen“ oder „unmotiviert scheinen“ legt **uns** die Verantwortung dafür auf, mit der Art und Weise, wie ZuweiserInnen kooperieren, zusammenzuarbeiten. Das macht es uns leicht(er), Zuweisungen wertzuschätzen – schließlich sind Psychotherapie-KundInnen auch immer eine wichtige Einnahmequelle. Für uns kam es nun darauf an, mit dieser Form des Kooperierens positiv umzugehen.

Wir gingen davon aus, daß HausärztInnen ihre PatientInnen deshalb an uns überwiesen, weil sie die Idee hatten, daß wir hilfreich sein können. Das bedeutete für uns, daß wir diese Idee aufgreifen und die ÄrztInnen über das, was wir mit diesen PatientInnen tun, informieren würden. Schnell wurde deutlich, daß der medizinische und der lösungsorientierte Ansatz sich erheblich unterschieden, so daß ein Informationsaustausch schwierig sein könnte. Für uns kam es nun *nicht* darauf an, „missionarisch“ (eine Bemerkung von Carl WHITAKER auf einem Kongreß) unseren lösungsorientierten Ansatz darzulegen, sondern für uns ging es einfach darum, die Beziehung zu den ZuweiserInnen zu pflegen. Das bedeutete für uns, daß wir die Zuweisung wertschätzen, allgemein die Ausrichtung unserer Arbeit darlegen, um dann kurz und knapp das zu umreißen, was wir in den Sitzungen taten, ohne einen Unterschied zu beschreiben, der „zu ungewöhnlich“ (ANDERSEN 1990) wäre.

Mit diesen Überlegungen konzipierten wir unsere ÄrztInnen-Briefe, die wir unaufgefordert an die ÄrztInnen schickten, auf die sich die KundInnen bei der Anmeldung bezogen. In aller Regel schicken wir nach der ersten Sitzung einen Brief und in unregelmäßigen Abständen folgen weitere Briefe. *

Beim folgenden Beispiel geht es um eine Kundin, die sich auf Anraten ihres Hausarztes an uns wandte. Sie habe, so sagte sie beim ersten Telefongespräch, seit einem halben Jahr Haarausfall und drehe sich selber im Kreise. Der Hausarzt diagnostizierte eine Alopecie (Alopezia areata) – einen entstellenden kreisrunden Haarausfall. Der „Erst-Brief“ an den Arzt hatte folgendes Aussehen:

---

*) Alle Namen sind verändert, um die Anonymität zu gewährleisten. Orte und Daten sind entsprechend unpräzise

Betr.: Ihre Patientin Andrea Vollmer (Wohnort)

geb. ...195.

Sehr geehrter Herr Dr. Arzt,

vielen Dank für die Überweisung Ihrer Patientin zur Therapie. Ein erster Termin hat Anfang dieses Monats stattgefunden.

Da ich die Vorgeschichte als bekannt voraussetzen darf, kann ich Ihnen heute folgenden Bericht zukommen lassen:

Frau V. berichtete über ihre Schwierigkeit, bei der sie zugleich erkennen ließ, daß sie sich nicht vorstellen könne, daß der Haarausfall in irgendeiner Weise eine psychische Ursache hätte, da ihr Leben zufrieden und befriedigend sei.

Da sich der Fokus unserer Arbeit auf Stärken und Ressourcen unserer Gegenüber richtet, da wir hier die günstigsten Möglichkeiten für Änderungen sehen, stand dieses scheinbare Mißverhältnis von „unerklärlichem Problem" und „zufriedenem Leben" im Mittelpunkt. Aufgrund unserer Bereitschaft, die „Nichterklärbarkeit" ihres Problems anzuerkennen, ließ Frau V. vermehrt Äußerungen einfließen, die Fragen, Zweifel und Skepsis andeuteten, was ihre Zufriedenheit betraf.

Beeindruckend war für uns ihre Bereitschaft, sich auf das schwierige Thema einzulassen, das eigene Leben und den eigenen Lebensentwurf gewissermaßen „von außen" betrachten zu lassen – von zwei Fachleuten, die sich Gedanken über ihr unerklärliches Problem machen.

Am Ende dieses ersten Gespräches überließen wir in Übereinstimmung mit unseren Zielen Frau V. die Entscheidung, einen weiteren Termin abzumachen. Sie war grundsätzlich interessiert, wollte es sich aber erst noch einmal überlegen und bat darum, unsere Stichworte, die wir uns während des Gesprächs als „Gedankenstütze" aufgeschrieben hatten, mitnehmen zu dürfen, um selber noch einmal über einige der angesprochenen Aspekte nachzudenken.

Mit freundlichem Gruß

Um es noch einmal zu betonen:

Wir bemühen uns, sprachliche Anknüpfungen an Krankheit, Dysfunktion und Störungen zu vermeiden und achten entsprechend sorgsam auf unsere Wortwahl. Wir sprechen daher von Schwierigkeiten und Problemen, wobei wir annehmen, daß allein diese Wortwahl ein Stück zur „Normalisierung" beitragen kann. Den diagnostischen Aspekt kürzen wir stark, indem wir darauf verweisen, daß die Vorgeschichte bekannt ist. Auf diese Weise vermeiden wir es, eine Diagnose explizit zu erwähnen (und festzuschreiben).

Wir beschreiben in einem Erst-Brief den Fokus unseres Vorgehens, die Ausrichtung auf Stärken und Ressourcen, wodurch wir einen ersten Schritt in Richtung auf eine positive Beschreibung der KundIn gehen.

In diesem Falle zog sich die Arbeit über vier Monate hin und umfaßte in dieser Zeit fünf Sitzungen. Die Kundin selber definierte das Ende der Arbeit. So schrieben wir etwa vier Monate nach dem „Erst-Brief" folgenden „Abschlußbrief":

Betr.: Ihre Patientin Andrea Vollmer (Wohnort)

geb. ...195.

Sehr geehrter Herr Dr. Arzt,

ergänzend zu unserem Bericht vom ....199. darf ich Ihnen zum Stand der Arbeit folgendes mitteilen:

Es haben inzwischen vier weitere Gespräche mit Frau V. stattgefunden, in denen die bereits erwähnten Themen weiter ausgearbeitet wurden.

Ein Thema betraf die eheliche Beziehung, in der möglicherweise Aspekte der Vergangenheit, insbesondere auf seiten des Mannes, aus- und wiederbelebt werden könnten. Die damit zusammenhängenden Belastungen begünstigen eher einen Zustand, in dem „der Akku leer" ist.

Die Frage der Heilbarkeit oder Unheilbarkeit des Haarausfalls vor dem Hintergrund subjektiver Ursachentheorien stellt einen Aspekt dar, der nicht nur „Angst" hervorrufen kann, sondern auch das Selbstbewußtsein und die Selbstsicherheit von Frau V. in Zweifel zieht. Damit zusammen hängen Fragen der Selbsteinschätzung in Bezug auf Selbst- und Fremd-Attraktivität.

Diese Angst, die das religiös geprägte Weltbild von Frau V. immer wieder in Zweifel zieht, führte zu einer intensiven Beschäftigung mit der Frage, was Frau V. an sich schätzt und was ihrer Meinung nach andere, i.e.S. Mann und Kinder, an ihr schätzen.

Auf diese Weise wurde es möglich, Ressourcen und Stärken herauszuarbeiten und dem negativ besetzten Zukunftsbild („etwas ist falsch – es könnte besser sein") ein mit positiven Möglichkeiten durchsetztes Szenario („etwas ist richtig – es könnte schlechter sein") gegenüberzustellen.

So konnte Frau V. im letzten Gespräch eine Veränderung ihrer Ziele beschreiben – es ging ihr nicht mehr so sehr um die Frage des Haarausfalls, sondern vielmehr darum, daß sie sich besser fühle. Vor diesem Hintergrund hatte sie – gemeinsam mit ihrem Mann – Veränderungen in ihrem beruflichen Kontext abgesprochen, deren „Radikalität" von uns entsprechend gewürdigt wurden.

Ihre Bereitschaft, sich selber und ihre Ziele nicht nur infrage zu stellen, sondern auch zu verändern, verstehen wir als ihre spezifische Stärke, die Mut und Selbstbewußtsein erfordert.

Aufgrund der veränderten Zielvorgaben und deren Umsetzung vereinbarte Frau V. keinen weiteren Termin, sondern wollte einfach einmal abwarten – mit der von ihr geäußerten Gewißheit, sich dann, wenn Sie es als nötig erachte, wieder an uns zu wenden.

Mit freundlichem Gruß

Die Kundin berichtet in einer schriftlichen Nachbefragung, daß sich das ursprüngliche Problem gebessert habe und beschreibt das, was sie als hilfreich oder hinderlich erlebt hat, folgendermaßen:

„Einerseits war es hilfreich, zwei Gedankengänge zu hören [Meta-Dialog], andererseits fühlte ich mich manchmal mit zwei Gesprächspartnern etwas überfordert. Z.B.: Ich bin ein Mensch, der hofft, daß ein anderer mir sagt, was richtig und was falsch ist. Wenn jetzt der Eine sagt: „Ich glaube, sie kommt ohne Arbeit aus" [also ohne Berufstätigkeit]. Und der andere: „Ich würde die Arbeit nicht aufgeben", dann ist es für mich schwierig. Aber ich weiß, daß ich meine Entscheidung allein treffen und verantworten muß. Leider! Damit habe ich im Privatleben weiterhin meine Schwierigkeiten. Schade, daß es keine Auffrischungstreffen gibt für „Selbstvertrauen". Bedauerlich finde ich es auch im nachhinein, daß ich keine schriftlichen Aufzeichnungen über unsere Zusammenarbeit habe."

Inzwischen hat sich auch in dieser Vorgehensweise eine Änderung ergeben: statt Briefe zu schreiben, findet mit einigen ÄrztInnen in unregelmäßigen Abständen ein Treffen statt, wo wir über die „PatientInnen", die an uns überwiesen worden sind, sprechen.

Unfreiwillige KundInnen

Wenn wir gesagt haben, „KundInnen kommen immer dann zu uns, wenn **sie selber** einen Zustand „diagnostizieren", den sie ändern möchten", dann könnte eingewendet werden, daß dies in einigen Fällen nicht zuträfe – immer dann nämlich, wenn es sich um „verordnete" oder „Zwangs-"Therapie handelt. Aber auch dann ändert sich unser Vorgehen nicht.

WALTER und PELLER machen deutlich, daß es sich bei lösungsorientierten Ansätzen um ein „KonsumentInnenmodell" handelt (1994, S. 283), für das die Frage der Freiwilligkeit von Bedeutung ist. Wir verstehen „Freiwilligkeit" als eine Option, die das gemeinsame Erarbeiten des Auftrages – das Bestimmen des Zieles der KundIn – erleichtert, denn dabei gehen wir davon aus, daß die KundIn ein eigenes Ziel anstrebt. Nun kennen lösungsorientierte Ansätze keinen „Widerstand" (DE SHAZER 1984, 1990), höchstens „widerspenstige TherapeutInnen".

Nach unserem Verständnis von Kundigkeit begreifen wir „unfreiwillige KundInnen" so, daß sie anderen gehorchen, externen Forderungen gehorchen müssen, „Druck" nachgeben. Und dieser Punkt ist der Beginn unserer Arbeit – es geht darum, was wir tun können. Von daher versuchen wir den Auftrag zu klären, etwa mit folgenden Fragen:

- Was, denken Sie, können wir für Sie tun?
- Was ist Ihrer Meinung nach der Grund, daß Sie hierher geschickt wurden?
- Wenn Ihnen klar ist, daß Sie keine Therapie brauchen, XYZ (Gericht, Behörde, Amt u.ä.) der Ansicht sind, daß Sie kommen müssen, was können wir dann tun?

Anders formuliert – wir gehen davon aus, daß unsere KundInnen ihr Anliegen konkret benennen können und daß ihr Anliegen durchaus lauten kann, den Auflagen nachzukommen, sich aber nicht zu ändern. Das bedeutet für uns, gemeinsam mit den KundInnen zu erarbeiten, was wir tun können und zu verdeutlichen, wozu wir verpflichtet sind.

„Zwangs"-Therapien sind i.d.R. mit einer Informationspflicht verbunden, d.h. wir sind verpflichtet der auftraggebenden Institution zu berichten, **ob** eine Therapie durchgeführt wird. Wir sind allerdings nicht verpflichtet, über Inhalte und Prozesse der Therapie zu informieren. Vor dem Hintergrund dieser Information erarbeiten wir dann Ziel und Auftrag, der durchaus so aussehen kann, daß es zu keiner weiteren Zusammenarbeit kommt.

Wir haben dieses Vorgehen im Bereich der ambulanten Therapie von Sexualstraftätern angewendet und damit positive Erfahrungen gesammelt. Insbesondere ist uns deutlich geworden, daß dieser Ansatz es uns leichter macht, „hinter" der Ablehnung der Therapie und „hinter" dem Grund/Anlaß der „Zwangs"-Therapie den einzelnen Menschen in seiner Besonderheit und mit seinen Ressourcen zu erkennen.

Nachuntersuchungen

Die konstante und kontinuierliche Arbeit im Zweier-Team befördert **Geschichten der TherapeutInnen** über ihr Tun und über KundInnen – diese selber kommen demgegenüber nur sehr selten zu Wort, so daß das Wort vom „Schweigen der KlientInnen in der therapeutischen Literatur" (Conran & Love, 1993, S. 1) nicht übertrieben scheint.

Im Laufe der Reflexionen über unser Tun stolperten wir irgendwann über dieses „schwarze Loch", diesen „blinden Fleck". Nehmen wir die Kundigkeit unserer KundInnen ernst, dann erscheint es mehr als wünschenswert, ihre Ansichten, Beschreibungen und Bewertungen in die Strukturierung unserer Arbeit einfließen zu lassen. So trafen wir – spät zwar – die Entscheidung, Nachbefragungen, Nachuntersuchungen, Evaluationen unseres therapeutischen Handelns herzustellen.

In der freien Praxis besteht gegenwärtig kein Rahmen, diese Tätigkeit „abrechenbar" zu machen – es handelt sich daher um „Extraarbeit", die uns nicht vergütet wurde. So suchten wir nach einer Form, die uns einerseits anregende Informationen bringt, andererseits aber für eine freie Praxis nicht zu kosten- und zeitaufwendig sein würde. Wir waren uns darüber im klaren, daß wir eine Form wählen würden, die keinesfalls den Kritirien akademischer Forschung entsprechen könnte – die uns aber Anregungen für die pragmatische „Verbesserung" unserer Praxis liefern würde.

Nach Durchsicht der Literatur – die einige sehr interessante Möglichkeiten aufzeigte, die Ansichten der KundInnen umfassend zu sammeln und wertzuschätzen, die sich unserer Auffassung nach aber leider in unserem Rahmen zur Zeit (noch) nicht verwirklichen lassen (Andersen 1993) – und vielen internen Diskussionen entschieden wir uns für eine Fragebogenform, die die Aspekte „Lösungen" und „Kurzzeittherapie" ansprechen würde. Dabei lehnten wir uns an existierende Vorbilder an (Burr 1993). Wir verschicken seit 1993 regelmäßig Fragebögen, die einerseits die Veränderungen der Probleme erfassen, andererseits in drei offenen Fragen Beschreibungen der KundInnen über das, was in der Zusammenarbeit geschehen ist, hervorbringen (Hargens 1994b).

Ohne auf die Daten im einzelnen einzugehen, läßt sich heute folgende allgemeine Aussage treffen:

Von bisher 41 verschickten Fragebögen sind 21 ausgefüllt zurückgeschickt worden. Das entspricht einer Rücklaufquote von 51,2%. Da bei einem Ehepaar jeder der beiden den Fragebogen ausgefüllt hat, stehen insgesamt 22 verwertbare Fragebögen zur Verfügung. Bezogen auf die beiden Aspekte „Lösungen" und „Kurzzeittherapie" (Anzahl der Sitzungen) ergibt sich derzeit folgendes Bild:

Bei 14 Personen hat sich das Problem gebessert, bei 8 ist es gleich geblieben, niemand gab eine Verschlechterung an. Die durchschnittliche Zahl der Sitzungen betrug 4,76 – mit einer Breite von 1 bis 15 Sitzungen.

Wir verstehen dies als grundsätzliche Bestätigung unseres Vorgehens, denken aber, daß die Auswertung der Beschreibungen der KundInnen über das, was für sie die Arbeit kennzeichnet, uns zukünftig hilft, unser Vorgehen „passend" zu gestalten und unsere Ideen dessen, was wir tun, weiter infragezustellen. Insbesondere erleben wir, daß KundInnen ganz andere Aspekte betonen als die, die wir für wichtig halten – eine anregende Perspektive, weiterzudenken und Grenzen (im Sinne von „professionellen Denkblockaden") zu überwinden.

In diesem Sinne plädieren wir dafür, Nachuntersuchungen zu einem regelgerechten Bestandteil psychotherapeutischer Praxis zu machen, wobei – das möchten wir kritisch anmerken – wir uns eine stärkere Unterstützung und Hilfe von der Wissenschaft erwarten und wünschen.

Aus zweiter Sicht

Freie und traditionelle Praxen unterscheiden sich wirklich ... oder nicht?

Die Arbeit in freier Praxis, insbesondere mit einem lösungsorientierten Ansatz, stellte für mich, den Ko-Autoren, der ich meinen Unterhalt seit über zehn Jahren (wie die meisten in der Branche) überwiegend in und mit problemorientierten Systemen verdiene, eine interessante Herausforderung und – wie sich zeigt – eine folgenreiche Erweiterung dar.

Die „freie" Mitarbeiterschaft in einer lösungsorientierten „freien" Praxis hat auf meinen „unfreien" oder vielleicht passender: fest bezahlten Job nachhaltig Einfluß genommen: Mein berufliches Eigen- und Rollenverständnis selbst wurde zum Gegenstand systemisch-konstruktivistischer Überlegungen.

Größere Experimentierfreude und die Eigensteuerung in der professionellen Begegnung auch unter dem Gesichtspunkt des Eigennutzens brachten viele Verhältnisse wieder in Fluß.

Deutlich wurde mir dies im Umgang mit sogenannten schwierigen Beratungen. Früher fing ich an, mich irgendwann unwohl zu fühlen oder war frustriert über den schleppenden Fortgang. Zur Nachbereitung wurden die Beratungen in der Regel aus dem ursprünglichen Kontext ausgelagert. Sie wurden zum Thema mit Dritten, häufig KollegInnen – entweder um Dampf abzulassen oder einfach um mich zu beklagen. Die Konsultationen des Supervisors standen meist unter dem Druck von Selbstzweifeln und Selbstverdächtigungen, etwas falsch gemacht zu haben.

Inzwischen habe ich gelernt, solche (inneren) Signale als wichtige Hinweise zu sehen und in der Situation selbst mitzuteilen, um mir im Austausch mit KundInnen Klarheit über die Bedeutung dieser Wahrnehmung zu verschaffen.

Das größere Zutrauen, solche Wahrnehmungen im Meta-Dialog mit/vor den KundInnen zu veröffentlichen, hat dazu geführt, daß ich immer seltener Unwohlsein oder Insuffizienzgefühle nach sogenannten „schwierigen Beratungen" erlebe, weil eben alles gesagt wurde und kein Rest übrig bleibt.

Bisher sicher geglaubte institutionell oder gesellschaftlich legitimierte Zielsetzungen für meine Arbeit müssen sich heute konsequent im

Kooperieren mit meinen KundInnen auf ihre Bedeutsamkeit und Brauchbarkeit für die Entwicklung von stimmigen Lösungen/Veränderungen herunter-/hinauf-deklinieren lassen.

Als engagierter Therapeut in der Heil- und Rehabilitationsbehandlung von Drogenabhängigen habe ich mit Zielsetzungen gearbeitet, von denen per se klar schien, daß sie die richtigen sind: „Abstinenz von Drogen“, „gesunde und Streß verringernde Lebensführung“, „berufliche oder schulische Qualifizierung“ u.a.m. Daß es mehr oder weniger klare institutionstypische Vorstellungen von der Realisierung der „Ziele der Behandlung“ gab, zeigte der Vergleich mit anderen therapeutischen Einrichtungen, die alle ihre unterschiedlichen therapeutischen Strategien bei gleicher offizieller Zielsetzung verfolgen. Jede Einrichtung hat ihre „Erfolgsfälle“ vorzuweisen. Daß dennoch die Anzahl der therapeutischen Erfolge in den Einrichtungen der Drogenhilfe i.S. der selbstgesetzten Ziele recht klein ist, hat m.E. auch damit zu tun, daß die Erfolgskriterien und Zielsetzungen auf sehr abstraktem Niveau steckenbleiben. Bei den hehren Zielen wie „Lebenserhaltung“, „soziale und gesundheitliche Rehabilitation“ sind Operationalisierungen mit mehr oder weniger Irritationen verbunden und im Team häufig wenig konsensfähig. Informeller Konsens als Anker der Teamorganisation wird zu einem wichtigeren Orientierungsgeber für die „richtigen“ therapeutischen Zielsetzungen als Erkundungen im therapeutischen Kontakt mit den KundInnen.

Konkrete Zielbestimmungen, inhaltlich und zeitlich kooperativ entwickelte Lösungen, habe ich in institutionellen Kontexten eher in Ausnahmefällen erlebt. Verbreiteter erscheinen mir Selbstverständnisse und Gewohnheitsbildungen, nach denen – im wohlmeinenden Sinne – für die KundInnen – manchmal in aufopfernder Weise – an „ihren“ Zielen gearbeitet wird. Professionelles „Knowhow“ wird dabei oft gleichgesetzt mit der Idee vom Wissensvorsprung bzgl. der Frage „was ist das Problem?“ (Nosologie), der Frage „woher kommt es?“ (Ätiologie) und den aus dem jeweiligen Therapieverständnis kongruent abgeleiteten Zielvorstellungen.

Nach meiner Erfahrung überlagern sich hier oft persönliche Überzeugungen und institutionelle Auftragsdefinitionen zu identitätsstiftenden Mythen, die sich innerhalb des psychosozialen Bereichs als recht stabil erweisen.

Für die Erfahrung, daß es bei dieser KlientIn (so der institutionelle Sprachgebrauch) trotz aller Bemühungen keine Fortschritte gibt, gereichen die bereits gelernten oder von der Institution nachgelieferten klinischen Konzepte als Erklärungsgrundlage – ohne dabei die eigenen professionellen Strategien infragezustellen, was in der freien Praxis aufgrund der erforderlichen KundInnenakzeptanz dringender und notwendiger scheint (denn sonst würde kaum noch jemand die Praxis aufsuchen).

Im wesentlichen geht es in der traditionellen Praxis psychosozialer Arbeit um das Sammeln von Informationen, Fakten und Daten, die vor dem Hintergrund meiner (fachlichen) bzw. institutioneller Erklärungs- und Bedeutungsgebung interpretiert werden. Diese Erklärungen werden dann der „KlientIn“ als Grundlage für die Bewertung ihres Handelns und als Ausgangspunkt für die Ableitung von (stärker fremdbestimmten) Zielen erläutert.

Einige systemische Ansätze scheinen durchaus mit der traditionellen Arbeitsweise vereinbar und liefern, auch wenn sie komplexere Ebenen ins Blickfeld rücken, grundsätzlich noch keine Änderung hinsichtlich der implizit vorausgesetzten (und mehr oder weniger offen geforderten) „Unterwerfungsrituale“ der „KlientIn/PatientIn“* gegenüber der TherapeutInnenwirklichkeit.

In einem lösungsorientierten Rahmen den Fokus auf Ressourcen, Kompetenzen und Kundigkeit zu richten, hat auch im institutionellen Kontext andere Kooperierungsmöglichkeiten hervorgebracht. Voraussetzung war für mich zu lernen, immer wieder die Aufmerksamkeit auf das System, in das ich selber während der Beratung, Konsultation o.ä. einbezogen bin, zu richten, danach zu schauen, was ich brauche, um kooperativ meinem Gegenüber in deren/dessen Bezugsrahmen zu begegnen.

Da ich überwiegend ohne „Ko“ arbeite, nutze ich z.B. soweit es geht Teile des KundInnen-Systems (das sind häufiger Teams) zu reflektierenden Meta-Dialogen. Dabei arbeite ich mit vorhandenen Ressourcen, um Kompetenzen zu fördern.

Mir scheint, daß dieses veränderte Kooperieren in der professionellen Begegnung auch Wirkungen auf die Gestaltung von Beziehungen und die Arbeit mit ihren „KlientInnen“ hat. Das, was mir selber offenbar ganz gut zu tun scheint, regt auch KundInnen an, es sich selbst ebenfalls besser gehen zu lassen.

---

*) „patiens“ bedeutet „(er)leidend“ oder „duldend“

Wenn wir abschließend unsere Überlegungen der Gemeinsamkeiten und Unterscheidungen zusammenfassen sollten, so würden wir als erstes feststellen, daß der größere Spielraum der lösungsorientierten freien Praxis auch auf den institutionellen/traditionellen Kontext rückwirkt – eine Tätigkeit in diesen beiden unterschiedlichen Arbeitskontexten erfordert Entscheidungen:

- wie organisiere und strukturiere ich meine professionelle Tätigkeit angesichts verschiedenartiger institutioneller Gegebenheiten?
- wie gehe ich mit den unterschiedlichen „rahmenden Ideen" in den unterschiedlichen Arbeitskontexten um?
- wie sehr richte ich mein Denken und Handeln immer wieder an der „rahmenden Grundidee" aus und wie sehr bleibe ich im vorgegebenen Rahmen?

Wir sind der Auffassung, daß gerade die Tätigkeit in einem traditionellen und in einem lösungsorientierten Kontext für beide Bereiche überaus anregend sein kann. Uns ist im Laufe unserer Zusammenarbeit deutlicher geworden, daß wir – jeder von uns – die Verantwortung für die **Entscheidungen** zu tragen haben, die wir für unser professionelles Handeln treffen. Und – ebenso wichtig – wir sind dann auch für die **Konsequenzen** verantwortlich.

Zugleich haben wir die Erfahrung gemacht, daß beide Bereiche – „freie" Praxis wie institutioneller Rahmen – einen großen Handlungsspielraum haben, den wir oft schwer erkennen, da wir allzuschnell Strukturen unhinterfragt als unveränderlich hinnehmen. Die wechselseitigen Anregungen und die fortgesetzten Bemühungen, die sich aus der Übertragung der Fragestellungen von einem Bereich in den anderen ergeben, haben es uns leichter gemacht, mit Ideen zu spielen, Spaß zu (er-) finden, uns auf die (auch bei uns) unentdeckten Ressourcen einzulassen und vor-herr-schende Bedingungen unerschrocken respektvoll zu hinterfragen.

Wir haben diese Form der freien Praxis als ein Stück weit befreiend erlebt – befreiend von „äußeren Zwängen", die den Eindruck suggerieren könnten, sie wären „einschränkend". In diesem Sinne verstehen wir eine freie Praxis mit lösungsorientierter Ausrichtung als zumindest in zweifacher Hinsicht anregend: sie richtet den Blick auf Ressourcen, Kompetenzen und Kundigkeit der KundInnen wie TherapeutInnen und genau dieser Blick vergrößert das Zutrauen, die eigene Praxis immer wieder vor dem Hintergrund der eigenen Kompetenz zu hinterfragen und weiterzuentwickeln. Damit können wir die „Grundregeln" der lösungsorientierten Kurztherapie immer wieder auf die Gestaltung der eigenen Praxis anwenden:

- Wenn etwas (die Praxis) nicht kaputt ist, dann repariere es (verändere sie) auch nicht.
- Wenn Du weißt, was (in der Praxis) funktioniert, mach' mehr davon.
- Wenn etwas (in der Praxis) nicht funktioniert, dann hör' auf damit – mach' etwas ander(e)s.

Literatur

ANDERSEN, Tom (ed) „Das Reflektierende Team", Dortmund: modernes lernen, 1990

ANDERSEN, Tom „Clients and therapists as co-re-searchers on the therapeutic process they once had together. A preliminary report", Paper für die Konferenz „Constructed Realities: Therapy Theory and Research", Tromsö, Juni 1993

ANDERSEN, Tom (ed) „Nachwort" zur portugiesischen Ausgabe von „Das Reflektierende Team", i.Dr.

ASHBY, W. Ross „Einführung in die Kybernetik", Frankfurt/M.: Suhrkamp, 1974

BATESON, Gregory „Ökologie des Geistes", Frankfurt/M.: Suhrkamp, 1981

BATESON, Gregory „Geist und Natur. Eine notwendige Einheit", Frankfurt/M.: Suhrkamp, 1982

BERG, Insoo Kim „Familien-Zusammenhalt(en). Ein kurz-therapeutisches und lösungs-orientiertes Arbeitsbuch", Dortmund: verlag modernes lernen, 1992

BROWNE, Dik „Hägars schrecklichste Taten", München: Goldmann (Taschenbuch Nr. 7940), 1991

BURR, Wolfgang „Evaluation der Anwendung lösungsorientierter Kurztherapie in einer kinder- und jugendpsychiatrischen Praxis", Familiendynamik 18(1): 11-21, 1993

CONRAN, Tom & Joyce LOVE „Client Voices: Unspeakable Theories and Unknowable Experiences", J.S.S.T. 12 (Sommer): 1-19, 1993

DE SHAZER, Steve „The death of resistance", Family Process 23: 79-83, 1984

DE SHAZER, Steve „Der Dreh. Überraschende Wendungen und Lösungen in der Kurzzeittherapie", Heidelberg: Cl:Auer, 1989a de Shazer, Steve „Wege der erfolgreichen Kurztherapie", Stuttgart: Klett-Cotta, 1989b

de Shazer, Steve „Noch einmal: Widerstand", Z.system.Ther. 8(2): 76-80, 1990

de Shazer, Steve „Muster familientherapeutischer Kurzzeit-Therapie", Paderborn: Junfermann, 1992

Durrant, Michael „Auf die Stärken kannst du bauen. Lösungs-orientierte Arbeit in Heimen und anderen stationären Settings", Dortmund: verlag modernes lernen, 1995

Efran, Jay S., Michael D. Lukens & Robert J. Lukens „Sprache, Struktur und Wandel. Bedeutungsrahmen der Psychotherapie", Dortmund: verlag modernes lernen, 1992

Grau, Uwe & Jürgen Hargens „Projektbericht: Systemische Gespräche in der Bewährungshilfe", Kiel-Meyn, Man. 1989

Grau, Uwe & Jürgen Hargens „Beratung von Politikern aus konstruktivistischer Sicht: Einige persönliche Erfahrungen", systeme 6(1): 67-77, 1991

Grau, Uwe & Jürgen Hargens „Metapher-Fragen. Ein Beispiel konstruktivistischer Praxis", Z.system.Ther. 10(2): 101-110, 1992

Grawe, Klaus, Ruth Donati & Friederike Bernauer „Psychotherapie im Wandel. Von der Profession zur Konfession", Göttingen-Bern-Toronto-Seattle: Hogrefe, 1994

Hargens, Jürgen „KundIn, KundigE, KundschafterIn – Gedanken zur Grundlegung eines „helfenden" Zugangs". Z.system.Ther. 11(1): 14-20, 1993a

Hargens, Jürgen „Haus und Wohnung der KundIn – Spielfeld oder Feindesland? Erste Reflexionen über Hausbesuche", Z.system.Ther. 11(4): 238-244, 1993b

Hargens, Jürgen „AutorInnen erfinden multiple Geschichten und nicht nur eine! Anmerkungen und Reflexionen zu einer Nachuntersuchung", sys-thema 8(3): 41-48, 1994b

Hargens, Jürgen & Stefanie Dieckmann „Von der Theorie zur Praxis und zurück. Sprache, Lösungen und Zeit oder: Wie kann ich das tun, was meine Theorie fordert?", Familiendynamik 19(1): 3-14, 1994

Hargens, Jürgen & Uwe Grau „Kooperieren, reflektieren, öffentlich machen. Skizze eines systemischen Ansatzes auf konstruktivistischer Basis", systeme 4(2): 151-155, 161-163, 1990

Hargens, Jürgen & Uwe Grau (in cooperation with Marilyn Leeds) „Cooperating, reflecting, making open and meta-dialogue – Outline of a systemic approach on constructivist grounds", A.N.Z.J.Fam.Ther. 15(2): 81-90, 1994a

HARGENS, Jürgen & Uwe GRAU „Meta-Dialogue", J. Contemporary Family Therapy 16(6): 451-462, 1994b

HOFFMAN, Lynn „Jenseits von Macht und Kontrolle. Auf dem Weg zu einer systemischen Familientherapie zweiter Ordnung", Z.system.Ther. 5(2): 76-93, 1987

HOFFMAN, Lynn „Therapeutische Konversationen. Von Macht und Kontrolle zur Zusammenarbeit in der Therapie", Dortmund: modernes lernen, 1995

MATURANA, Humberto R. „Erkennen: Die Organisation und Verkörperung von Wirklichkeit", Braunschweig-Wiesbaden: Vieweg, 1982

MENDEZ, Carmen Luz, Fernando CODDOU & Humberto R. MATURANA „The bringing forth of pathology", Irish Journal of Psychology, 9(1): 144-172, 1988

SELVINI-PALAZZOLI, Mara, Luigi BOSCOLO, Gianfranco CECCHIN & Giuliana PRATA „Das Problem des Zuweisenden", Z.system.Ther. 1(3): 11-20, 1983

SHOTTER, John „Cultural Politics of Everyday Life", Buckingham: Open University Press, 1993

STURM, Jochen & Manfred ZIELKE „`Chronisches Krankheitsverhalten`: Die klinische Entwicklung eines neuen Krankheitsparadigmas", PRAXIS der Klinischen Verhaltensmedizin und Rehabilitation 1(1): 17- 27, 1988

VON FOERSTER, Heinz „Über das Konstruieren von Wirklichkeiten", in: ders. „Sicht und Einsicht", Braunschweig-Wiesbaden: Vieweg, 1985

VON FOERSTER, Heinz „KybernEthik", Berlin: Merve, 1993

WALTER, John L. & Jane E. PELLER „Lösungs-orientierte Kurztherapie. Ein Lehr- und Lernbuch", Dortmund: modernes lernen, 1994

Suche nach Lösungen

Einige Handlungsvorschläge zu einer ressourcen-aktivierenden und systemisch-lösungs-orientierten Such(t)therapie

Wolfgang Eberling, Joachim Hesse, Birgit Gallenberger, Peter-A. Haegele, Peter Kruse, Boris Pavleković, Conrad Tönsing

I. Ressourcenorientierung und Lösungskonstruktion – Lösung vom Problem und eigendynamische Lösung als Ziel

Systemisch-lösungsorientiertes Denken und Handeln hat auch in einen Bereich Einzug gehalten, der lange Zeit als Bastion tiefenpsychologischer Theorie- und Therapiekonzepte galt: den sog. "Suchtbereich". Kostendruck, burn-out und Frustration über die permanente therapeutische Sysiphos-Arbeit können zu einem Teil erklären, warum diese Öffnung geschah und geschieht. Ein anderer Teil ist sicherlich darin zu suchen, daß der in vielen Gebieten der Psychologie schon spürbare Paradigmawechsel auch hier stattfindet (Herrmann 1976; Grawe et al. 1994; Schiepek 1991): Lineare Modelle werden von systemischen Erklärungs- und Handlungs-Modellen abgelöst. Besonders die Fortschritte der Theorien nicht-linearer dynamischer Systeme in den Naturwissenschaften (vgl. Haken 1991; Prigogine/Stengers 1981) haben unser Verständnis von selbstorganisierten Veränderungsprozessen entscheidend verändert, so daß wir das, was geniale Praktiker wie Erickson und Goolishian auf dem Hintergrund ihres Praxiswissens beschrieben haben, wissenschaftlich fundieren können: unter bestimmten Ausgangsbedingungen sind "menschliche Systeme" in der Lage, eigendynamisch Veränderungsprozesse durchzuführen und ohne "externen Ordner" neue Ordnungszustände anzunehmen d.h. ihre Selbstveränderungs-Potentiale zu aktivieren und selbstgesetzte Ziele zu erreichen. Die Untersuchung und Beschreibung dieser Selbstveränderungs-Potentiale und die Umsetzung der Selbstveränderungs-Fähigkeiten müssen deshalb stärker ins Blickfeld der Betrachtung und Aufmerksamkeit gerückt werden (vgl. Durrant 1995).

In der alltäglichen therapeutischen Arbeit drückt sich dies darin aus, daß vermehrt von der Aktivierung der Ressourcen statt von Defiziten geredet wird, Studien zum Selbstveränderungs-Potential von Klienten gesteigerte Beachtung finden (SHAFFER/JONES 1990; SOBELL et al. 1993) und immer mehr Behandlungseinrichtungen des stationären und ambulanten Bereichs systemisch-lösungsorientiert arbeiten oder arbeiten möchten[1]. Das professionelle Selbstverständnis der im Suchtbereich Tätigen und das Menschenbild des Klienten werden von diesem Wechsel grundlegend tangiert: statt zu „kontrollieren" oder/und nach der Art von wohlwollenden Pädagogen Klienten-Defizite zu kompensieren und Klienten „nachzusozialisieren" oder Therapie-Pläne (z.B. Stufenpläne) aufzustellen, die ein festes Ablaufschema für Veränderungsprozesse auf der Grundlage unseres Expertenwissens suggerieren, verstehen sich Therapeuten und Berater zunehmend als **Dienstleister des Klienten** im Sinne von „Moderatoren" und „Prozeßbegleitern" des Veränderungsprozesses, der maßgeblich vom Klienten selbst nach eigenen Zielvorgaben gestaltet wird. Das dieser Auffassung korrespondierende Menschenbild des Klienten ist das eines mit Fähigkeiten ausgestatteten Menschen, der prinzipiell viele Ressourcen in sich trägt und sich mit geeigneter professioneller Anregung selbst helfen kann. Der Kategorie **„Ressource"** kommt dabei eine zentrale und doppelte Bedeutung zu: sie bezeichnet zum einen das Fähigkeiten-Repertoire und -potential des Klienten und zum anderen die Art der ihm angebotenen Hilfeleistung im Kontext ambulanter und stationärer Behandlung.

Die Verbindung und das Zusammenspiel beider Aspekte zu betrachten, ist unser Anliegen.

Wir möchten im folgenden einige grundlegende und praxisbezogene Aspekte des systemisch-lösungsorientierten Vorgehens im Suchtbereich darstellen, in der Hoffnung, die Möglichkeiten zur Anregung der Eigendynamik von „Systemen" zu erhellen und konkrete Hinweise zum eigenen therapeutischen Tun zu Geben.

---

[1] Dies berichteten Praktiker im nationalen Rahmen auf den Forums-Veranstaltungen des NIK und im europäischen Rahmen bei den Arbeitstreffen der European Brief Therapy Association (EBTA).

II. Das Was und Warum: Was heißt systemisch-lösungs-orientiert? Und welches Ziel verfolgt sytemisch-lösungsorientiertes Arbeiten im Suchtbereich?

a) Das grundlegende Menschenbild: Betonung geistig-seelischer Gesundheit, nicht-normatives Vorgehen und konsequente klientenbestimmte Sichtweise

Bei einem lösungsorientierten Vorgehen werden die Scheinwerfer der Aufmerksamkeit auf die Ziele und die vorhandenen Ressourcen des Klienten gelenkt. Da davon ausgegangen wird, daß häufig Lösungen von Problemen unabhängig sind, so „daß es keine notwendige Beziehung zwischen den beiden geben muß" (MILLER/DE SHAZER 1991), werden mehr Informationen über **vergangene, gegenwärtige und zukünftige Lösungen** gesammelt als über Probleme. Es geht also nicht lediglich um die Lösung von Problemen i. S. eines Problemlösens, sondern um ein Anregen von Perspektiv- und Präferenzwechseln, so daß auf der Basis von reaktivierten Ressourcen, Lösungen entwickelt werden können. Häufig ergeben sich Lösungen, wenn man auf das schaut, was jemand kann bzw. auf das, was funktioniert.

Ein lösungsorientiertes Vorgehen innerhalb der Suchttherapie unterscheidet sich von der herkömmlichen Suchtarbeit dadurch, daß der Fokus der Aufmerksamkeit mehr auf der Förderung und dem Aufbau vorhandener Fähigkeiten und Stärken liegt, weniger auf der Problematisierung von Defiziten wie z. B. dem Suchtverhalten und seiner Erklärung aus sozialisationsbedingten Defiziten. Im Mittelpunkt der Therapie steht die Lösung im Sinne der Entwicklung eines attraktiven und zufriedenstellenden Lebenszusammenhangs für die Klienten und nicht die Sucht, ihre Entstehung und Aufrechterhaltung.

Es geht also weder um die Rekonstruktion der Problemgeschichte noch um das Konfrontieren mit unangenehmen „Wahrheiten" und schuldhaftem Verhalten, sondern um die Arbeit an der Erreichung und Aufrechterhaltung erreichbarer und realistischer Ziele, welche aus der Sucht herausführen und/oder an ihre Stelle treten.

Das Ziel der Therapie ist es, die Patienten zur Realisierung eines gesundheitsbezogenen Alltagshandelns anzuregen und zu befähigen. Dabei geht es darum, ein Grundgefühl des Vertrauens in die Beeinflußbarkeit eines sinnvollen eigenen Lebens-Zusammenhangs zu entwickeln.

Damit konzentriert sich die Therapie auf die „gesunden“ und ressourcehaften Anteile der Patienten, welche gefördert und gestärkt werden sollen. Gerade in der Suchttherapie kommt es darauf an, dem Patienten nicht etwas wegzunehmen oder ihm das eigentliche Ausmaß seiner Defizite aufzuzeigen, sondern ihm etwas zu geben, z. B. in Form alternativer zukünftiger Handlungs- und Lösungsmöglichkeiten oder in Form der Auseinandersetzung mit den vergangenen und aktuellen Stärken und Fähigkeiten, die zur Erreichung zukünftiger Ziel eingesetzt werden können. Die Kernfragen lauten deshalb: „Was wollen Sie anstelle des Trinkens tun?“ oder: „Wie wird Ihr Leben aussehen, wenn Ihre Probleme gelöst sein werden?“

Analog dem Vorgehen ERICKSONS sollen beim Klienten schon vorhandene Ressourcen wie Fertigkeiten, Wissen, Überzeugungen, Motivationen, soziales Netzwerk, kulturelle und persönliche Besonderheiten und soziale Umstände nutzbar gemacht und der Klient nicht nach vorab definierten Zielen „sozialisiert“ werden. Der lösungsorientierte Ansatz macht deshalb keine Annahmen über das wahre Wesen der Probleme und wie diesen mit vorab definierten Lösungsprogrammen zu begegnen wäre. Er orientiert sich an der konkreten Problem- und Zieldefinition der Klienten und rückt deren Glaubenssysteme und Zielsetzungen ins Zentrum der Therapie. Dies beinhaltet auch, daß auch von der Therapeuten-Auffassung abweichende Deutungen und Zielsetzungen zugelassen werden. Die Klienten werden nicht in eine bestehende Theorie eingepaßt, sondern die Theorie wird in den Dienst der Klienten gestellt (vgl. DE SHAZER 1989, 1990 a,b,1992 a,b,c)

b) Gegenwarts- und Zukunftsorientierung betonen den jetzigen und zukünftigen Nutzen und die Unvermeidbarkeit von Veränderung

Die lösungsorientierte Perspektive ist von Anfang an darum bemüht, Hoffnung auf Veränderung zu wecken und am Leben zu erhalten. Dies ist der Grund, warum die meisten Klienten in Therapie kommen. Anstatt eine grundlegende Analyse der Vergangenheit vorzunehmen und die Chronologie von Mißerfolgen detailliert zu erstellen, versucht sie konsequent, attraktivere Ziele und Lebensperspektiven mit den Klienten zu entwickeln. Die Botschaft, die vermittelt wird, ist die, daß jederzeit die Chance besteht, dem Leben eine Wende zu geben und daß beim Entwickeln von „lohnenswert**eren** Zielen“ genügend Motivation und Ressourcen freigesetzt werden können, diese auch zu erreichen.

Systemisch ist ein lösungsorientiertes Vorgehen insofern, als die entwickelten Lösungen auf den jeweiligen Lebenskontext (z.B. Lebenspartner, Kinder, Arbeitsplatz) zugeschnitten sein und sich dort **in der Gegenwart und Zukunft** bewähren müssen. Statt dem jeweiligen Sucht-Problem und den es begleitenden Problemen dadurch Nahrung zu geben, daß man sich auf sie konzentriert und nur sie lösen will, tut man etwas ganz anderes und schaut in die Richtung eines zufriedenstellend**eren** Lebensentwurfes. Vielfach lösen sich Probleme von alleine auf, wenn man aufhört, mehr desselben zu tun und davon abläßt, Problemen auf den Grund gehen oder sie lösen zu wollen. Durch Nutzung und Aktivierung vorhandener Ressourcen können dann weitere neue Perspektiven entstehen.

Das Team in Milwaukee hat die Erfahrung gemacht, daß Patienten häufig – entgegen den meisten therapeutischen Vorschriften und Gepflogenheiten – die Meisterung ihrer Probleme aus der Entwicklung zukunftsorientierter Ideen, erreichbaren Zielen und ihren damit in Verbindung stehenden Ressourcen herleiten und nicht aus Problemanalysen.

Veränderungen, so haben viele Studien gezeigt (SHAFFER/JONES 1990; SOBELL et al. 1993), finden auch ohne Zutun von Therapeuten statt. Wählt man nicht Abstinenz als einziges Kriterium für erfolgreiche Behandlung und läßt zum Beispiel auch moderates Trinken als Behandlungsziel zu (ISEBAERT 1994) [2], so zeigen Studien und klinische Erfahrungen sowohl im Bereich von Alkohol- als auch von Drogengebrauch, daß ein Großteil der Klienten neben einer Reduzierung des Suchtmittelgebrauchs nachhaltige Fortschritte in der Gestaltung ihrer sozialen Beziehungen wie den Erhalt eines Arbeitsplatzes, eines stabilen Freundeskreises oder zufriedenstellende Partner- und Familienbeziehungen berichten können. Selbst in den problematischsten Gruppen von Alkohol- und Drogenbenutzern gibt es immer Perioden von geringem oder keinem Suchtmittelgebrauch. Diese unausweichlich auftretenden Veränderungen zu nutzen, ist eine der kurztherapeutischen Kunstfertigkeiten. Dabei ist die **Kürze** der Therapie **ein Effekt dieses Vorgehens** und nicht das eigentliche Ziel (vgl. LIPCHIK 1994).

---

[2] So ist der Ansatz des sog. Brügger Modells, mündliche Mitteilung Dr. Luc ISEBAERT 1994.

c) Das Basiskonzept für das lösungsorientierte Veränderungsmanagement ist das des Kooperierens, nicht das des Widerstands.

Eine weitere Grundannahme besteht darin, daß Klienten grundsätzlich mit uns kooperieren, wenn auch in verschiedenen Formen. Nehmen wir die Zieldefinitionen der Klienten ernst und achten wir sorgfältig auf die Ressourcen, die Klienten haben, um diese zu erreichen, so erleben wir sehr häufig überaus kooperative Klienten. Laufen die Dinge jedoch nicht so, wie wir es gedacht oder uns gewünscht haben, so sind zuerst wir Therapeuten an der Reihe, uns zu fragen, ob unsere Vorgehensweisen – z.B. unsere therapeutische Aufgaben – angemessen und passend waren. Nicht der Klient leistet „Widerstand", sondern wir haben in unserem Vorgehen etwas übersehen oder unangemessen gehandelt. Kämpfe um die „richtige" und „falsche" Sichtweise, um „Motiviertheit" oder „fehlenden Leidensdruck", die häufig sehr viel Energie verschlingen, finden auf diese Weise nicht statt. Auch das kraftraubende Vorhaben, den vermeintlichen Widerstand jetzt brechen zu wollen, kann so vermieden werden. Statt dessen nehmen wir den Faden des therapeutischen Handelns auf der Ebene wieder auf, auf der der Klient uns seine Bereitschaft zur Mitarbeit signalisiert hat. Das Kooperieren in der therapeutischen Praxis zu verwirklichen, erfordert somit in erster Linie flexible Therapeuten!

III. Das Wie: Die Umsetzungen lösungsorientierter Handlungsimperative in der Behandlung von Suchtproblemen

Wir möchten im folgenden einige lösunsgorientierte Handlungsimperative aufführen, die Klienten helfen, ihre Ressourcen zu spüren und zur Entwicklung von Lösungen zu nutzen. Dabei ist der oberste Ansatzpunkt des lösungsorientierten Vorgehens, daß es sich bei Suchtproblemen um Schwierigkeiten handelt, die allen anderen Lebensproblemen prinzipiell ähnlich sind und auch mit vergleichbaren Mitteln gelöst werden können. Es besteht also kein besonderer Erklärungs- und Behandlungsbedarf für das Phänomen „Sucht" (Eberling 1989; 1994)

1. Grundregel: (Be-) Nutze konstruktive Fragentypen

Ziel der Befragung im lösungsorientierten Interview ist es, die Aufmerksamkeit auf die Stärken der Klienten zu richten. Ressourcen- und lösungsorientierte Therapeuten sind von Anfang an auf der Spur der

Veränderung. Oft berichten Klienten von Veränderungen – z.B. suchtmittelfreie Zeiten seit dem Anruf, mit dem sie sich zur Therapie anmeldeten oder seit dem Bewerbungsgespräch um einen Therapieplatz. Eine Möglichkeit, diese Veränderungen und die Ressourcen, die sie ermöglichten, in den Blickpunkt zu bekommen, liegt in der Verwendung bestimmter Fragetypen, die es erlauben, den Fokus auf konstruktiven Entwicklungen zu halten:

a) Mache Unterschiede und Fortschritte erfahrbar:
z.B. durch Skalierungsfragen.

Skalierungen erlauben uns, den Fortschritt von Veränderungen innerhalb und außerhalb der Therapie zu evaluieren. Sie liefern uns Anhaltspunkte, welche Ereignisse und Verhaltensweisen den Fortschritt aus der Sicht des Klienten oder wichtiger Bezugspersonen begleiten. Dies macht es sehr wahrscheinlich, daß die berichteten Dinge im Verhaltensrepertoire des Klienten und somit durch ihn initiierbar sind und es stimuliert den Klienten zugleich, darüber nachzudenken, welche nächsten Schritte in Richtung einer Lösung unternommen werden können. Natürlich fragen wir auch, was bei 10 sein wird oder bei der Zahl, bei der das Problem gelöst sein wird. Auf diese Weise entwirft sich der Klient nach und nach eine attraktiv**ere** Ziellandschaft, die neue Lebensperspektiven beinhaltet. Skalierungsfragen geben uns auch Auskunft über die momentane **Motivation und Bereitschaft** zu Veränderungen und die Zuversicht in sie.

Beispiele:

„Auf einer Skala von 1-10, wobei 1 bedeuten soll, daß die Dinge sehr schlecht waren – etwa zum Zeitpunkt Ihres Anrufs – und 10 den Zustand beschreibt, in dem Ihre Probleme gelöst sind, wo befinden Sie sich heute auf der Skala?“

Häufig berichten Klienten Werte, die höher als 1 sind, was bedeutet, daß in der Zwischenzeit schon Veränderungen und Fortschritte stattgefunden haben.

Wir fragen dann, wie Klienten das geschafft haben.

„Was ist jetzt anders als vorher?“

„Was würden andere sagen, wo Sie sind und was jetzt anders ist als vorher?“

„Woran werden Sie (und andere) merken, wenn Sie bei der nächsten Zahl sind?“

„Wie zuversichtlich sind Sie auf unserer Skala von 1-10, daß Sie die genannten Ziele erreichen können?"

„Wie motiviert sind Sie – wieder auf der selben Skala –, etwas zu unternehmen, um die gesetzen Ziele zu erreichen?"

b) Nutze Ausnahmen, denn kein Problem existiert ständig

Fragen nach Ausnahmen vom Problem oder nach sogenannten problemfreien Zeiten stellen einen weiteren Fragetyp dar, der Ressourcen zutage fördern kann. Häufig machen Klienten die Annahme, daß ihr Problem ständig da ist. Durch die starke Symptomzentrierung der Gespräche von Suchtberatern wird dies bestärkt. Erst auf gezieltes Nachfragen wird Klienten bewußt, daß es auch Zeiten gab, zu denen das Problem geringer oder ganz und gar nicht existierte. Gerade Klienten mit langer „Sucht"-Karriere weisen Zeiträume – variierend von Tagen, zu Wochen und Monaten – auf, in denen sie nicht getrunken oder Drogen gebraucht haben. Die Ausnahmefrage lautet beispielsweise:

„Gab es einmal eine Zeit, wo das Problem nicht da war oder sich in geringerem Maße zeigte?" „Wann war dies und was war dann anders?"

„Wie haben Sie dies gemacht?"

„Wie haben sich andere infolgedessen dann verhalten?"

Es gehört oft etwas Mut und Hartnäckigkeit dazu, auch kleinste und manchmal unbedeutend und trivial erscheinende Veränderungen zu akzeptieren und den Fokus danach auf den **problemfreien Zeiten** zu halten.

c) Rege die Phantasie deiner Klienten an, über Wunder nachzudenken

Die Wunderfage ist eine Möglichkeit, ungehindert über den Zustand zu phantasieren, der eintritt, wenn das Problem gelöst ist. Sie fokussiert auf einen möglichst konkret zu beschreibenden problemfreien Zustand und das Ziel der Therapie. Sie lautet wie folgt:

„Angenommen, es passiert nachts, während Sie schlafen, ein Wunder und die Probleme, deretwegen Sie gekommen sind, sind gelöst. Sie können es aber nicht wissen, daß dieses Wunder passiert ist, weil Sie ja geschlafen haben. Woran werden Sie und andere dies merken? Am selben Tag, in den nächsten Tagen und Wochen? Was wird dann anders sein in Ihrem Leben?"

Die Wunderfrage gibt uns Aufschluß über die Elemente, die den Zielzustand für den Klienten nach seinen eigenen Relevanzkriterien charakterisieren. Ihre Funktion ist primär die der Konstruktion von Zielen. Sie soll die Imagination der Klienten stimulieren, sie soll Bedürfnisse nach einer **attraktiveren** Zukunft wecken und dem Klienten wie dem Therapeuten gleichermaßen Informationen über Wünsche, Interessen und Bedürfnisse des Klienten liefern. Im Prozeß der Beantwortung der Wunderfrage erschaffen Therapeut und Klient erst gemeinsam ein Bild über die Zukunft, es wird sozusagen gemeinsam gemalt. In diesem Sinne handelt es sich nicht um eine Information, die nur abgerufen wird, sondern es ist ein schöpferischer Akt, in dem häufig zum ersten Mal Vorstellungen über Alternativen zum Suchtmittelgebrauch konkret entstehen. Das konsequente Verwenden der Wunderfrage beinhaltet aber auch, daß die Verantwortung für die Zielbestimmung von Anfang an den Klienten überlassen wird.

Im Gegensatz dazu können wir in der Praxis häufig beobachten, daß durch die scheinbar „ziellosen" Zustände in der Phase des Suchmittelgebrauchs („nasse Phase"/„drauf sein") enge Bezugspersonen aus dem Umfeld der Klienten das Bedürfnis entwickeln, **für die Klienten** Perspektiven oder Ziele zu setzen, denen diese dann nicht kongruent folgen wollen oder können.

Es handelt sich entweder um Ziele ohne ausreichend eigene Perspektiven oder um Ziele, die die Klienten überfordern oder unterfordern (zu große oder zu gering entwickelte Zielentwürfe).

Um etwas zu erreichen, müssen die Wünsche von Klienten selbst geäußert und in konkrete und erreichbare Handlungsziele übersetzt werden, so daß man sich für eigene Vorstellungen einsetzen kann. Allein durch eine realistische Zielsetzung – welche auch die „Ökologie der Lösungsstrategien" (WATZLAWICK 1993) beachtet –, kann so eine starke Zielbindung und Selbsteffizienz incl. der Zielressourcen erzeugt werden. Im Unterschied dazu kann eine zu geringe Zielausarbeitung dazu führen, daß man sich von Problemen vereinnahmen läßt und sich mehr daran als an eigenen Zielen orientiert. Solch eine „Problemtrance" (GILLIGAN 1991) kann dann zu einem sich verselbständigenden Verhalten führen, welches die Verfolgung eigener und übergeordneter Ziele ersetzen kann. Als Folge davon, kann die Verwirklichung ursprünglicher Ideen und Wünsche aus dem Auge verloren gehen.

Ein häufig genanntes Ziel in der Suchttherapie ist Suchtfreiheit bzw. Abstinenz. Um dies zu erreichen, ist es hilfreich, genau zu erfassen, was der Klient statt des Trinkens/oder Fixens tun will und im Leben erreichen möchte. Sowohl die Verwendung von Skalen (Skalenwert 10) oder der Wert für „das Problem ist gelöst“ als auch die Verwendung der „Wunderfrage“ helfen, eine für den Klienten attraktivere Ziellandschaft auszumalen. Um eine Anbindung von Zielen an Verhaltensmöglichkeiten der Klienten herzustellen, fragen wir z.B. dann, wann es in der jüngsten Zeit schon einmal ein bißchen so war, wie in der Anwort auf die Wunderfrage beschrieben wurde und stellen somit den Bezug zu gegenwärtigen **Referenzerfahrungen** her und holen somit das Wunder zurück in das Reich der Möglichkeiten.

Dabei müssen die Ziele des Patienten von den Zielen der Therapeuten und von Bezugspersonen aus dem jeweiligen Lebens-Kontext voneinander unterschieden werden, auch wenn sie in die Befragung in Form von zirkulären oder systemischen Fragen einbezogen werden sollten.

Zum Beispiel: Claudio

Claudio (Name wurde geändert), ein drogenabhängiger Klient, stellt nach einem mehrmonatigen Gefängnisaufenthalt aus der Haft heraus einen Antrag für eine stationäre Drogen-Therapie in einer kurzzeittherapeutisch orientierten Institution. Die Strafe wird unterbrochen und kann gegebenenfalls zur Bewährung ausgesetzt werden. Die Motivation zur Behandlung kann zu diesem Zeitpunkt recht unterschiedlich beurteilt werden: Einerseits ist Therapie als angenehmere Alternative zur Strafe (Knast) zu sehen; andererseits kann der Klient gerade auf den Hintergrund der Hafterfahrung seinen Entschluß entwickelt haben, seinem Leben eine Wende zu geben und er ist ernsthaft daran interessiert, wirklich etwas in Richtung Veränderung zu unternehmen.

Kurz nach seinem Therapiebeginn in der stationären und teilstationären Einrichtung bestand die Möglichkeit zu einem Konsultationsgespräch mit Steve de Shazer. Das Gespräch ergibt, daß er bis auf ein einziges Mal Heroin und Kokain in der Haft ferngebleiben ist, obwohl er in der Nachbarzelle alle Drogen hätte erhalten können. Sein Ziel war schon zu diesem Zeitpunkt, den Gebrauch harter Drogen aufzugeben. Lediglich den Gebrauch von Haschisch hat der Klient dort praktiziert. In der Anfangsphase der Therapie hat er begonnen, Ziele zu entwickeln, die einen besseren Umgang mit anderen Menschen ermöglichen sollen wie z.B. „offen im Kontakt mit anderen Personen sein“; „tiefere menschliche Beziehungen eingehen zu können“; “eine vertrauenswürdige Person zu werden”.

Da ihm die Behandlungs-Einrichtung Abstinenz vorgibt, ist diese Vorgabe klar, wird aber als Ziel vom Klienten geteilt. Unsicherheit herrscht bei ihm darüber, ob nicht der mögliche Gebrauch von Haschisch wieder den Weg zu härteren Drogen fördern könnte. Im Verlauf des Gespräches wird als Antwort auf die Wunderfrage deutlich, daß er seinen Schulabschluß (Abitur) nachholen und studieren möchte. Als Fernziel möchte er gerne wieder „Familie" haben.

Im 2. Gespräch mit de Shazer welches kurz nach Beendigung der stationären Therapie stattfindet, wird deutlich, daß der Klient begonnen hat, die Schule zu besuchen. Er lernt mit gutem Erfolg und unterstützt sogar Mitschüler in einigen Fächern. Sorge bereitet ihm, daß er wieder begonnen hat, Haschisch zu rauchen und auch gelegentlich zuviel Bier zu trinken und daß seine Eltern dies als Beginn eines Rückfalls in die Drogenabhängigkeit bewerten könnten. Im Gegensatz zu früher, als er unangenehmen Gesprächen darüber immer ausgewichen ist, will er sich dieses Mal aber mit den Eltern darüber unterhalten und sie überzeugen, daß das eine nichts mit dem anderen zu tun hat. Er ist weiterhin „clean" in bezug auf harte Drogen und arbeitet regelmäßig für seinen Lebensunterhalt, den er sich u.a. durch gemeinsames Arbeiten mit dem Vater verdient. Außerdem ist der Wunsch nach einer Freundin in ihm erwacht und es gibt erste „unsichere" Kontakte zu Mädchen.

Das 3. Gespräch mit de Shazer, welches 4 Monate später stattfindet, bestätigt, daß er weiterhin keine harten Drogen nimmt. Bier und Haschisch konsumiert er zwar, ist jedoch sehr davon überzeugt, daß dies nicht in die erneuete Abhängigkeit führen wird. Der Gebrauch ist sehr klar beschränkt, und er hat das Vertrauen der Eltern wiedererlangt, indem er weiterhin regelmäßig die Schule besucht, arbeitet und keine harten Drogen nimmt. Er entwickelt mehr und mehr Vorstellungen von einem Leben, für das es lohnt, sich zu engagieren.

De Shazer akzeptiert die Zielsetzungen des Klienten und hebt hervor, was der Klient zwischenzeitlich getan hat, um die Veränderungen zu bewirken; er fragt aber gleichzeitig immer konseqent nach den noch instabilen Bereichen und nach dem, was geschehen müßte, um den Klienten selbst und andere (frühere Freunde, die Eltern) zu überzeugen, daß sein Fortschritt anhält und er auf dem gewünschten Kurs bleibt. Er bespricht auch mit ihm, was aus seiner Sicht einen richtigen Rückfall darstellen würde und wie dies verhindert werden kann. Besonders die Zuversicht in das Anhalten einer positiven Änderung nimmt einen breiten Raum in den Gesprächen ein. Zum Abschluß jeder Sitzung werden anerkennende Kommentare gegeben, die das hervorheben, was der Klient erreicht hat und es wird das betont, was er weiterhin tun muß, um auf dem richtigen Kurs zu bleiben. Die Gespräche werden vom Klienten als sehr hilfreich erlebt, sie geben ihm Unterstützung und Orientierung zugleich.

Nachfolgende Skizze veranschaulicht den lösungsorientierten Gesprächsverlauf, der in der Zukunft beginnt, dann in einer Rückwärtsbewegung eine Verankerung in realen Erfahrungen der Vergangenheit und Gegenwart vornimmt, um sich dann wieder schrittweise zur Zukunft hinzubewegen.

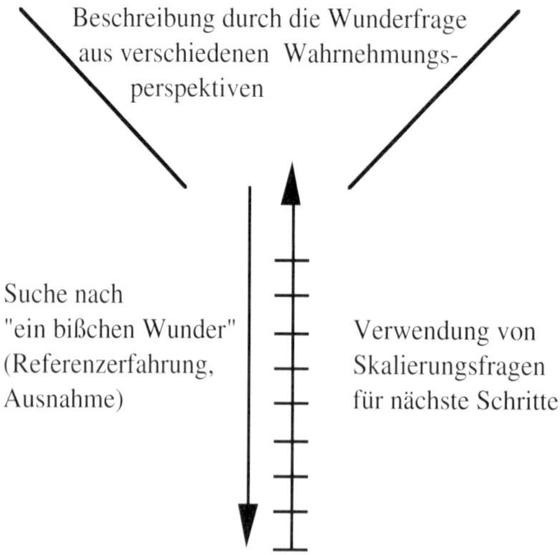

Strategien lösungsorientierter Zielfindung

Eigene und positive Ziele sollen somit der Reaktivierung des „Ressourcen-Selbst" (Stierlin 1994) und als eine Art „Leuchtfeuer für das Handeln" (Dörner 1993) dienen, d.h. Ziele werden zu einer Art „Orientierungslinie für Selbstregulation" (Schiepek 1991) im Alltag.

Lösungsorientierte Ziele beinhalten in der Regel eine Ausrichtung, die als stimmig und kongruent erfahren wird. Häufig geht mit der Erfragung solcher Ziele eine äußerlich sichtbare Veränderung im Ausdruck der Klienten – die sog. **Lösungsphysiologie** – einher. Dies wiederum trägt dazu bei, daß sich „progressive Narrative" (Miller/de Shazer 1991) entwickeln können, d. h. Lebens-Geschichten, aus denen geschlossen werden kann, daß sich die Betreffenden ihren Zielen nähern Organismisch verankerte Zielentwürfe, die auch praktikabel sind, können in ihrer Funktion als Wegweiser dabei behilflich sein, schrittweise in Richtung auf ein befriedigendes und erfülltes Leben zu gehen .

Zusammenfassend können wir folgende Kriterien benennen, die eine positive Zielformulierung stützen:

- Ziele sollen **bedeutsam für den Klienten** sein, damit er bereit ist, sich für ihre Erreichung einzusetzen.
- Ziele sollen **klein** sein, damit die Erreichbarkeit wahrscheinlich ist und damit auch der Erfolg.
- Ziele sollen so **konkret** wie möglich und **verhaltensbezogen** sein, damit sie für die Klienten konkret überprüfbar sind.
- Ziele sollen **realistisch und selbstinitiierbar sein,** damit sie mit den Mitteln der Klienten und innerhalb ihres Lebensrahmens erreichbar sind.
- Ziele sollen die **Anwesenheit von etwas** und nicht die Abwesenheit von etwas beschreiben, damit sich eine konkrete Orientierung hin zu Zielen bilden kann.
- Ziele sollen ein **Beginn von etwas** und nicht das Ende eines Problems beinhalten, damit die Verantwortung und Initiative in der Verfügbarkeit der Klienten verbleibt.
- Die Erreichung von Zielen sollte als **harte Arbeit bezeichnet** werden, da jede zu einfache Lösung wenig würdigend für die vielen Lösungsanstrengungen ist, die Klienten häufig schon unternommen haben und der Lohn für harte Arbeit als verdient empfunden wird.

d) Würdige die Schwere bestimmter Situationen durch Coping-Fragen

Dieser Fragetyp ist besonders angemessen, wenn eine chronische Problematik besteht oder das Problem vom Klienten als außerordentlich schwerwiegend und leidvoll empfunden wird. Coping-Fragen zielen dann darauf ab, die Energiequellen und Kraftpotentiale in den Blick zu rücken, die es dem Klienten bisher möglich gemacht haben, mit äußerst schwierigen Situationen umzugehen. Eine Coping-Frage kann wie folgt lauten:

Wie haben Sie es geschafft, mit all diesen Dingen fertig zu werden?

Woher haben Sie die Kraft dafür genommen?

Was hat Ihnen ermöglicht, solange an Ihrem Veränderungswunsch festzuhalten?

Ziel ist es, auch diese schwierige Bedingungen mit der Anwendung von Ressourcen in Verbindung zu bringen. Manchmal ist es sogar hilfreich, folgende Frage zu stellen:

Wie haben Sie es geschafft, daß es nicht noch schlechter wurde?

Andere hätten in Ihrer Situation schon lange die Hoffnung aufgegeben, woher schöpfen Sie immer wieder Hoffnung?

2. Grundregel: Betone jedes Anzeichen von Normalisierung, weite Veränderungen und Erfolge aus und bestärke sie

Häufig werden Veränderungen von Kienten sehr beiläufig berichtet. Die Aufgabe des Therapeuten besteht dann darin, diese Veränderungen zu verdeutlichen und auch kleinste Veränderungen zu betonen. Dies kann durch Wiederholung des Berichteten geschehen wie z.B. "Sie haben also dieses Mal so reagiert." Oder: "Das hört sich irgendwie anders an als sonst." "Das scheint neu zu sein". "Ist das neu oder passiert dies sonst eher selten?"

Um dann zu fragen: "Wie haben Sie das geschafft?"

Während der Sitzung oder besonders am Ende jeder Sitzung macht der Therapeut Komplimente für das Erreichte. Er kann das Erreichte und die gezeigten Stärken auch durch Aufgaben bekräftigen wie z.B.: „Beobachten Sie, wie Sie es weiterhin schaffen, dies zu tun." Oder: „Beobachten Sie, wem in der Familie es am meisten gelingt, dies wiederum zu tun."

Eine besondere Form des Bestärkens ist das sogenannte **„Cheerleading"**. Dabei drückt der Therapeut seine Anerkennung und sein Erstauen darüber aus, daß der Klient etwas Bestimmtes erreicht hat. Das Cheerleading sollte in einer für den Therapeuten stimmigen Form geäußert werden. Es kann sich wie folgt anhören:

„Das ist ja kaum zu glauben. Sie haben dies getan?" "Das haben Sie wirklich vollbracht !?!"

Auch ein Händedruck zum Zeichen der Gratulation für die vollbrachte Leistung kann als Cheerleading wirken. Sein Sinn ist vor allem, das Gespräch über Erfolge des Klienten zu unterstützen und in Gang zu halten und durch emotionale Elemente (Stimmwechsel, veränderter

Gesichtsausdruck) die Anerkennung durch den Therapeuten zu verdeutlichen (vgl. DREESEN/EBERLING, in diesem Band).

Wie das Cheerleading so dient auch eine gewisse wohlwollende Hartnäckigkeit durchaus dazu, das Reden über Lösungen in Gang zu halten und das Zurückgleiten in das problemorientierte Gespräch zu verhindern. Das Verfassen von Dokumenten und das Dokumentieren in der Stunde sowie das Führen von Erfolgstagebüchern in stationären Kontexten unterstützen die Wahrnehmung von Erfolgen und Veränderungen und erzeugen eine Depotwirkung.

Das Vorgehen in den Anschlußsitzungen ist dadurch gekennzeichnet, daß der Fokus auf dem bisher Erreichten und seiner Ausweitung gehalten werden soll. Dem Gesprächsbeginn kommt deswegen besondere Bedeutung zu. Anstatt mit offen Formulierungen zu beginnen wie:

“Worüber wollen wir heute reden?” Oder: “Wie ist es Ihnen in der Zwischenzeit ergangen?”

beginnen die Folgesitzungen innerhalb des lösungsorientierten Vorgehens meist mit folgenden Fragen:

„Was ist bessser?“

„Was ist weiterhin gut gelaufen?

“Was ist zwischenzeitlich passiert, von dem Sie denken, daß es Sie Ihrem Ziel näher bringt?“

„Wie haben Sie dies gemacht?

Berichtet der Klient über das Fortbestehen der Besserungen, so dient die kleine Frage:

„Was noch?“

dazu, über weitere Besserungen in anderen Bereichen nachzudenken. Diese Fragen haben hohen Aufforderungscharakter und bewegen den Klienten zur Fortsetzung der Suche nach Ereignissen, die gut waren und besser liefen. Durch mehrfaches Wiederholen und Aufzählen kann der Therapeut ein Bewußtsein dafür schaffen, was schon alles an Veränderungen passiert ist. Auch die „Dokumentation“ des Erreichten auf einer Flip-Chart kann sehr nachhaltig den Erfolg vor Augen führen. Häufig schreiben Klienten dies auch mit und sind zusehends stolz auf „ihre“ Ergebnisse.

Durch Komplimente – sei es in der Form des Cheerleading und/oder als Abschlußkommentar – kann besonders auf die Fülle des Erreichten hingewiesen und die Fortschritte in Richtung Normalisierung betont werden. Kleine Äußerungen wie: „Das hört sich für uns schon sehr normal und sebstverständlich an." Oder: „Dies gleicht sehr dem, was wir normalerweise nach der Wende zum Besseren berichtet bekommen", dienen der Bestärkung der Besserung und der Betonung von Normalität.

3. Grundregel: Behandele Rückfälle als Vorfälle – Nutze sie als Lernprozeß

Ein Großteil der therapeutisch-praktischen Arbeit im Suchtbereich ist mit der Auseinandersetzung mit sog. "Rückfällen" verbunden. Häufig werden Rückfälle im Sinne einer entweder-oder-Haltung als Ausdruck einer gänzlich gescheiterten Therapie gesehen. Gemäß der Maxime vieler Spiele heißt die Botschaft: Zurück auf los – nochmals ganz von vorne beginnen. Die Studien über Selbst-Veränderer und auch sekundäranalytische Studien der Rückfall-Literatur (z.B. Körkel/Lauer 1988) zeigen jedoch gleichermaßen, daß der zeitweilige Gebrauch von Suchtmitteln Teil des Veränderungsprozesses sein kann und eher als „normal" anzusehen ist. Um so größer ist dann die Bedeutung, die Therapeut und Klient diesem Ereignis beimessen und wie sie mit ihm umgehen. Bei einem lösungsorientierten Vorgehen wird deshalb darauf geachtet und untersucht, wie es jemand geschafft hat, wieder aufzuhören, so daß der Vor-fall bzw. Rück-fall vorüber ist.

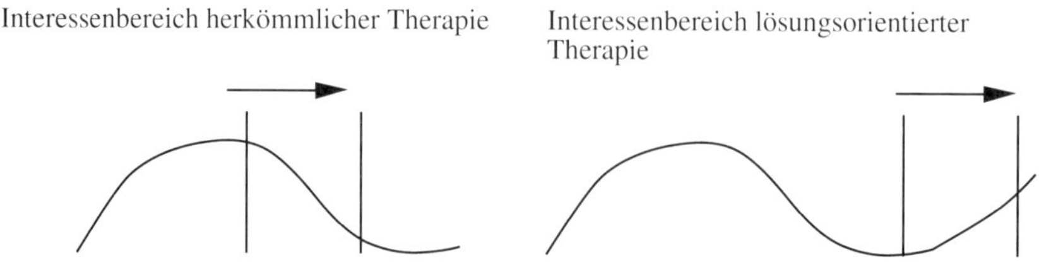

So wird die Aufmerksamkeit darauf fokussiert, was jemand getan hat, um z. B. mit dem Trinken oder Fixen aufzuhören. Es wird außerdem danach gefragt, welche konkreten Anlässe es gegeben hat oder welche Ziele trotz des Vor-Falls weiterhin aufrechterhalten werden konnten. Anstatt sich in die Logik eines gänzlichen Mißlingens zu begeben, betrachten wir sehr differenziert sowohl mögliche Motive, sich so zu verhalten als auch die Aktivierung von Ressourcen, die wieder aus dieser

Krise geführt haben bzw. die Anwendung der Ressourcen, die auch ein Weiterverfolgen anderer wichtiger Ziele wie z.B. Beibehaltung des Arbeitsplatzes oder wichtiger sozialer Beziehungen ermöglicht haben.

Einige Beispiele von lösungsorientierten Fragemöglichkeiten sind die Folgenden:

- „Wie haben Sie es geschafft, wieder mit dem Trinken/Fixen etc. aufzuhören und was hat Ihnen dabei geholfen?"
- „Wobei hat Ihnen das Trinken/Fixen etc. kurzfristig geholfen? Welche Ressourcen entwickelten Sie mit Hilfe des Trinkens etc. und auf welche andere Weise könnten Sie sich diese Ressourcen verschaffen?"
- „Angenommen, Sie wollen mit Ihrem Trinken etc. jemandem etwas mitteilen, wie anders könnten Sie diese Botschaft senden und welche Mitteilung würden Sie dann an wen machen?"
- „Angenommen, das Trinken etc. war eine Methode bzw. Ehrenrunde, um sich selbst daran zu erinnern, daß Sie immer noch Probleme zu lösen haben, welche anderen Mittel und Wege haben Sie, um sich daran auf eine andere Art zu erinnern?
- „Wie hat Ihnen das, was Sie sich in der Therapie erarbeitet haben, dabei geholfen, wieder auf den rechten Kurs zu kommen?"
- „Worin unterscheidet sich dieser Vorfall von ähnlichen Situationen zuvor?"
- „Was haben Sie für die Zukunft aus diesen Ereignissen gelernt?"
- „Worauf hat Sie dies noch hinweisen wollen? Was müßte noch gelernt werden, damit Sie für zukünftige schwierige Situationen gerüstet sind?"
- „Was wollen und werden Sie als Resultat dieser Dinge jetzt anders machen und was ist der erste kleine Schritt in diese Richtung?"

Das Beispiel Paul:
institutionelle Möglichkeiten schaffen, mit „Rückfällen" konstruktiv umzugehen

Paul ist ein 33-jähriger Mann, der vor 6 Jahren bereits eine stationäre Drogentherapie absolviert hatte. Nachdem die Beziehung mit seiner Lebenspartnerin, mit der er eine gemeinsame Tochter hat, schief gegangen war und er seine Arbeit verloren hatte, kam es immer wieder zu

Drogengebrauch. Eine neue Partnerschaft und ein gemeinsames Kind konnten nur zwischenzeitliche Stabiliserung bringen und das Scheitern einer geplanten Umschulungsmaßnahme führt wiederum zum Drogengebrauch. Paul hatte in den vergangen Jahren Kontakt zu seiner Therapieeinrichtung gehalten und in kleinen Krisen durch klärende Gespräche immer wieder den gewünschten Kurs aufnehmen können. Er bittet dieses Mal um stationäre Aufnahme in das Kurztherapie-Programm[3] der Institution, da er seine Partnerschaft erneut gefährdet sieht und Angst hat, die Dinge nicht ganz alleine regeln zu können. Seine Ziele sind zu Behandlungsbeginn besonders darauf ausgerichtet, die mittelfristige Orientierung an der Arbeit, an einer Wohnung und einer stabilen Beziehung beizubehalten und sich nicht von Gefühlsausbrüchen das Erreichte zu zerstören.

Paul nimmt neben den üblichen stationären Therapieangeboten besonders Paargespräche mit seiner neuen Lebenspartnerin Andrea wahr. Er lernt, ihr gegenüber seine Wünsche zu artikulieren und sich auch abzugrenzen, ohne zur Droge zu greifen und es gelingt ihm, verlorenes Vertrauen zurückzugewinnen.

Er findet Freunde, mit denen er alleine sportlichen Betätigungen nachgehen kann, ohne gegenüber seiner Partnerin ein schlechtes Gewissen zu haben.

Mit seiner Partnerin besucht er einen Tanzkurs und beide planen, einen Abend der Woche zu "ihrem Abend" zu machen. Paul nimmt Kontakt zum Arbeitsamt auf und erreicht, daß er wieder in eine Umschulungsmaßnahme aufgenommen wird. Einer beruflichen Neuorientierung sieht er mit Zuversicht entgegen.

Nach dreimonatigem stationären Aufenthalt wird Paul entlassen und sowohl Paul als auch Andrea sind zuversichtlich, daß sie zurechtkommen.

Pauls Beispiel zeigt deutlich, daß durch relativ kurzfristige Unterstützung kritische Phasen überbrückt und bewältigt werden können. In seinem Fall konnte sowohl auf früher Gelerntes zurückgegriffen werden als auch durch die intensive Einbeziehung der Partnerin Ressourcen für das gesamte Bezugssystem aktiviert werden.

---

[3] Dies ist eine Möglichkeit, die die Therapeutische Gemeinschaft Nettetal bietet.

4. Grundregel: Suche nach Möglichkeiten zu kooperieren

a) Formen lösungsorientierter Beziehungsgestaltung

Im lösungsorientierten Ansatz verwenden wir große Sorgfalt darauf zu untersuchen, welche Ziele ein Klient zu dem Zeitpunkt hat, zu dem er vor uns im Beratungsgespräch sitzt. Gerade im Suchtbereich hat es sich als wichtig erwiesen, auf die Klienten-Motive zur Behandlung genauestens zu achten. Keinesfalls steht bei allen Klienten am Anfang, daß sie mit dem Trinken oder Drogengebrauch aufhören wollen. Ihr primäres Motiv ergibt sich häufig auf Fragen der folgenden Art:

Kommt er/sie auf Drängen eines Familienangehörigen, der mit Scheidung droht?

Kommt er, weil der Arbeitgeber Druck macht und der Verlust des Arbeitsplatzes droht?

Bewahrt die Therapie vor Strafe, die – wie in unserem obigen Fallbeispiel – zur Bewährung ausgesetzt werden kann, solange er an Therapie teilnimmt?

Ist das Ziel moderates Trinken oder Abstinenz?

Inwieweit sieht sich der Klient in die Problematik einbezogen (ist es „sein Problem"?) oder wieweit glaubt er selbst, zur Lösung des Problems beitragen zu können oder zu müssen?

Wir unterscheiden im lösungsorientierten Ansatz drei Typisierungen von Therapeut-Klient-Beziehungen:

- Kunden
- Klagende
- Besucher

Durch sie soll eine Reflexion darüber ermöglicht werden, wie die Beziehung zwischen Therapeut und Klient in einer aktuellen Situation ist und welches Vorgehen entsprechend der gegenwärtigen Beziehung zwischen beiden angemessen erscheint. Da sich Beziehungen entwickeln und verändern können, ist es selbstverständlich, daß auch die Einordnung der Therapeut-Klient-Beziehung zu verschiedenen Zeitpunkten unterschiedlich sein kann.

Ein **Kunde** ist jemand, der eine Beschwerde hat und bereit ist, Schritte zur Lösung des Problems zu unternehmen. Er sieht sich selbst als Teil des Problems und der Lösung. Kunden sind meist sehr motiviert, etwas zu tun, so daß man ihnen sehr direkt alle Typen von Aufgaben stellen kann.

Ein **Klagender** ist jemand, der eine Beschwerde über etwas hat, er sieht sich aber nicht als Teil des Problems und auch nicht als Teil der Lösung. Meist kommt er mit der Vorstellung, daß eine andere Person sich ändern müsse. Im Konzept des sogenannten ko-abhängigen Verhaltens wird dieser Typus von Therapeut-Klient-Beziehung angesprochen: ein besorgter Ehepartner oder Arbeitskollege und manchmal sogar ein Berater kann diesem Typus entsprechen. Vielfach werden diese Menschen, die sich besorgt zeigen, von Beratern und Therapeuten damit verschreckt, daß sie auf die Anteile hingewiesen werden, die sie an der Entstehung und Aufrechterhaltung des Problems haben. Der mehr oder weniger offene Schuldvorwurf führt dann meist zu einem Rückzug oder zu unnötigen Kämpfen mit den Therapeuten und Beratern.

Einem Klagenden sind auf jeden Fall Komplimente für seine Motive wie z.B. die Sorge, das Engagement oder dic Entschlossenheit, den Dingen eine Wende zu gehen, zu machen. Der Umgang sollte auf jeden Fall sehr respektvoll unhd anerkennend sein. Sollte der "eigentliche Klient" nicht bereit sein, zur Therapie zu kommen, so kann man dem Klagenden "Gespräche" anbieten, um mit ihm Umgangsmöglichkeiten mit der Problematik zu erörtern. Klagende können selbst zu Kunden werden, wenn sie z.B. als Ehepartner entschlossen sind, Dinge zu ändern und durchaus bei sich Einflußmöglichkeiten auf das Problem – auch die andere Person – sehen. Sind sie jedoch noch eindeutig im Stadium des Klagenden, so sind allenfalls Aufgaben zum Nachdenken und Beobachten angemessen.

Ein **Besucher** ist jemand, der im Auftrag von Dritten (Arbeitgeber, Ehepartner, Gericht, Hausarzt) kommt. Er folgt einer Auflage, Aufforderung oder Empfehlung, sieht aber selbst in seinem Verhalten und in seiner Person kein Problem. Diesen Typus von Klient-Therapeut-Beziehung finden wir sehr häufig im Suchtbereich.

Ziel gegenüber einem Besucher ist es, in der Sitzung herauszufinden, was er will und was er freiwillig zu tun bereit ist (Berg/Miller 1993). Wir vermeiden auf alle Fälle, ihm zu sagen, was er unserer Meinung nach tun sollte und reden mit ihm z.B. über Erklärungen, die er dafür hat, daß andere ihn zu uns geschickt haben, fragen nach deren Perspektiven und Meinungen und zu seiner Einstellung dazu. Wir reden häufig auch darüber, was passieren würde, wenn er nicht zu den Gesprächen kommen wird (bei Gerichtsauflagen, bei Druck durch den Arbeitgeber). Wird erkennbar, daß er etwa seinen Arbeitsplatz behalten möchte, so haben wir vielleicht einen gemeinsamen Bezugspunkt. Wir reden dann darüber, was er tun kann, um seinen Arbeitsplatz zu behalten. Dies kann einschließen, daß er mit den Drogen aufhört, kann aber auch heißen, daß er nur im Betrieb keine Drogen benutzt.

Generelle Aufgabe ist es, uns Klarheit zu verschaffen, was der Klient sich von den Gesprächen erhofft und realiserbare Ziele zu erarbeiten. Unsere Haltung ist auch hier gekennzeichnet vom Respekt seiner Selbständigkeit gegenüber.

Auf jeden Fall werden wir dem Besucher Komplimente machen und auch kleinste Dinge erwähnen, wie z.B. daß er gekommen ist, obwohl es nicht seine Idee war. Positiv können wir auch sein Ziel erwähnen, Schwierigkeiten zu vermeiden (mit dem Arbeitgeber, mit dem Gericht, mit der Ehefrau). Es empfiehlt sich nicht, einem Besucher Aufgaben anzubieten, sondern lediglich einen Termin zur weiteren Klärung. Auch die Kontaktaufnahme zur überweisenden Person kann sinnvoll sein, sollte aber im Einverständnis mit dem Besucher erfolgen.

Unsere Erfahrungen mit diesem Vorgehen sind sehr positiv, da dieser Umgang den Klienten in seiner Eigenständigkeit und Eigenverantwortung ernstnimmt, ihm nicht vorschnell ein stigmatisierendes Etikett aufklebt. Häufig werden Besucher schon in der nächsten Sitzung zu Klagenden oder gar Kunden.

b) Verwendung von Aufgaben

Eine der wichtigsten Aufgaben im lösungsorientierten Vorgehen besteht in der Aufrechterhaltung der Lösungs- und Ressourcenorientierung zwischen den einzelnen Sitzungen. Es kann durchaus sein, daß Klienten in den Sitzungen sehr wohl über positive Veränderungen berichten können, daß sie aber im alltäglichen Kontext wieder in das alte Beschwerdemuster verfallen. Um dem vorzubeugen und um die begonnene Neuorientierung in Gang zu halten, werden verschiedene Typen von Aufgaben benutzt (vgl. Berg 1992; Walter/Peller 1994).

Vorbereitend zu jeder Aufgabe werden **Komplimente** erteilt. Komplimente sind zwar Teil des "Abschlußrituals" im lösungsorientierten Vorgehen am Ende jeder Sitzung und insofern ein fester Bestandteil des Vorgehens, sie haben aber den Sinn, nochmals das zu würdigen, was von den Klienten an Fortschritten gemacht wurde. Sie greifen deshalb immer auf das zurück, was Klienten konkret berichtet haben. Sie sind auch durchaus als Botschaft gemeint in dem Sinn, daß es immer etwas an anerkennenswerten Dingen in unserem Leben zu entdecken gibt, wir aber allzu häufig unsere Aufmerksamkeit auf die Dinge lenken, die schief laufen. Gegenüber dieser negativen Selektivität, die unsere Assoziationen ständig in Richtung von Problemen drängen und somit eine Art „Problemhypnose" induzieren, wie Hypnotherapeuten dies ausdrükken, in der der Blick für vorhandenen Ressourcen verstellt wird, soll ein **positives Assoziationsnetz** ermöglicht und in der Erinnerung der Klienten bewußter repräsentiert werden.

Aufgaben richten sich nach der Bereitschaft der Klienten, mit uns in Richtung der definierten Ziele zu kooperieren. Der jeweils aktuelle Stand der Therapeut-Klient-Beziehung ist deshalb besonders wichtig für das Stellen von Aufgaben.

Ein Aufgabentypus ist das **Nachdenken** über etwas. Dies ist leicht zu machen und deshalb ist es realistisch, daß die Aufgabe erfolgreich befolgt wird. So kann der Klient z.B. darüber nachdenken, was er in seinem Leben beibehalten möchte, was in der Zeit bis zur nächsten Sitzung gut läuft oder wie er es manchmal geschafft hat, "nein" zum Alkohol oder der Droge zu sagen.

Eine weitere Aufgabe kann im **Beobachten** von etwas bestehen, z.B. den eingesetzten Ressourcen, die zu einer Ausweitung von Ausnahmen, zum Nicht-Auftreten eines Symptoms etc. führen oder es kann sich auf die Beobachtung der Folgen beziehen, die ein verringerter Alkohol- oder Drogengebrauch auf das Beziehungsumfeld hat.

Der Typus der **Vorhersage** als Aufgabe wird häufig mit einer Beobachtung kombiniert. So soll z.B. der Klient vorhersagen, ob die nächsten Tage gute oder weniger gute Tage werden. Er kann dazu die Skalierung von 1-10 benutzen. Durch die Kombination von Vorhersage und Beobachten erlangt er Kenntnis davon, was zur jeweiligen Befindlichkeit beitrug und was er machen kann, um die Dinge zu verbessern. In der Sitzung werden die Ergebnisse und Beobachtungen besprochen. Dieser Aufgabentyp hilft, die Wahrnehmung für die Beeinflußbarkeit von bestimmten Ereignissen und Verhaltensweisen zu schärfen.

Die **So-tun-als-ob-Aufgabe** kann z.B. in der Form gestellt werden, daß man die Klienten auffordert, so zu tun, als ob das Wunder bereits passiert wäre oder so zu tun, als ob sie etwas Bestimmtes tun könnten. In diesem spielerischen Rahmen ist es möglich, bestimmte Dinge auszuprobieren und die Erfahrung beim so-tun-als-ob überzeugt Klienten sehr häufig, daß sie die Dinge, die sie dort getan haben, auch "wirklich" tun können.

Handlungsaufgaben sind dann angezeigt, wenn Klienten bereit sind, etwas zur Besserung zu unternehmen und wenn klar geworden ist, welche Dinge zum Ziel führen können.Das Tun dieser Dinge in der Zwischenzeit dient der Überprüfung, ob sich diese Dinge wirklich im Alltag bewähren und die gewünschten Effekte haben.

IV. Weitere lösungsorientierte Behandlungsmöglichkeiten im Rahmen der stationären Behandlung

a) Gruppentherapie

Die Möglichkeiten lösungsorientierten Vorgehens sind im Kontext stationärer Behandlung vielfältig. Neben den oben beschriebenen grundsätzlichen Strategien, die in einem jeden Einzel-, Paar- oder Familiengesprächs-Setting realisiert werden können, bietet es sich an, die traditionellen Behandlungsformen in der Sucht-Therapie zu nutzen, um lösungsorientiert vorzugehen. Eines der wichtigsten Settings stellt deswegen die **Gruppentherapie** dar.

Ziel der Gruppentherapie ist es, die Gruppe als einen Kontext so zu gestalten, daß sich deren Mitglieder wechselseitig dazu einladen, auf die Ressourcenbereiche zu fokussieren, welche sie für ihre Lösungen brauchen. Die Gruppe kann auf diese Weise den wechselseitigen Austausch positiver Bewältigungsstrategien organisieren, sie kann als kreatives Potential zur Lösungssuche genutzt werden und als aufmunterndes Unterstützungs-System. Dadurch, daß alle Gruppenmitglieder potentiell ähnliche Erfahrungen gemacht haben, entsteht oft ein Verhältnis gegenseitigen Vertrauens, in dem die Mitglieder der Gruppe vom Modell des anderen profitieren können. Wichtig ist dabei , daß die Gruppentherapeuten durch konsequent lösungsorientiertes Vorgehen für ein positives Gruppenklima sorgen, indem die Gruppe als Ressource erfahren werden kann. Häufig befinden sich Gruppenmitglieder in unterschiedlichen Phasen des Lösungsprozesses, so daß andere Mitglieder wie in einem zukunftsgerichteten Film einen Einblick in bestimmte zu erwartende Aufgabenbereiche bekommen und sie am Gruppenmitglied vorwegnehmend bearbeiten können. Die Gruppe selbst kann sich auch zum Thema machen und in der Bearbeitung ihrer eigenen Themen und Konflikte Möglichkeiten bieten, als Modell-Situation für andere soziale

Situationen zu fungieren und somit Lösungsverhalten konkret einzuüben.

Insgesamt stehen in der Gruppentherapie nach HESSE (1995) drei Bereiche im Vordergrund:

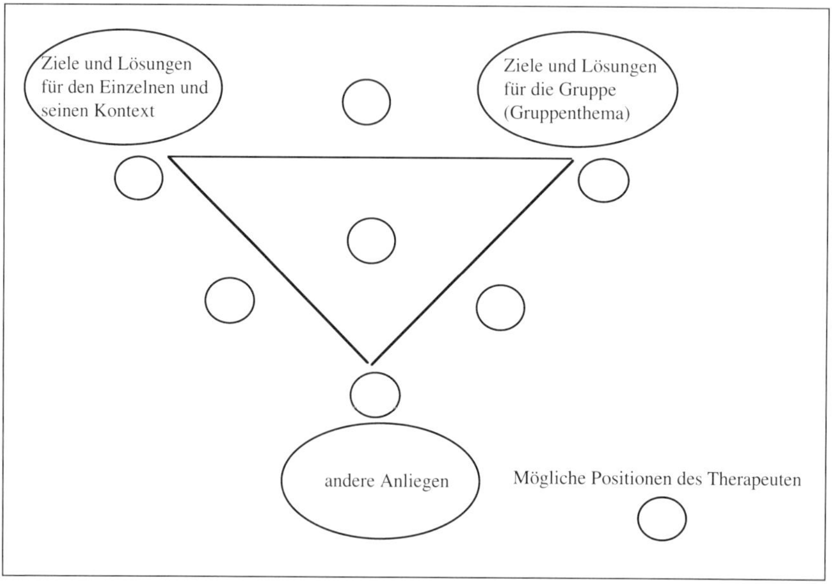

Durch ein lösungsausgerichtetes Fragen entsteht in der Gruppe ein Klima zielorientierter und aufgabenbezogener Auseinandersetzung. Die Gruppe bietet damit nicht nur einen Lösungsraum für Situationen außerhalb der Therapie, sondern ebenso einen konkreten sozialen Aufgabenraum während der stationären Behandlung. Indem der Therapeut z. B. durch „zirkuläre Fragen" (d. h. hypothetische Fragen über andere in deren Anwesenheit) die Interaktion zwischen den Gruppenmitgliedern fördert, werden dadurch auch Gruppenprozesse ausgelöst, die ablaufen werden, wenn die jeweiligen Probleme gelöst sind. Dadurch wird die jeweilige Selbstlernfähigkeit trainiert und die Voraussetzung geschaffen für selbsteffizientes Handeln bzw. für das Zutrauen, etwas anderes tun zu können als zu trinken oder anderer Suchtmittelgebrauch (vgl. HESSE 1994)

b) Lösungsorientiertes Aufnahmegespräch und lösungsorientierte Visite

In einigen Kliniken zeichnet sich die Tendenz ab, lösungsorientiertes Vorgehen in den Alltags-Ritualen innerhalb verschiedenen Phasen des Klinikaufenthaltes zu nutzen. So findet in einer Klinik[4] das bisherige Aufnahmegespräch in Anwesenheit aller betreuenden Klinikmitarbeiter statt. Es fokussiert besonders auf die Zeiten, in denen Klienten keine Suchtmittel gebraucht haben und befaßt sich mit Ausnahmen und den persönlichen Ressourcen, die den Klienten geholfen haben, diese problemfreien Zeiträume zustande zu bekommen. Die Bezugstherapeuten auf den Stationen können im Folgenden an diesem Fokus anknüpfen und mit den Klienten den Dialog über Ressourcen systematisch ausbauen. In einer stationären Einrichtung für junge Drogenabhängige [5] enthält der Anamnesebogen eine Fülle von Fragen, die auf Ressourcen der Klienten abstellen wie z.B.:

> Wie hast du es vermieden, schon früher abhängig zu werden?
>
> Wie hast du es geschafft, von anderen Drogen, die du probiert hast, nicht abhängig zu werden?
>
> Gab es etwas Positives in Verbindung mit deinem Drogenkonsum?
>
> Aus welchen Situationen deines Lebens hast du am meisten gelernt?
>
> Gibt es schwierige Situationen in deinem Leben, die du erfolgreich bewältigt und gelöst hast?
>
> Welche deiner Stärken/Fähigkeiten hast du dazu eingesetzt?
>
> Welches sind deine Lieblingsbeschäftigungen?
>
> In welchen Fächern warst du am besten in der Schule?
>
> Welches waren/sind deine wichtigsten Freundschaften?
>
> Welche Therapievoraussetzuungen kannst du problemlos einhalten?

Diese Fragen dienen den Bezugstherapeuten als Basisinformation, um in den ersten Therapiegesprächen und für die weitere Therapieplanung immer wieder auf Stärken der Klienten zurückgreifen zu können. Auch

---

4 Dies ist die Praxis an der Bernhard Salzmann Klinik, Gütersloh

5 Steps Therapiezentrum Bremen

kann in der therapeutischen Einzel- und Gruppenarbeit unter Verwendung von schriftlichen und visuellen Materialien (Tagebücher, Entwicklungsbericht, Ressourcen-Poster o.ä.) der Fokus auf diesen persönlichen Stärken gehalten werden. Die Visite eignet sich außerdem hervorragend, dem Klienten seine Wahrnehmung über Fortschritte zu kommunizieren. Dabei kann sogar von der Möglichkeit eines Team-Splittings Gebrauch gemacht werden, indem der Arzt die eher optimistische Seite vertritt und die Fortschritte betont, während der Bezugs- oder Gruppentherapeut eine eher moderate Haltung inbezug auf den Fortschritt des Klienten einnehmen kann[6].

Wichtig ist es im stationären Kontext, daß eine gemeinsame Grundausrichtung der beteiligten Behandler besteht und alle an einem Strang in die gleiche Richtung ziehen, wenn auch mit durchaus unterschiedlichen Mitteln (Einzelgespräch, Paar- oder Familiengespräch, Gruppentherapie).

V. Lösungsorientiertes Vorgehen als Paradigma für einen therapieschulen-übergreifenden Dialog?

Das Ziel lösungsorientierten Vorgehens ist es, durch die Art des Redens Veränderung im Sinne konkreter Zielerreichung in Gang zu setzen, in Gang zu halten und im Sinne einer Erhöhung der Selbst-Veränderungs-Kompetenz zu verwirklichen.

Bei diesem Vorgehen regt der Therapeut den Patienten mittels lösungsorientierter Dialoge, Komplimente und Aufgaben zu systemischen Lösungen, d.h. inneren Einstellungsänderungen und äußeren Verhaltensänderungen an, so daß der Patient zu einem selbstregulativen Handeln finden kann. Voraussetzung für das Finden eigener Lösungen ist das Führen eines Dialogs zwischen Patient und Therapeut. Nach Goolishian (1992) ist der Therapeut Experte für das „Fördern dialogischer Konversation". Seine Aufgabe ist es, „einen dialogischen Prozeß herzustellen und aufrecht zu erhalten". Dazu ist erstmals eine zieloffene Atmosphäre wichtig, so daß nicht von vornherein feststeht, was sich am Ende ergeben wird. Für den Dialog ist nicht Überredung, sondern Überraschung und das Unerwartete kennzeichnend. Damit am Ende eines therapeutischen Gesprächs mehr herauskommt als der Satz: „Gut, daß

[6] Dieses Vorgehen wird in der Klinik St.Martin, Euskirchen, erfolgreich angewandt

wir miteinander geredet haben", braucht es auch eine Zielorientierung und eine Lösungsausrichtung. Durch eine Lösungsorientierung entsteht die Möglichkeit für das Führen von Dialogen, die wirksam sind. Auf diese Weise wird ein lösungsorientierter Dialog geführt, der die jeweiligen Handlungsziele des Patienten unterstützt und fördert. Damit wird der Patient nicht be-handelt, sondern ist aktiv Handelnder; ebenso der Therapeut als „intervenierender Dialogpartner" (LUDEWIG 1992). So können alternative Handlungs- und Bewältigungsmuster freigesetzt werden bzw. eine selbsteffiziente Handlungsregulation initiiert werden.

Diese Grundintention trifft sich mit den Bemühungen, die von anderen Therapie-Schulen in der letzten Zeit gemacht werden. Lösungsorientiertes Vorgehen ist ein Beispiel für ein therapieschulenunabhängiges Therapiemodell (GRAWE et al.1994 a,b): es bezieht sich nicht nur auf systemisch-lösungsorientierte Therapieverfahren, sondern nutzt auch andere Therapiemodelle in einer lösungsorientierten Weise und therapieschulen-übergreifende klinisch-sozialwissenschaftliche Forschungsergebnisse mit (z. B. das Konzept der Selbsteffizienz und Handlungskontrolle[7].

Das Konzept des „lösungsorientierten Handlungsdialogs" (HESSE 1995) geht ähnlich wie GRAWE davon aus, daß „therapeutisches Handeln sich nicht an Methoden, sondern an Zielen" (GRAWE 1994 b) orientiert, d.h. das Konzept folgt nicht so sehr bestimmten therapeutischen Vorschriften und Modellen, in die der Patient hineingezwängt wird, sondern es orientiert sich an der Wirksamkeit. Für die Wirkung von Therapie kommt es mehr darauf an, in welcher Zeit welche Veränderungsziele erreicht und aufrechterhalten werden, und weniger mit welcher Methode. Im Sinne eines „pragmatischen Realitätsprinzips" (UEXKÜLL 1991) nutzt der Therapeut den Reichtum der verschiedenen Therapiesprachen. Andere Therapiemodelle werden in einer lösungsorientierten Weise utilisiert. So kann man einen lösungsorientierten Therapeuten als jemanden beschreiben, der eine Art Handelskundiger im Führen lösungsermöglichender Sprachspiele (sog. progressive Narrative) ist, mit deren Hilfe das Kapital an handlungsermöglichenden Sprachspielen erweitert werden kann.

Das Konzept des lösungsorientierten Handlungsdialogs bietet mit seiner lösungsorientierten Leitidee ein klinisch-pragmatisches Therapie-

---

[7] vgl. KANFER et al. 1991

modell mit einer Vielzahl von therapeutischen Vorgehensweisen, die auf den jeweiligen Patienten abgestimmt werden können.

Dies entspricht dem, was Jeff ZEIG im Juli 1994 auf dem internationalen Hamburger Therapiekongreß forderte: „Eine reine Lehre, die aber durch vielfältige Techniken kombiniert werden kann." Entsprechend kommen vier Wirkungsprinzipien zur Geltung, die laut GRAWE zu einer effizienten Therapie beitragen. Das sind die Prinzipien der:

- aktiven Hilfe zur Problembewältigung,
- Reaktivierung von Bewältigungs- und Lösungsressourcen, wie z. B. durch einen selbsteffizienten handlungsorientierten Lösungsmodus,
- Klärungsarbeit, d. h. das Verstehen eigenen Wünschens, Verhaltens und Erlebens,
- Lösungsaktualisierung, d. h. was verändert werden soll, muß im Hier und Jetzt und in der nahen Zukunft erfahrbar werden.

Im Sinne einer klinischen Theorie (ORLINSKY 1994) sind das lösungsorientierte Vorgehen und das Konzept des lösungsorientierten Handlungsdialogs **Veränderungstheorien**, die sowohl Muster der Veränderung, als auch Veränderungsmöglichkeiten von Mustern beschreibbar machen.

Häufig sind klinische Theorien eher Erklärungstheorien, die Stabilität oder Pathologie (warum etwas so ist, wie es ist oder nicht ist) erklären, und weniger angeben, was man tun kann, damit der therapeutische Prozeß vorangeht. Im Unterschied dazu bieten die obigen Konzepte Handlungsanleitungen dafür an, was man in der therapeutischen Arbeit tun kann, damit etwas in Gang kommt oder sich verändern kann. Es ist eine Theorie, die angibt was man tun kann, damit Wandel möglich wird.

Mit der Einbeziehung der Wirkungs- bzw. Psychotherapieprozeßforschung (z. B. AMBÜHL 1993, GRAWE et al. 1994, SCHIEPEK 1994 sowie der Coping-, (z. B. MIELKE 1984) – und der Handlungskontrollforschung (z. B. HARTUNG in Vorbereitung), KUHL 1987 STIENSMEIER-POLSTER 1990) ergeben sich Möglichkeiten zur empirischen Überprüfung der Wirksamkeit von Suchttherapien. So ist z. B. bekannt (AREND 1991, 1994, WALDOW 1986), daß Patienten mit einem selbsteffizienten und handlungsorientierten Bewältigungsmodus auch bei Umsetzungsschwierigkeiten (z. B. bei Streß) ihr Selbstwertgefühl bzw. ihre Selbstwirksamkeitserwartung und ihr Selbstvertrauen so aufrechterhalten können, daß sie sich z. B.

bei einem Rückfall eher wieder stabilisieren können. Gerade in der Suchttherapie geht es um die Stärkung und Aufrechterhaltung von Zuversicht, was das Ziel eines lösungsorientierten Vorgehens ist und es deshalb so wirksam (Stiehl-Werschak 1991) macht. Aus systemischer Sicht ist dabei vor einer vorschnellen „Überattribution von Erfolgen" (Luhmann 1988) bezogen auf die kausale „Wirkung und Wirkungsweise von Psychotherapie" (Hargens 1994) zu warnen, denn Therapie ist in diesem Verständnis nur **ein** Mittel zur Anregung von Selbst-Veränderung.

Schlußbemerkung

Wir haben einige grundlegende Prinzipien und praxisbezogene Handlungsvorschläge dargestellt, um eine ressourcen-aktivierende und systemisch-lösungsorientierte Suchttherapie zu ermöglichen. Sie basieren auf einer weitgehenden Neudefinition unseres Verständnisses von Veränderungsprozessen und auf einer konsequenten Umsetzung der daraus resultierenden Prinzipien in der Praxis mit unseren Klienten. Letztlich führt dies auch zu einem veränderten Rollenverständnis der TherapeutInnen/BeraterInnen:

Die Entscheidung, wann die Therapie zuende ist, fällt nach diesem Verständnis der Klient nach seinen Kriterien, nicht der/die TherapeutIn. Das Zutrauen in die Fähigkeit des Klienten, mit den Dingen alleine zurechtzukommen, kann von Therapeuten aber nur erworben werden, wenn er sich auf das „Risiko" des ressourcen- und lösungsorientierten Vorgehens einläßt. Dieses Risiko einzugehen, bedeutet häufig aber auch mehr Entlastung für den Therapeuten, dessen Rolle sich von der einer „MacherIn" und „PlanerIn" der Veränderung zur „AnregerIn" und „ErmöglicherIn" von Veränderungsprozessen in Eigenverantwortung unserer Klienten wandelt.

Literatur

AMBUEHL, Hansruedi. Was ist therapeutisch an Psychotherapie? Z.klin.Psych. 41: 285-303, 1993

ANDERSON, Harlene & GOOLISHIAN, Harold A. Der Klient ist Experte: Ein therapeutischer Ansatz des Nicht-Wissens. Z.system.Ther. 10(3): 176-189, 1992

AREND, Horst. Kontrolliertes Trinken. Ein alternatives Therapiekonzept für die Behandlung von Problemtrinkern. Praxis der klinischen Verhaltensmedizin und Rehabilitation 16: 305-317, 1991

BERG, Insoo Kim. Familien-Zusammenhalt(en). Dortmund: modernes lernen, 1992

BERG, Insoo Kim & MILLER, Scott D. Kurzzeittherapie bei Alkoholproblemen. Heidelberg: C.Auer, 1993

DE SHAZER, Steve. Der Dreh. Heidelberg: C.Auer, 1989

DE SHAZER, Steve. Noch einmal: Widerstand. Z.system.Ther. 8(2): 76-80, 1990a

DE SHAZER. Kreatives Mißverstehen. Systeme 1990b, Heft 2

DE SHAZER, Steve. Aus der Sprache gibt es kein Entrinnen. In: SCHWEITZER, Jochen et al. (Hrsg.): Systemische Praxis und Postmoderne. Frankfurt/M.: Suhrkamp, 1992a

DE SHAZER, Steve. Muster familientherapeutischer Kurzzeit-Therapie. Paderborn: Junfermann, 1992b

DE SHAZER, Steve. Das Spiel mit Unterschieden. Heidelberg: Auer, 1992c

DÖRNER, Dietrich. Denken und Handeln in Unbestimmtheit und Komplexität. Gaia 2: 128-138, 993

DREESEN, Heinrich & EBERLING, Wolfgang. Success Recording, in diesem Band

DURRANT, Michael. Auf die Stärken kannst du bauen. Dortmund: modernes lernen, 1995

EBERLING, Wolfgang. Problem Sucht, Suchtprobleme – Suche nach neuen Lösungen durch systemische Perspektiven. In: BUCHHOLTZ, Fritz (Hrsg.) Suchtarbeit: Utopien und Experimente. Freiburg: Lambertus, 1989

EBERLING, Wolfgang. Ressourcenorientierte Drogenarbeit. Vortrag zum 4. Lüneburger Drogensymposium, 1994

EBERLING, Wolfgang, VOGT-HILLMANN, Manfred & DREESEN, Heinrich. Solution-Focused Brief Therapy in the Field of Addiction. J.S.T., 1995, i.Dr.

GILLIGAN, Steve. Therapeutische Trance. Heidelberg: Auer, 1991

GOOLISHIAN, Harold A. Harrys Vermächtnis. Nicht-Wissen als therapeutische Haltung. Z.system.Ther. 10(3), 1992

GRAWE, Klaus et al. Psychotherapie im Wandel. Göttingen: Hogrefe, 1994a

GRAWE, Klaus et al. Qualitätskontrolle in der Psychotherapiepraxis. Z.Klin.Psych. 23(4): 242-267, 1994b

HAKEN, Hermann. Erfolgsgeheimnisse in der Natur, Synergetik: Die Lehre vom Zusammenwirken. Frankfurt/M.: Ullstein, 1991

HARGENS, Jürgen. Pscyhotherapie wirkt - aber was erfaßt empirische Pscyhotherapieforschung (nicht)? Report psychologie 19(10): 12-16, 1994

HARTUNG, Johanna. Handlungsorientierung im Therapieprozeß. i.V.

HERRMANN, Theo. Die Psychologie und ihre Forschungsprogramme. Göttingen: Hogrefe, 1976

HESSE, Joachim. Systemisch-lösungsorientierte Konzeption der Klinik St. Martin. Stotzheim, 1994

HESSE, Joachim. Der lösungsorientierte Handlungsdialog. Buschoven, 1995

ISEBAERT, Luc. Vortrag: Lösungsorientierte Suchttherapie und Wahlfreiheit im stationären Kontext. Buschoven, 1994

ISEBAERT, Luc. Mdl. Mitt., Brügge, 1993, 1994

KANFER, Frederick et al. Selbstmanagement-Therapie. Heidelberg: Springer, 1991

KÖRKEL, Joachim & LAUER, Gernot. Der Rückfall des Alkoholabhängigen. In: KÖRKEL, Joachim (Hrsg.): Der Rückfall des Suchtkranken. Heidelberg: Springer, 1988

KUHL, Julius. Motivation und Handlungskontrolle. In: HECKHAUSEN, Hermann et al. (Hrsg.) Jenseits des Rubikon, 1987

LIPCHIK, Eve. Die Hast, kurz zu sein. Z.system.Ther. 12(4): 228-235, 1994

LUDEWIG, Kurt. Systemische Therapie. Stuttgart: Klett-Cotta, 1992

LUHMANN, Niklas. Therapeutische Systeme - Fragen an Niklas Luhmann. In: SIMON, Fritz B. (Hrsg.): Lebende Systeme. Heidelberg: Springer, 1988

MIELKE, Rosemarie. Lernen und Erwartung. Berlin, 1984

MILLER, Gale & DE SHAZER, Steve. Jenseits von Beschwerden. In: Reiter, Ludwig et al. (Hrsg.): Systemisches Denken und therapeutischer Prozeß. Heidelberg: Springer, 1991

ORLINSKY, David E. Learning from Many Masters. Psychotherapeut 1: 2-9, 1994

SCHIEPEK, Günter. Systemtheorie der klinischen Psychologie. Braunschweig-Wiesbaden: Vieweg, 1991

SCHIEPEK, Günter. Ist eine systemische Psychotherapieforschung möglich? Z.Klin.Psychol.Psychother. 297-318, 1994

SHAFFER, Howard J. & JONES, Stephanie B. Quitting Cocaine. Lexington: Lexington Books, 1990

SOBELL, Linda C. et al. What Triggers the Resolution of Alcohol Problems Without Treatment? Alcoholism: Clinical & Experimental Research 17(2): 217-224, 1993

STIEHL-WERSCHAK, Jörg P. et al. Was wirkt in der Therapie? System Familie, 211-222, 1991

STIENSMEIER-POLSTER, Joachim et al. Erlernte Hilflosigkeit. Berlin, 1990

STIERLIN, Helm. Ich und die anderen. Stuttgart: Klett-Cotta, 1994

UEXKÜLL, Thure v. et al. Theorie der Humanmedizin. München: Urban & Schwarzenberg, 1991

WALDOW, Michael et al. Rehabilitationsverlauf Alkohol- und Medikamentenabhängiger nach stationärer Behandlung. Marburg, 1996

WALTER, John L. & PELLER, Jane E. Lösungs-orientierte Kurztherapie. Ein Lehr- und Lernbuch. Dortmund: modernes lernen, 1994

WATZLAWICK, Paul. Vorschicht Katastroßhenrezept! Natur, Heft 2: 116-119, 1993

Training und Ausbildung

Tue, was du lehrst, wenn du lehrst, was du tust

Wolfgang Eberling, Manfred Vogt-Hillmann, Wolfgang Burr, Michael Dahm, Heinrich Dreesen, Peter Kruse, Birgit Gallenberger, Gudrun Sickinger,

> *Tell me, and I will forget;*
> *Show me and maybe I will not remember;*
> *involve me and I will learn.*
>
> *(Indianische Weisheit, erzählt von Insoo Kim Berg)*

Seit 1985 haben wir in vielfältiger Art und Weise begonnen, die lösungs- und ressourcenorientierte Perspektive der Kurzzeittherapie in unserer therapeutischen Praxis und in unseren Weiterbildungsseminaren am Norddeutschen Institut für Kurzzeittherapie anzuwenden. Dabei ist beständig unser oberstes Ziel, die Prämissen des lösungsorientierten Vorgehens in selbstähnlicher Art und Weise erfahrbar zu machen. Im folgenden zeigen wir, wie wir im Rahmen so verschiedener Weiterbildungen wie „Systemische Kurzzeittherapie und Beratung", „Systemische Supervision" und „Kreative Kindertherapie" diese Prämissen realisieren.

1. Start with the end in mind – Das Prinzip der Zielorientierung anwenden

Ein zentrales Erfolgs-Prinzip des lösungsorientierten Vorgehens ist die Zielorientierung und die damit verbundene Herausarbeitung von eindeutig definierten Zielen (vgl. Kim Berg, 1992; Walter & Peller, 1994). Dabei hat das lösungsorientierte Vorgehen seine eigenen Wege gefunden, diese Zielperspektiven zu realisieren: wir konstruieren mit den Klienten einen Lösungsraum in der Zukunft, anstatt das Problem zunächst ursächlich zu analysieren und zu verstehen. Nach dem Motto: „Der Weg entsteht beim Gehen" modifizieren wir die gemeinsam entwickelten Ziele auf dynamische Art und Weise. Eine mögliche Analogie zu diesem Prozeß ist die des Lesens eines Buches. In unserem Fall geschieht dieses Lesen auf eine bestimmte Art und Weise: Stellen Sie sich vor, Sie lesen ein spannendes Buch, indem Sie mit den letzten

Seiten angefangen. Und wenn Sie dies schon einmal getan haben oder wenn Sie ein bißchen davon gelesen hatten, sind Sie nicht neugierig auf das Ende geworden und haben auch schon mal nach ganz hinten geblättert, weil Sie es vor Spannung nicht mehr aushalten konnten? Und wie hat sich dann die Geschichte gelesen, wenn Sie dies getan hatten? Vielleicht haben Sie aber auch nach dem Lesen der ersten Seiten und Kapitel ausgiebig phantasiert, wie das Buch weitergehen bzw. ausgehen wird, wobei Sie in einigen Dingen ganz richtig lagen, während in anderen Neues und Unerwartetes dazugekommen ist.

So, wie einige von Ihnen auf die eben geschilderte Art mit Büchern umgehen, arbeiten wir in unserer Praxis mit Klienten und Kunden. Wir beginnen damit, daß wir ihre Ziele erfragen, die sie im Rahmen der Therapie/Beratung erreichen möchten und helfen ihnen, möglichst konkrete Beschreibungen von dem Zustand zu phantasieren und zu formulieren, der die Lösung eines Problems kennzeichnet. Wir malen mit ihnen ein Ziel-Bild innerhalb eines Lösungsraumes und fügen in dieses Bild nach und nach weitere Möglichkeiten und Alternativen ein.

Im Kontext unserer Trainings wenden wir zu Beginn die gemeinsame Entwicklung von Zielperspektiven mit Weiterbildungs-Teilnehmern an. Ähnlich wie bei Klienten sind die Ziele von Weiterbildungs-Teilnehmern mehr oder weniger explizit. Manchmal ist es eine eher vage Vorstellung von dem, was systemisch-lösungsorientierte Therapie ist und die eine Weiterbildung attraktiv erscheinen läßt. Manche Kollegen kommen, um ihr Handwerkszeug in spezifischer Weise zu ergänzen und zu verbessern, weil sie z.B. mit bestimmten Klienten besser zurechtkommen und schneller und effektiver helfen wollen. Manche sind vielleicht enttäuscht von ihren bisherigen psychotherapeutischen Arbeitsweisen und möchten sich davon lösen oder sie ergänzen. Oder sie sind fasziniert vom „zauberhaften" Ruf dieses neuen Ansatzes und neugierig darauf, wie Therapie und Beratung auf respektvolle Art und Weise für Klienten und Kunden anregend sein kann und wie es im Detail geht, sie systematisch zu befähigen, mit ihren persönlichen Ressourcen Lösungen zu erfinden.

Worin auch immer die Motivation und die jeweilige Zielsetzung von Teilnehmern besteht, im ersten Weiterbildungsseminar fokussieren wir im Sinne des lösungsorientierten Vorgehens auf die persönlichen Zielsetzungen der Teilnehmer. Bewußt verwenden wir in der Arbeit mit Weiterbildungs-Teilnehmern unterschiedliche Zeitrahmen.

Der unmittelbarste **kurzfristige Zeitrahmen** ist die erste Seminareinheit. Er beträgt in aller Regel 3 Tage. Zielgerichtete Fragen in diesem Bezugsrahmen lauten wie folgt:

- Was müßte hier heute und in den nächsten Tagen geschehen, damit es sich für Sie schon jetzt gelohnt hat, hierher zu kommen und diese Weiterbildung zu beginnen?
- Woran werden Sie ganz persönlich erkennen, daß diese Weiterbildung für Sie lohnend ist? Schreiben Sie mindestens drei Dinge auf Kärtchen auf.

Die Teilnehmer visualisieren diese Ziele, indem sie sie auf eine Pinnwand heften. So wird für alle die Breite, die Verschiedenartigkeit und/oder die Gleichartigkeit von Zielen deutlich. Es werden Kriterien auf unterschiedlichen Konkretionsstufen genannt und auf diese Weise eine erste Erfahrung mit dem Zielmodell und den Kriterien für gutdefinierte Ziele gesammelt, da wir beim Vorstellen der Ziele und Kriterien explizit nachfragen. Somit erleben die Teilnehmer unseren Umgang mit der Gestaltung wohlgeformter Zielformulierungen praxisnah, und sie lernen, wie vage Zielformulierungen durch konkretes Nachfragen in praxisrelevante und handlungsleitende Vorstellungen umformuliert werden können. In einer anschließenden gemeinsamen Reflexion werden ihnen die dem Zielmodell der lösungsorientierten Kurztherapie zugrundeliegenden Kriterien vermittelt wie z.B.:

- die Anwesenheit von Etwas;
- eine sinnesspezifisch-konkrete Beschreibung, wie sie z.B. ein Video-Film abgeben kann;
- die Überprüfung der Möglichkeit, Dinge selbst zu initiieren.

Die visualisierten Zielvorstellungen bleiben an einer Meta-Plan-Wand für die Dauer des Seminars verfügbar. So haben die Teilnehmer ihre Ziele „vor Augen“ und erleben durch sie ein ständiges Feedback und Feedforeward in den ersten Seminartagen.

Mittelfristige Zielsetzungen regen wir durch die Verwendung von Briefen und Skalen an. Am Ende der ersten Seminareinheit bitten wir die Teilnehmer, einen Brief an sich selbst zu schreiben und sich mitzuteilen, was sie bis zum nächsten Mal erreicht haben werden und welches ihre Kriterien sind, woran sie dies feststellen können. Dieser Brief wirkt häufig als eine positive selbsterfüllende Prophezeihung, auch wenn der Inhalt zu Beginn des nächsten Seminars nicht mehr bewußt ist. Zum folgenden Seminar wird der Brief den Teilnehmern ausgehändigt und sie vergleichen in Kleingruppen ihre Voraussagen und die tatsächlichen Entwicklungsprozesse. Ein häufiges Ergebnis dieses Austauschs ist, daß die Teilnehmer alle Dinge, die sie vorausgesagt haben, erfüllt haben und oft sogar darüber hinausgegangen sind. Sind Erwartungen nicht eingetroffen, so regen wir durch weiteres Nachfragen internale Suchprozesse an, um es zu *ermöglichen*, die angestrebten Dinge zu *ermöglichen* oder die Teilnehmer helfen sich gegenseitig im Dialog bei der Formulierung „realistischerer" und „angemessenerer" Ziele.

Den Umgang mit Zielen innerhalb eines **langfristigen Zeitrahmens** vermitteln wir, indem wir die Teilnehmer bitten, sich gegenseitig die Wunderfrage zu stellen oder durch die Aufforderung, sich in der Phantasie an das Ende der Weiterbildung zu versetzen; folgende Fragen sind dabei üblich:

- Stellen Sie sich vor, diese Weiterbildung ist zuende und Sie haben alles gelernt, was Sie lernen wollten, wie werden Sie dann arbeiten?
- Was werden Sie bei sich persönlich an Unterschieden wahrnehmen? In Ihrem Verhalten? In bezug auf Ihre Fähigkeiten? In bezug auf Ihre Einstellungen? Vielleicht sogar hinsichtlich Ihrer Identität?
- Wie wird sich Ihre Arbeit mit Klienten verändern? Werden Sie evtl. mit anderen Klienten arbeiten? In anderen Kontexten?
- Woran werden andere Personen, die für Sie im privaten und beruflichen Kontext wichtig sind, erkennen, daß Sie durch diese Weiterbildung dazugelernt haben?
- Wie wird das Ihre Beziehung zu diesen Personen verändern?

Durch dieses Vorgehen fördern wir die Imagination und Tatkraft der Teilnehmer und laden dazu ein, den eigenen Raum der Möglichkeiten aktiv zu betreten und attraktive Veränderungsoptionen spielerisch zu explorieren. Da diese Übung zu zweit oder zu dritt durchgeführt wird und Beispiele im Plenum vorgestellt werden, entsteht auch hier eine Ideenvielfalt und ein anregender Austausch über zukünftige Perspektiven.

Für das Training im hartnäckigen Explorieren von wohlgeformten Zielen haben wir ein besonderes Werkzeug entwickelt. Die Negation ist ein sehr weitverbreitetes Muster, welches Klienten bei der Formulierung von Zielen benutzen: „Ich will nicht mehr rauchen", „Wir wollen uns nicht mehr so oft streiten" oder Ähnliches hören wir in der Praxis häufig. Gerade zu Beginn von Weiterbildungen möchten wir diese Muster in den Vordergrund heben, da ein wesentliches Kriterium zur Formulierung von positiven Zieldefinitionen im hartnäckigen Insistieren auf der Beschreibung des „stattdessen" besteht. Es gilt, den Zustand herauszufinden, der eintreten wird, wenn das Rauchen oder das Streiten nicht mehr stattfindet und etwas Anderes an dessen Stelle tritt. Ein ebenso humorvolles wie nützliches Mittel, um dies von Anfang an deutlich werden zu lassen, ist der **„Statt-Plan"**.

Beim Erstellen des Statt-Plans bitten wir Teilnehmer, absichtlich Ziele mit Negationen zu formulieren. So kann die Ausgangsfrage z.B. lauten: „Was soll hier in dieser Weiterbildung auf keinen Fall passieren?" Oder wir bitten die Teilnehmer, in einem Rollenspiel Klienten zu spielen, die formulieren, was in ihren Familien oder Beziehungen **nicht** mehr geschehen soll. Danach bitten wir die Teilnehmer, stattdessen-Formulierungen nach den oben aufgeführten Zielkriterien zu finden. Die spielerische Form und die Assoziation Stattplan/Stadtplan wirkt als positiver Erinnerungsanker für dieses sehr wichtige und grundlegende Prinzip der lösungsorientierten Vorgehensweise.

In den nachfolgenden Seminaren der verschiedenen Weiterbildungen regen wir die Teilnehmer systematisch zu **Zwischenbilanzen oder Zwischenfragen** an, in denen sie ihre Fähigkeiten im Umgang mit den lösungsorientierten „Werkzeugen" z.B anhand von Skalen bewerten. Zwischenfragen beziehen sich in zunächst offener Form auf Inhalte, die in den unmittelbar vorangehenden Seminaren vermittelt wurden. Jede Einschätzung wird dann vom Gesprächspartner mit den für die Verwendung von Skalen typischen Fragen ausgeweitet und etwa durch folgende Fragen in die Zukunft verlängert:

- woran wirst du erkennen, daß du in bezug auf deine Interviewer-Fähigkeiten den nächsten Wert auf der Skala erreicht hast? Was wird dann anders sein?
- gab es schon mal einen Tag, an dem du dies konntest? Was hast du da anders gemacht?
- welche deiner Ressourcen kannst du dazu einsetzen, damit dies geschieht?

Im Rahmen des systemischen Supervisons-Trainings wenden wir zusätzlich die Möglichkeit der persönlichen Bilanzierung von Trainingseinheiten an. Hierzu reflektieren die Teilnehmer ihre persönliche Entwicklung anhand folgender Fragestellungen:

- was war für mich an den Inhalten dieses Seminars bedeutsam und wichtig für meine Arbeit als SupervisorIn? (Benutze eine Skala von 1 = gar nicht relevant bis 10 = sehr relevant)
- was war bei der Behandlung der Supervisions-Anliegen in diesem Seminar wichtig und interessant für mich?
- worauf will ich meine Aufmerksamkeit bis zum nächsten Seminar richten? Was werde ich bis zum nächsten Mal tun?

Diese Art der iterativen Selbstreflexionen und persönlichen Bewertungen fördern in der Regel realistische Ideen und Handlungsperspektiven zutage, die dann wieder orientierend auf die Person wirken und ihr vielleicht sogar Beispiele in den Sinn rufen, wo dies schon einmal „ein bißchen" so war. Über die Exploration von Ausnahmen wird dann die Brücke zur eher regelmäßigen Anwendung leichter konstruierbar.

Unser Umgang mit dem Prinzip der Zielorientierung in Weiterbildungsseminaren dient dem übergeordneten Ziel, die Werkzeuge des lösungsorientierten Vorgehens in der Selbstanwendung als nützlich erfahrbar zu machen und damit die kongruente und auch frühzeitige Anwendung in den Praxiszusammenhängen der Teilnehmer anzuregen und zu ermöglichen. Darüber hinaus ermöglicht es, zentrale Grundorientierungen der Teilnehmer, die wir im NLP **Metaprogramme** nennen (vgl. James/Woodsmall 1991) zu verändern: wir tragen auf diese Weise mit dazu bei, das anfängliche Metaprogramm von einem „weg von" in ein „hin zu" umzuwandeln.

2. Ressourcenorientierung: Aktivieren von persönlichen Ressourcen durch wohlwollendes Hypothetisieren und Mehr-Perspektiven-Feedback bzw. Mehr-Perspektiven-Feedforward

Die Anwendung des Prinzips der Zielorientierung geschieht immer auch in Abhängigkeit von einem weiteren Grundprinzip: dem der **Ressourcenorientierung**. Das konsequente Fokussieren auf Ressourcen ist einer der wichtigsten und charakteristischsten Schritte, die das lösungsorientierte Vorgehen von anderen Ansätzen der Psychotherapie und Beratung unterscheidet. Es erschließt nämlich die Mittel, die vorhanden sind, um Ziele zu erreichen. Wir möchten deshalb in unseren Weiterbildungen die Wirkungsweise der Ressourcenorientierung so schnell wie möglich „am eigenen Leib erfahrbar machen" und gleichzeitig die Wahrnehmung der Gruppenteilnehmer auf Ressourcen der anderen Teilnehmer richten. Dazu haben wir zu Beginn unserer Trainings anstelle herkömmlicher Vorstellungsrituale das **„wohlwollende Hypothetisieren"** eingeführt. Während sich üblicherweise Teilnehmer von Gruppen selbst vorstellen, wird beim wohlwollenden Hypothetisieren die Gruppe eingeladen, über jeden Teilnehmer anhand folgender Kriterien „wohlwollend" zu spekulieren:

- welcher Namen paßt am besten zu dieser Person?
- welche beruflichen Fähigkeiten bringt er/sie mit?
- in welchem beruflichen Bereich kann er/sie diese Fähigkeiten am besten einsetzen?
- welche außerberuflichen Dinge kann er/sie gut? Hat er/sie bestimmte Hobbys?
- welche Fähigkeiten wird er/sie in diese Gruppe bringen?

Die Gruppe beschäftigt sich so auf spielerische und humorvolle Art und Weise mit den jeweiligen Gruppenmitgliedern. Das Hypothetisieren fördert Spekulationen zutage, die jeder Teilnehmer auf seine Weise ohnehin vielleicht macht, gibt ihnen jedoch eine Richtung, nämlich die der Ressourcen-Suche. Die Teilnehmer, über die spekuliert wird, sind angenehm überrascht, was man ihnen zutraut oder gar „ansieht", denn häufig benennen die andern Mitglieder Fähigkeiten, die die Personen sich tatsächlich und zumeist „insgeheim" zubilligen, die sie sonst aber nie zu Beginn einer neuen Gruppe gesagt hätten, da viele Personen – in Übereinstimmung mit bestimmten kulturellen Glaubenssätzen – nicht gewohnt sind, „gut" über sich zu reden. Nachdem jedes Gruppenmitglied „Objekt" der gemeinsamen Spekulationen geworden ist, stellen sich alle Teilnehmer selbst vor und bestätigen, korrigieren oder ergänzen die über sie gemachten Spekulationen.

In der Praxis hat sich gezeigt, daß das wohlwollende Hypothetisieren nicht nur eine lockere Art ist, eine Gruppe ins Gespräch miteinander zu bringen und somit „aufzuwärmen", sondern auch eine indirekte Form, eine andere zentrale Vorgehensweise des lösungsorientierten Vorgehens frühzeitig zu üben: das Formulieren und Verteilen von Komplimenten. Hier kann am eigenen Leib erfahren werden, wie es ist, etwas Positives über sich zu hören und auch, etwas Positives über jemanden zu sagen und die Reaktionen dieser Personen darauf zu sehen und zu hören.

In unserer Weiterbildung „Kreative Kindertherapie“ bitten wir die Teilnehmer zusätzlich anhand von mitgebrachten Kinder- und Jugend-Photos in einen spekulativen Austausch über Fähigkeiten zu treten, die man bei den abgebildeten Kindern vermutet. Dadurch lernen sich die Teilnehmer auf besondere Art und Weise kennen. In einer Kontaktaufnahme mit dem eigenen „inneren Kind“ sensibilisieren sich die Teilnehmer erneut für die Belange ihrer kleinen Klienten. Häufig erfahren sie darüber hinaus alternative Interpretationsmöglichkeiten für ihre eigene Kindheit und öffnen sich so gegenüber unserem Motto: „It is never too late to have a happy childhood“.

Ist eine Gruppe schon längere Zeit zusammen und miteinander vertraut, so benutzen wir eine weitere Form, die Ressourcen der Teilnehmer aus verschiedenen Wahrnehmungspositionen in den Fokus der Aufmerksamkeit zu bringen: die Teilnehmer bilden 3-er Gruppen und evaluieren sich zunächst selbst z.B. anhand der von uns vorgegebenen „Zwischenfragen-Bögen“ oder einer „persönlichen Bilanz“, wie oben bereits erwähnt. Dieses Feedback und Feedforward erfolgt aus der **assoziierten 1. Wahrnehmungsperspektive** (vgl. O´Connor/Seymour, 1994, 128 f.) und gibt Aufschluß über:

- die Bedeutsamkeit der jeweiligen Inhalte und Methoden für die Teilnehmer;
- den Grad der Vertrautheit und der persönlichen Aneignung, den die Teilnehmer inbezug auf die Inhalte und Methoden erreicht haben;

Das Kleingruppen-Feedback bzw. Feedforward gibt die **2. Wahrnehmungsposition** von zwei verschiedenen Personen ein und ermöglicht, die Selbstwahrnehmung mit zwei Fremdwahrnehmungen abzugleichen. Der Teilnehmer kann auf diese Weise zum Beobachter seiner selbst in der Interaktion mit anderen werden und somit **die 3. Wahrnehmungsperspektive** einzunehmen lernen. Mit dem nachfolgend dargestellten Fragen des von uns entwickelten „Coaching-Bogens“ im Rahmen der Supervisons-Ausbildung geben andere Gruppenteilnehmer der Person direktes Feedback und Feedforward:

Was hat der/die SupervisorIn gut gemacht in bezug auf:

- Herstellung von Rapport (Benenne Kriterien, woran du dies erkannt hast)

- Herausarbeiten des Anliegens
- Behandlung des Anliegens
- was hat mir am persönlichen Stil des/der SupervisorIn gefallen?
- mit welchen Ideen könnte ich sein/ihr Vorgehen unterstützen und ergänzen?
- in bezug auf Rapport
- in bezug auf Herausarbeitung und Behandlung des Anliegens
- in bezug auf den persönlichen Interaktions- und Supervisions-Stil
- was lerne ich (als Coach) aus diesem Prozeß der anderen für meine Arbeit?

Dieser Reflexions-Prozeß entspricht dem lösungsorientierten therapeutischen Vorgehen, da es zum einen an den Ressourcen der Teilnehmer in Form einer Selbst-Beschreibung und Selbst-Wahrnehmungsperspektive ansetzt, sie aus verschiedenen Wahrnehmungsperspektiven durch relevante andere ergänzt (Fremdbeschreibung und Fremd-Wahrnehmung) und sodann die Person einlädt, zum Beobachter ihrer selbst zu werden.

Im Modell des **Meta-Mirror** (DILTS 1993) kann dieses Vorgehen auch nutzbringend zur **Eigensupervision** eingesetzt werden. Dabei bitten wir die Person, die ein Supervisionsanliegen hat, sich die Schwierigkeit, die sie mit einer Person hat, so vorzustellen, als würde sie mit dieser Person jetzt gerade konkret kommunizieren. Meist benutzen wir einen bestimmten Stuhl, von dem aus die Person dies tut, damit die eigene 1. Wahrnehmungsposition „verankert" ist. Im Gegensatz zum Rollenspiel, indem die Person nach einer Rollenvorgabe sich in eine andere Person hineinversetzt, sollen die Teilnehmer an diesem Prozeß aus der eigenen Betroffenheit und Involviertheit heraus wahrnehmen und handeln. Die Person benennt dann ungefiltert, wie sie die „schwierige" Person wahrnimmt und empfindet. Dann begibt sie sich auf einen anderen Stuhl, der die Wahrnehmungsposition der anderen Person darstellt und versucht, die Interaktion mit deren Augen, Ohren und Empfindungen wahrzunehmen. Auch aus der 2. Wahrnehmungsposition gibt sie eine Benennung, aber für das Verhalten des Gegenüber. In einem nächsten Schritt fragen wir die Person in Wahrnehmungsposition 2, welche Absicht sie in der Kommunikation mit der anderen Person verfolgt. Meist wird dann eine **Intention** hinter dem **Verhalten** gefunden, die das problematische Verhalten selbst in einem anderen Licht erscheinen läßt (vgl. dazu weiter unten beim Thema „Reframing"). Danach begibt sich die Person in eine 3.Wahrnehmungsposition, aus der heraus sie **wie ein Beobachter** der Szene zwischen diesen beiden Personen von außen auf das Geschehen schaut und versucht, das gemeinsame Spiel anhand von Regeln und aufeinanderbezogenen Sequenzen zu beschreiben. Ein Name für dieses Spiel, eine Metapher oder die Analogie zu einem Theaterstück sind hier meist hilfreich. In einer weiteren 4.Wahrnehmungsposition macht nun die Person ihre Wahrnehmung in der 3.Wahrnehmungsposition zum Gegenstand der Reflexion und beurteilt, was dort die Wahrnehmung charakterisiert hat. War die Wahrnehmung „einseitig"? War sie „überkritisch"? Dann bitten wir die Person, alle Erkenntnisse aus den verschiedenen Wahrnehmungspositionen einzusammeln und zurück in die eigene Position zu bringen und sich vorzustellen, daß sie jetzt mit dieser Person neu kommuniziert. Was ist jetzt anders als zuvor? Welche Verhaltensmöglichkeiten sind jetzt für beide vorstellbar?

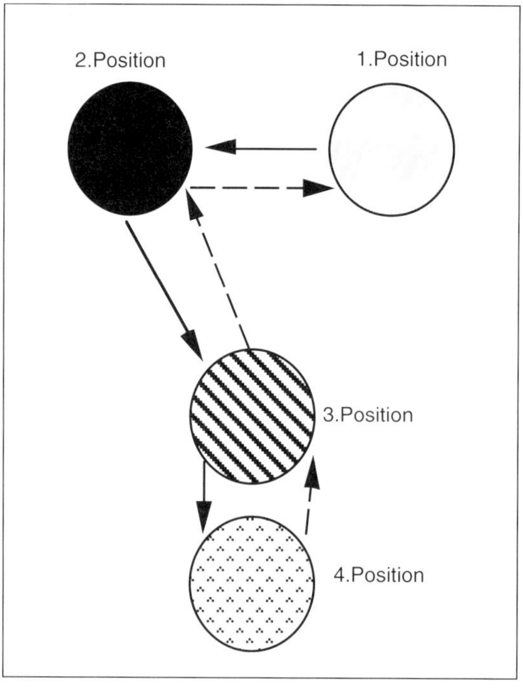

Perspektivenwechsel im Meta-Mirror

Dieses Vorgehens verbindet auf geradezu ideale Weise die beiden lösungsorientierten Prinzipien, Ressourcen zu aktivieren und neue Möglichkeiten durch Perspektivenwechsel zu ermöglichen. Daß es zudem ein Instrument des Selbstmanagement ist und somit der wichtige Aspekt der Selbstinitiierbarkeit gegeben ist, macht es besonders wertvoll.

In der „Kreativen Kindertherapie" erweitert sich die Wahrnehmungsperspektive in Richtung Ressourcenorientierung vehement, wenn wir uns mit den Teilnehmern diagnostische Erhebungen und Befunde aus der therapeutischen Praxis durch eine ressourcen-orientierten Perspektive betrachten. Dazu stellen wir z.B. photographisch festgehaltende „Szeno-Kasten-Motive" vor und lassen die Darstellung zuächst einmal problem-orientiert interpretieren, indem wir fragen, was das entsprechende Kind wohl als „Problem" zum Ausdruck bringt und anderseits ressourcen-orientiert zu interpretieren, indem wir fragen, welche Fähigkeiten des Kindes sich in den dargestellten Bildern zeigen. Noch eindeutiger lösungsorientiert handeln wir, wenn wir den nachfolgenden Bogen durchgehen, bevor in der Fallsupervision über die möglichen Probleme inbezug auf ein Kind gesprochen wird. Dieser Bogen kann in der Praxis der Teilnehmer auch zu Beginn von Elterngesprächen ausgefüllt werden, wodurch die Wahrnehmung der Eltern meist differenzierter wird und sie auch positive Aspekte des Kindes sehen und benennen können. (Siehe Entwicklungseinschätzungstabelle auf S. 164)

3. Positive Erinnerungsanker verwenden – Lernerfolge ankern

Lernprozesse sind dann besonders einprägsam, wenn sie auf positiven Erinnerungs-Assoziationen, im NLP „Anker" genannt, beruhen. Wir beschreiben einige Beispiele, die wir in diesem Zusammenhang benutzen, um relevante Lerninhalte mit einer möglichst einprägsamen Lernform zu verbinden.

Im folgenden einige Vorgehensweisen, die wir bei der Behandlung des Themas **„Reframing"** benutzen. Reframing ist ein zentraler Baustein des lösungsorientierten Vorgehens, es soll uns und die Klienten dazu anregen, andere Aspekte in den Dingen zu sehen, weitere mögliche Bedeutungen für ein Verhalten, ein Ereignis oder eine Situation zu finden. Dadurch können neue Bedeutungen und Bewertungen, also Erweiterungen und Veränderungen bestehender Bezugsrahmen, entstehen und auf der Grundlage dieser neuen Rahmungen werden andere Verhaltensweisen möglich (Watzlawick et al., 1974).

Entwicklungseinschätzung

Name ______________ Alter ______ Datum ______ eingeschätzt von ______________

Markieren Sie mit jeweils einem Kreuz pro Zeile Ihre Enschätzung zu den betreffenden Beschreibungen

		selten	manchmal	häufig	sehr viel
1.	Zeigt Respekt gegenüber Erwachsenen				
2.	Kann emotionale Erregung kontrollieren				
3.	Ist aufgeschlossen gegenüber Ideen von anderen				
4.	Ist normalerweise fröhlich				
5.	Sagt die Wahrheit und zeigt sich ehrlich				
6.	Gehorcht Erwachsenen				
7.	Zeigt guten Appetit				
8.	Ist in der Lage, Begonnenes zu beenden				
9.	Zeigt sich anderen gegenüber rücksichtsvoll				
10.	Ist in der Lage, Aufmerksamkeit aufrechtzuerhalten				
11.	Zeigt die Fähigkeit, Freundschaften zu schließen				
12.	Befolgt grundlegende Regeln				
13.	Kann Frustrationen angemessen bewältigen				
14.	Versteht sich mit Geschwistern/anderen Bewohner/innen				
15.	Kann sich auf neue Situationen einstellen				
16.	Schläft altersgemäß gut				
17.	Kann Freundschaften aufrechterhalten				
18.	Akzeptiert und erträgt Kritik an sich selbst				
19.	Ist in der Lage, auf Beachtung/Belohnung zu warten				
20.	Ist gerne Anführer/in				
21.	Wird von Gleichaltrigen akzeptiert				
22.	Kann Aufmerksamkeit von Erwachsenen mit anderen teilen				
23.	Ist fähig, Konsequenzen des eigenen Handelns vorherzusehen				
24.	Kann mit Erwachsenen kooperieren				
25.	Kann Lob annehmen				
26.	Ist körperlich gesund				
27.	Kann eigene Fähigkeiten einschätzen				
28.	Nimmt Herausforderungen an				

Bemerkungen:

Zur Illustration dieses zentralen Gedankens verwenden wir, wie in unserer therapeutischen Praxis auch, Metaphern und Geschichten. Geschichten zeichnen sich u.a. durch ihre **Depotwirkung** aus (PESESCHKIAN 1984, S.30): durch ihre Bildhaftigkeit sind sie gut zu behalten und können in bestimmten Situationen leicht assoziiert und wachgerufen werden. So verwenden wir Geschichten auch außerhalb eines besonderen Metaphern- und Geschichten-Seminars, welches fester Bestandteil unseren Weiterbildungen „Systemische Kurzzeittherapie und Beratung" und „Kreative Kindertherapie" ist, um zentrale Inhalte zu demonstrieren und assoziativ zu verknüpfen. Zur Einführung in das Thema Reframing eignet sich folgende Geschichte:

„Eine sehr alte chinesische Tao-Geschichte erzählt von einem Bauern in einer armen Dorfgemeinschaft. Man hielt ihn für gut gestellt, denn er besaß ein Pferd, mit dem er pflügte und Lasten beförderte. Eines Tages lief sein Pferd davon. All seine Nachbarn riefen, wie schrecklich das sei, aber der Bauer meinte nur, „vielleicht...". Ein paar Tage später kehrte das Pferd zurück und brachte zwei Wildpferde mit. Die Nachbarn freuten sich alle über sein günstiges Geschick, aber der Bauer sagte nur: „vielleicht ..." Am nächsten Tag versuchte der Sohn des Bauern, eines der Wildpferde zu reiten; das Pferd warf ihn ab, und er brach sich ein Bein. Die Nachbarn übermittelten ihm alle ihr Mitgefühl für dieses Mißgeschick, aber der Bauer sagte wieder „vielleicht". In der nächsten Woche kamen Rekrutierungsoffiziere ins Dorf, um die jungen Männer zur Armee zu holen. Den Sohn des Bauern wollten sie nicht, weil sein Bein gebrochen war. Als die Nachbarn ihm sagten, was für ein Glück er hat, antwortete der Bauer, „vielleicht". (BANDLER & GRINDER, 1985, S.13)

Eine sehr anschauliche und einprägsame Übungsmöglichkeit zum Thema Reframing ist der von uns so genannte „Reframing-Beutel". Zu diesem Zweck füllen wir einen undurchsichtigen Leinensack mit einer Anzahl von Alltagsgegenständen (so viele, wie die jeweilige Gruppe Teilnehmer hat) und bitten jeden Teilnehmer im Kreis, einen Gegenstand zu ziehen und ihn der Gruppe zu zeigen und die Frage zu stellen: „Was hat es wohl für eine Bedeutung, daß ich diesen Gegenstand gezogen habe?" Ein Gruppenteilnehmer übernimmt nun die Rolle des advocatus diaboli und deutet „problemorientiert": der Gegenstand **muß** in dieser ersten Rahmung also als ein „Symptom für eine negative Tendenz" der Person gesehen werden. Eine Wäscheklammer kann so z.B. die Bedeutung bekommen, daß sie für die Tendenz einer Person steht, „sich anzuklammern". Sofort danach erfolgt von einem anderen Teilnehmer eine zweite, diesmal eindeutig konstruktive Rahmung, in der derselbe Gegenstand als Metapher für Ressourcen und Lösungsmöglichkeiten interpretiert wird; z.B. steht jetzt die Wäscheklammer als Symbol für die Fähigkeit, Dingen in stürmischen Zeiten Halt zu geben. Bei jedem weiteren Gegenstand werden wiederum zwei extrem gegensätzliche Sichtweisen im Kreise der Gruppe dargelegt. Auf diese Weise wird exemplarisch und metaphorisch die Möglichkeit erfahren, daß jedes Ding mindestens zwei Seiten hat und wir die Bedeutung von Dingen, Personen und Situationen immer auch mitbestimmen.

Um die Wirkweise des Reframings ganz realistisch zu gestalten und am eigenen Erleben der Teilnehmer zu orientieren, bitten wir verschiedene Kleingruppen, eine **Problemliste** zu erstellen, die Verhaltensweisen bezeichnet, die die Teilnehmer in ihrer Praxis als schwierig empfinden und zu denen ihnen auf Anhieb nichts Konstruktives einfällt. In der Liste sollen Verhaltensweisen auf einen möglichst prägnanten Begriff gebracht sein wie z.B. Intoleranz, Ignoranz, etc.. Diese Listen, sie enthalten 10 Begriffe, werden einer Partnergruppe im Austausch gegen deren Liste übergeben, mit der Aufgabenstellung, die dort aufgeführten Begriffe zu „reframen“. Beide Gruppen werden gebeten, sich als „Reframing-Agentur“ zu betrachten, die von einem Auftraggeber einen Auftrag bekommen hat, den sie zu dessen Zufriedenheit ausführen möchte. Wir machen dabei die Vorgabe, den Problembegriff nach folgendem Vorgehen als Fähigkeit umzudeuten, z.B.:

- *Intoleranz ist die Fähigkeit* zur eigenen Meinung zu stehen

- *Feigheit ist die Fähigkeit,* sich durch kluges und vorausschauendes Verhalten möglichen Gefahren für Leib und Lebenzu entziehen.

Sind die Teilnehmer erst einmal beim Reframing in Fahrt gekommen, so finden sie auf spielerische und humorvolle Art und Weise oft mehrere Umdeutungen für einen Problembegriff. Diese Umdeutungen werden in die Beschwerdeliste der jeweiligen Partnergruppe eingetragen und dieser im Plenum vorgelesen. Die Reaktion der auftraggebenden Gruppe zeigt an, ob ein Reframing wirklich gelungen ist, ob sich also eine überraschende, witzige oder auch nachdenkenswerte Bedeutung ergeben hat.

Manchmal lassen sich Erinnerunganker für mehrere Punkte eines Modells am besten in einer Geschichte verdichtet darstellen. In der folgenden Geschichte ist es die assoziative Verknüpfung der zentralen Gedanken, daß lösungsorientiertes Vorgehen **nicht-normativ** und **klien-**

tenorientiert erfolgt (BERG/MILLER 1993, S.20) und daß **die KlientIn selbst ExpertIn für Lösungen ist:**

Die kleine Prinzessin Leonore war krank. „Hast du einen Wunsch?“ fragte der König. „Du sollst alles haben, was dein Herz begehrt.“

„Ich wünsche mir den Mond,“ sagte die Prinzessin, „Wenn ich ihn bekomme, werde ich auch wieder gesund.“ Da der König eine Menge kluger Männer um sich hatte, die ihm alles beschafften, was immer er verlangte, versprach er seiner Tochter den Mond. Aber anscheinend hatte er zuviel versprochen. Denn sowohl der Lordkanzler als auch der königliche Zauberer und der königliche Mathematiker konnten ihm nicht helfen. Schließlich rief er nach dem Hofnarren, um sich von ihm aufmuntern zu lassen. „Mir kann niemand helfen,“ sagte der König trübsinnig, „Meine kleine Tochter wünscht sich den Mond; bevor sie ihn nicht hat, wird sie nicht wieder gesund, aber niemand kann den Mond herunterholen. Sobald ich jemanden frage, wird der Mond jedesmal größer und entfernt sich immer weiter von hier. Niemand kann mir helfen. Spiel’ mir etwas auf deiner Laute vor, aber etwas sehr Trauriges.“

„Wie groß soll der Mond sein und wieweit entfernt?“ fragte der Hofnarr. „Der Lordkanzler sagt, er sei 35 000 Meilen weit weg und größer als das Zimmer der Prinzessin,“ antwortete der König. “Der königliche Zauberer hingegen meint, er sei 150 000 Meilen entfernt und doppelt so groß wie der Palast. Und der königliche Mathematiker behauptet, er sei 300 000 Meilen entfernt und halb so groß wie das Königreich.“

„Das sind alles sehr kluge Männer, deshalb muß es stimmen, was sie sagen,“ meinte der Hofnarr. „Und wenn sie recht haben, dann ist der Mond gerade so groß und so weit entfernt, wie es sich jeder einzelne vorstellt. Weiß man denn aber, für wie groß die Prinzessin den Mond hält? Das allein wäre wichtig.“ Und tatsächlich, die Prinzessin weiß genau, wie der Mond beschaffen ist: „Er ist kleiner als der Nagel meines Daumens, denn wenn ich den gegen den Himmel halte, verdeckt er den Mond.“ „Und wieweit ist er von hier entfernt?“ wollte der Hofnarr noch wissen. „Er ist nicht ganz so hoch wie der Baum vor meinem Fenster, denn in manchen Nächten bleibt er in den Zweigen hängen“, antwortete die Prinzessin. „Dann ist es ganz einfach, den Mond zu fangen,“ sagte der Hofnarr. „Ich klettere auf den Baum, wenn der Mond in den Zweigen steckt und hole ihn für dich herunter.“ Dann aber fiel ihm noch etwas ein. „Woraus ist der Mond gemacht?“ fragte er. „Aus Gold natürlich, du Dummkopf,“ antwortete sie. Nun weiß der Hoffnarr genug. Er begibt sich zum königlichen Goldschmied und läßt ihn für die

Prinzessin einen Anhänger machen aus einem runden Goldplättchen, „um eine Winzigkeit kleiner als der Daumennagel der Prinzessin." Als der Narr ihr den kleinen goldenen Mond bringt, ist die Prinzessin überglücklich. Am nächsten Tag ist sie wieder gesund und kann wieder im königlichen Garten spielen. Aber der König hat immer noch Sorgen: Was, wenn seine Tochter dahinterkommen würde, daß es nicht der richtige Mond ist, den sie da am Halskettchen trug? Und das würde ja unweigerlich geschehen, wenn der Mond des Abends wieder am Himmel leuchtete!

Seine Ratgeber suchten die Lösung wieder einmal in äußeren Vorkehrungen: „Wir setzen der Prinzessin eine dunkle Brille auf, dann wird sie den Mond am Himmel nicht erkennen," sagte der Lordkanzler. Der königliche Zauberer schlägt vor, über dem Palast ein Zelt aus schwarzem Samt aufzuspannen. Der Mathematiker schließlich empfiehlt ein allabendliches Feuerwerk, „dahinter wird der Mond verblassen". Aber all diese Vorschläge hatten nicht zu übersehende Nachteile, und so gab sich der König wieder seinem Kummer hin. „Spiel' etwas auf deiner Laute," sagte er zum Hofnarren, „aber etwas Trauriges, denn wenn die Prinzessin den Mond erblickt, wird sie wieder krank .... Der Mond scheint jetzt genau ins Zimmer der Prinzessin. Wer wird ihr erklären können, warum der Mond am Himmel leuchtet, wenn sie doch glaubt, daß er an ihrem Halskettchen baumelt?" Der Hofnarr unterbrach das Spiel. „Wer konnte sagen, wie man den Mond holt, als Eure klugen Männer erklärten, er sei viel zu groß und viel zu weit entfernt? Es war die Prinzessin Leonore. Also ist die Prinzessin klüger als die gelehrten Männer und weiß mehr vom Mond als sie alle zusammen. Ich werde sie fragen!"

Und wieder weiß die Prinzessin tatsächlich die Antwort. „Das ist doch ganz einfach... wenn der Hofgärtner im königlichen Garten die Blumen schneidet, wachsen andere nach.Und mit dem Mond ist es auch so."

„Daß ich darauf nicht von allein gekommen bin!" sagte der Hofnarr. „Schließlich ist es mit dem Tageslicht dasselbe." „Ich glaube, daß es mit allem so ist," sagte die Prinzessin friedlich. Ihre Stimme wurde immer leiser, und der Hofnarr merkte, daß sie eingeschlafen war ....(nach J. Thurber 1993)

Reframing-Beutel, Problemliste und Geschichten verknüpfen assoziativ zentrale Lerninhalte mit einer als angenehm erinnerten Lernform. Die Situation selbst bleibt als Anker in Erinnerung.

4. Mit allen Sinnen und auf unterschiedlichen „logischen Ebenen" lernen

Familientherapeutische und sytemische Weiterbildungen haben die Benutzung von Lehrvideos und die Supervision mittels eigener Video-Aufzeichnungen in einem bisher nie gekannten Maße eingeführt: sie ermöglichen uns, konkretes Anschauungsmaterial im Sinne eines Lernens am Modell, die detaillierte und minutiöse Analyse des eigenen therapeutischen Vorgehens und des Vorgehens von Kollegen und unterstützen die gezielte Vor- und Nachbereitung von therapeutischen Sitzungen. Auch als Mittel des anschaulichen Feedbacks für Klienten sind Video-Bänder genutzt worden. Anders als im auditiven Medium des Tonbands können wir mittels Video verbale und non-verbale Informationen, digitale und analoge Ebenen der Kommunikation evaluieren. Aufgezeichnete Rollenspiele und Übungen, Lehr-Supervisionen und Live-Therapien geben somit nützliches Material für individuelle Lernprozesse ab.

Rollenspiele mit Video-Feedback oder das Vorstellen von eigenen Video-Bändern ermöglichen ein unmittelbares Feedback auf der Verhaltens- und Fähigkeiten-Ebene. Gleichzeitig führen sie dazu, daß Verhaltens- und Fähigkeiten-stützende Einstellungen (Glaubenssätze) gebildet werden. Erfolgt der Aufbau auf diese Weise in einem bottom-up Prozeß, so wird nach und nach die entsprechende Kompetenz erworben und es entsteht eine berufliche Identität als „systemische TherapeutIn" oder „SupervisorIn". Auf welcher Ebene eines Lern- und Entwicklungsprozesses sich die einzelnen Teilnehmer begreifen, wird häufig an der Verwendung der von ihnen verwandten Sprachmuster auf den unterschiedlichen „logischen Ebenen" (Dilts, 1993) deutlich. Das Modell der logischen Ebenen setzt in Anlehnung an Bateson voraus, daß auf jeder Ebene Informationen nach bestimmten Regeln organisiert werden und daß die Regeln zur Veränderung auf einer Ebene verschieden sind von der jeweils niedrigeren. Eine Veränderung auf einer niedrigeren Ebene kann, muß aber nicht notwendigerweise eine höhere Ebene beeinflussen. Eine Veränderung auf einer höheren Ebene führt jedoch nach diesem Modell zwangsläufig zu Veränderungen auf den darunterliegenden Ebenen, was wiederum die Veränderungen auf der höheren Ebene unterstützt und aufrechterhält. Folgende logischen Ebenen werden unterschieden :

Umwelt →	bezeichnet die externen Einflüsse, denen wir ausgesetzt sind. Sie gibt Auskunft über unsere **Reaktionen** und antwortet darauf, **wo** und **wann** etwas geschieht;
Verhalten →	beschäftigt sich mit den spezifischen **Handlungen und Aktionen**, die wir in einer bestimmten Umwelt bzw. in verschiedenen Umwelten und Kontexten vornehmen und antwortet somit auf die Fragen nach dem **Was?**
Fähigkeiten →	geben unseren Handlungen eine bestimmte **Richtung und Strategie** und beantworten das **Wie** etwas geschieht;
Glauben/Werte →	entscheiden darüber, welche Fähigkeiten wir einsetzen können und dürfen, geben damit Auskunft über **Motivation und Erlaubnis** und erklären, **warum** wir etwas tun;
Identität →	legt letzten Endes fest, **wer** wir sind, welches unser **Lebenssinn** und unsere **Lebensvisionen** sind und welcher **"Berufung"** und **"Mission"** wir folgen;
Spiritualität →	beschäftigt sich mit unseren Vorstellungen von Zugehörigkeit zu einem **übergeordneten Zusammenhang (Trans-Mission)** und gibt Antwort auf die Frage, **wer wir noch sind** (z.B. Gottes Kinder, Welt-Bürger etc.)

Sagt jemand in der Weiterbildung „Ich bin systemischer Kurzzeittherapeut“ oder läßt sich eine Visitenkarte als systemische(r) SupervisorIn drucken, so ist das eine Aussage auf der Ebene seiner Identität. Spricht jemand hingegen häufig darüber, daß er/sie lösungsorientiert vorgegangen ist (Verhaltensebene) oder verschiedene Verfahren zur Aktivierung von Ressourcen anwenden kann (Fähigkeitenebene), so können wir vermuten, daß der Prozeß der beruflichen Identitätsbildung innerhalb dieses Ansatzes noch nicht abgeschlossen ist.

In unseren an die Weiterbildung in „Systemischer Kurzzeittherapie und Beratung“ gekoppelten „Kurztherapieprojekte“ erleben sich die Teilnehmer in ihrer unmittelbaren Praxis gemeinsam mit den Supervisoren, die die Selbstreflexionen von Therapeuten und Team-Mitgliedern nach dem Modell der logischen Ebenen analysieren und ihre Eindrücke an die Teilnehmer rückmelden.

Im Kurztherapie-Projekt treffen sich einmal monatlich Teilnehmer verschiedener Weiterbildungs-Kurse an einem Nachmittag, um innerhalb eines fest organisierten Zeitrahmens selbständig mit einem Team unter Live-Supervision Therapien in den Praxisräumen des Instituts durchzuführen. Die Praxis innerhalb des Projekts ist zeitlich straff organisiert, um den Teilnehmern ein Lernen unter realistischen Bedingungen zu ermöglichen:

– Vorbereitung (Absprache Setting und Auswahl der Therapeuten, der Teammitglieder für Coaching-, Beobachtungs- und/oder Reflecting-Team);

- Durchführung der Therapie (Interview ca. 30-40 Min., gegebenenfalls mit Unterbrechung zur Team-Beratung; 10-15 Minuten Team-Beratung zur Erarbeitung einer Intervention; 5-10 Minuten Abschlußintervention);
- Nachbesprechung in Form eines Reflecting-Teams, von Beobachtungs-Berichten, Kleingruppen-Feedback und Vorstellen von Interventions-Alternativen.

Nach dieser Struktur werden an einem Nachmittag z. T. parallel bis zu 4 Therapiesitzungen durchgeführt. Dadurch wird es jedem Teilnehmer möglich, Therapien als TherapeutIn/Teammitglied und/oder BeobachterIn zu organisieren. Die Teilnehmer werden von Supervisoren begleitet. Die bisher durchgeführten Therapien umfaßten Problematiken wie Agoraphobie, Alkoholprobleme, berufliche Identitäts-Konflikte, Familien- und Paarbeziehungs-Probleme und waren häufig nach 6 – 8 Sitzungen beendet.

Im Kurztherapie-Projekt haben wir den Eindruck gewonnen, daß hier häufiger top-down-Lern-Prozesse laufen. Teilnehmer dieser Projekte zeichnen sich durch eine höhere fachliche Kompetenz und ein anderes Einstellungs-Set aus, als Teilnehmer in anderen Weiterbildungen. Nach dem Logischen-Ebenen-Konzept liegt folgende Beschreibung nahe: Umwelt: Instituts- und Praxisräume mit Video-Anlagen, systemisches Team- und Ablauf-Setting, Anwesenheit anderer systemisch arbeitender Kollegen – „Systemiker", Wirksamkeit der räumlichen „Anker", weil die Weiterbildungs-Seminare in den gleichen Räumlichkeiten stattfinden. Im Gegensatz zu den Räumlichkeiten an vielen Arbeitsplätzen von Teilnehmern, in denen ähnliche Bedingungen erst geschaffen werden müssen oder gar nicht möglich, weil nicht üblich sind, bietet die Umgebung der Institutsräume eine „optimale Basis" für eine Organisation der Lernprozesse auf den höheren logischen Ebenen.

Die Anwendung systemisch-kurzzeittherapeutischer Modelle und Methoden wie z.B. das lösungsorientierte Fragen, werden auf der Verhaltens- und Fähigkeitenebene in der Gesamtgruppe vorbereitet und als eine Art „mentaler Plan" mit in den Therapieraum genommen.

Durch die Praxis innerhalb der Projekte werden entsprechende Glaubenssätze initiiert und aktiviert wie z.B.: „Nicht der Therapeut bringt die Lösungen, sondern die Klienten tragen die Lösungen in sich", was den Teilnehmern wiederum die Erlaubnis gibt, in Übereinstimmung mit diesem Glaubenssystem zu handeln und entsprechende Fähigkeiten bei sich und den Klienten zu mobilisieren (z.B. durch beharrliches Fragen nach Ressourcen, was auf Seiten der Klienten zur Bestätigung durch Nennung der fokusierten Ressourcen führt). Auf diese Weise wird ein Selbstbestätigungs- und Selbstverstärkungsmechanismus in Gang gesetzt und gehalten:

Glaubenssätze, die häufig unbewußt oder teilbewußt wirken, werden im Sinne einer „als-ob-Realität“ handlungsleitend und im therapeutischen Prozeß rekursiv auf ihre Glaubwürdigkeit hin überprüft. Der suggestive Aufforderungs-Charakter der Situation, das ursprüngliche Handeln aufs geratewohl und die Vorbesprechung sowie die anschließende Nachbesprechung führen dazu, daß über die Befolgung eines bestimmten Regelwerkes die Ordnung einer systemisch-lösungsorientierten Kurzzeittherapie Realität entsteht.

Da den Klienten und der überweisenden Institution „systemische Kurzzeittherapie“ und ein dazugehöriges Setting (Spiegel, Teamarbeit, Video, begrenzte Anzahl Sitzungen etc.) angekündigt wird, gehen die Teilnehmer als „Mitspieler“ dieses Spiels auf der Identitätsebene ebenfalls in eine „so-tun-als-ob“-Position. Dies ähnelt dem, was wir Klienten mit der „so-tun-als-ob-das-Wunder-schon-passiert-wäre-Aufgabe“ nahelegen: der Klient begibt sich in einen durch Wunder- oder Skalierungsfrage skizzierten Zukunfts- und Zielzustand hinein, um in ihm spielerisch-probehandelnd einen zukünftigen und erstrebten Zustand zu erleben (vgl. Vogt-Hillmann et al. 1992). Die Teilnehmer des Kurztherapie-Projektes tun so, als ob sie systemische Therapeuten wären und nehmen neben entsprechenden Glaubenssätzen auf der Fähigkeiten- und Verhaltensebene das systemische Modell vorweg. Der strikte Zeitrahmen begünstigt unseres Erachtens den „so-tun-als-ob-Prozeß“, weil Handlungssicherheit über unmittelbare Regelbefolgung erlangt wird. Eine zeitlich intensive kognitiv-reflexive Auseinandersetzung mit Teilen anderer Glaubenssätze erfolgt meist erst, wenn schon konkrete Erfahrungen mit dem systemischen Therapie-Prozeß erfolgt sind. Die Involvierung der gesamten Person, die Wirkung des Settings samt der Gruppe von „Gleichgesinnten“ und die Anschauung der Wirkweise systemisch-lösungsorientierter Therapie in verschiedenen Wahrnehmungspositionen begünstigt ein gleichzeitiges und beschleunigtes Lernen auf mehreren „logischen Ebenen“.

Aus dem Systemischen NLP haben wir als weitere Anregung die Verwendung des **Time-Line-Konzepts** (Dilts 1993; James/Woodsmall 1991) in das systemisch-lösungsorientierte Vorgehen übernommen.

Auch die time-line wirkt als als ganzheitliches Lernmedium über Bewegung und die Verwendung von räumlichen Ankern. Auf elegante Art und Weise erlaubt sie uns, **verschiedene Zeiten** (Vergangenheit-Gegenwart-Zukunft) zu markieren und **unterschiedliche Wahrnehmungspositionen** einzunehmen: Teilnehmer können sich in verschiedene Zeitabschnitte ihres Lebens auf der time-line **assoziieren,** d.h. sie steigen z.B. auf einem Zeitabschnitt in ihrem Leben ein, an dem sie bestimmte Ressourcen entwickelt haben und versuchen, sich auf möglichst vielen Sinnen daran zu erinnern. Sie „tun so, als ob" sie in diesem Lebensabschnitt präsent sind. Dabei ist frappierend, wie involvierend das Betreten der Linie wirkt. Begleitet von entsprechenden sprachlichen Anregungen eines Beraters wirkt es wie die hypnotische Induktion eines Trance-Zustandes, indem die Person Phänomene wie Altersregression oder auch Altersprogression erleben kann. Die explorierende Person kann aber auch eine **Meta-Position** neben der Zeitlinie einnehmen und ähnlich wie im Meta-Mirror aus einer Beobachter-Perspektive die Ereignisse beschreiben und kommentieren. Auch ist es möglich, systemisch vorzugehen und die Wahrnehmungsperspektive einer anderen wichtigen Bezugsperson zu bestimmten Zeitpunkten in der Vergangenheit oder auch in der Zukunft einzunehmen, um auf sehr anschauliche Art und Weise Perspektiven „einfühlend" nach-zuempfinden oder antizierend die Auswirkungen von bestimmten Veränderungen in der Zukunft aus der Wahrnehmungsposition einer wichtigen Bezugsperson zu explorieren. Das konkrete Betreten dieser Position auf der Zeitlinie ist für viele Personen einfacher als das rein kognitiv-verbale Abfragen unterschiedlicher Perspektiven durch bestimmte Frageformen.

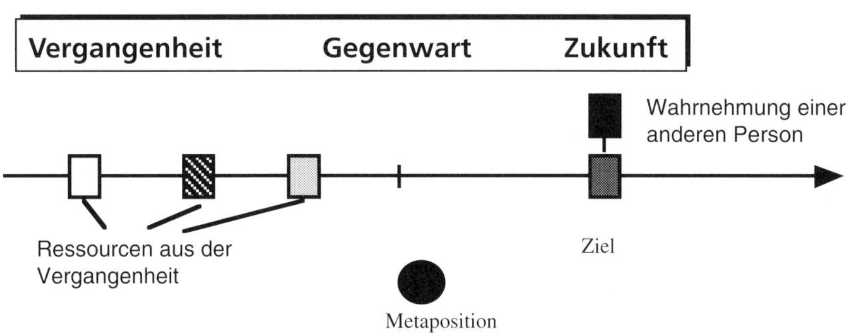

Eine ganz ähnliche sinnliche Erfahrung vermittelt sich Teilnehmern im Training der „Kreativen Kindertherapie", wenn sie kinästhetisch durch **psychomotorische Übungen** erfahren, welche Fähigkeiten Kinder in den unterschiedlichen Entwicklungsphasen ausgebildet haben und wie diese durch gezielte Übungen in die Therapie genutzt und gefördert werden können.

Sinnlich und bisweilen sogar feinschmeckerisch geht es zu, wenn die Teilnehmer Medien zur Darstellung von Beziehungssystemen trainieren und ausprobieren, mit denen Familien, Kollegen-Teams oder Organisationen im Sinne der Skulptur-Arbeit visualisiert und dargestellt werden können. In unseren Trainings wird dazu neben der klassischen Skulpturtechnik nach Satir das „gustatorische" Vorgehen **„Familie/Systeme in Bonbons"** gelehrt: Jeder Beziehungspartner wird als verschiedenfarbiges und geschmacklich unterschiedliches Bonbon ausgewählt. Dann stellt der Teilnehmer das entsprechende Beziehungsgeflecht anhand mehrer Bonbons dar. Sind die üblichen Skulptur-Varianten auf diese Weise durchgespielt, können die Teilnehmer – meist mit viel Vergnügen – nach und nach die jeweiligen Systemmitglieder noch näher kennenlernen, indem sie sie „auf der Zunge zergehen lassen" und sich dadurch neue Assoziationsfelder eröffnen. Diese „versüßte" Seminareinheit ist vielen Teilnehmern noch nach Jahren besonders gut in Erinnerung.

Schlußbemerkung

Den Fortschritt von Ausbildungsteilnehmern in Richtung auf ihr persönliches Ausbildungsziel verdeutlichen wir in vielfältiger Weise, wie weiter oben beschrieben wurde. Die Arbeitsformen in den Trainings passen wir so den augenblicklichen Bedürfnissen der Ausbildungsgruppen an und reagieren flexibel auf die nächstliegenden Ziele der Teilnehmer. Insofern haben die Curricula einen ähnlich evaluativen Charakter, wie auch die Therapiemethode **Kurztherapie**. Bei der Entwicklung neuer Curricula und auch der Nachfolge-Curricula für unsere Weiterbildungen überprüfen wir am Ende eines jeden Weiterbildungsganges, inwieweit unsere Ideen über Inhalte und Arbeitsformen mit den Erfahrungen der Teilnehmer übereinstimmen. Als Beispiel hierfür mag die Befragung der Teilnehmer am Ende des ersten Kurses der Weiterbildung in **Kreativer Kindertherapie** dienen.

Wir benutzen die gleichen Fragen, die wir in der Lösungsorientierten Kurztherapie verwenden, wenn wir Einschätzungen über nicht einfach Quantifizierbares erfragen. Dazu ließen wir die Teilnehmer einen Bogen bearbeiten, indem wir zu den Arbeitsformen die folgenden Fragen stellten:

Skaliere zwischen 1 und 10 (1 = wenig relevant 10 = sehr bedeutsam) die Effektivität der Arbeitsformen:

- Praktische Übungen in Kleingruppen
- Interaktionsspiele im Plenum
- Behandlung von Anliegen in Kleingruppen
- Video-Demonstration im Plenum
- Partnerübungen
- Vorträge der Trainer
- Plenumsdiskussion
- Kurzreferate aus den Regionalgruppen
- Arbeit in den Regionalgruppen zwischen den Seminaren
- Live-Konsultation

Effektivität der Arbeitsformen
Mittelwerte (N=17)

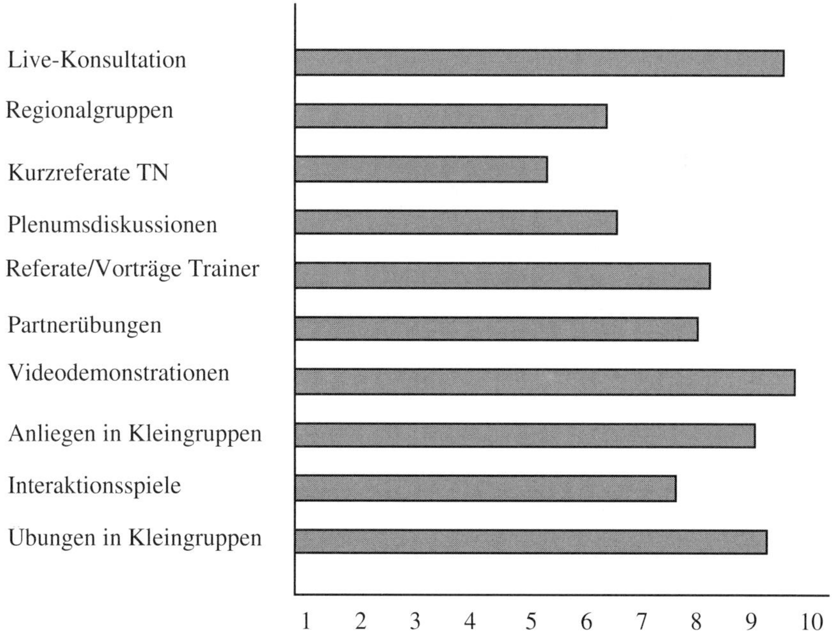

Die Ergebnisse bestätigten uns vor allem in der Annahme, daß Live-Arbeit und Arbeit in kleinen Gruppen von den Teilnehmern hochgeschätzt wird. Die relativ niedrige Bewertung der Kurzreferate und Plenumsdiskussionen zeigt demgegenüber, daß offensichtlich einer konkreten und durch die Trainer eng supervidierten Aufgabenstellung in einer übersichtlichen Gruppengröße der Vorzug vor anderen Arbeitsformen gegeben wird. Die Bewertung der Regional- oder Intervisionsgruppen ist unterschiedlich in den einzelnen Weiterbildungsgruppen und wird von zunehmender Wichtigkeit, wenn es den Teilnehmern gelingt, in der Praxis fehlende Austauschmöglichkeiten mit Teamkollegen zu ersetzen oder als eine Art „systemisch-lösungsorientiertes Team" für eigene Therapien und Beratungen zu fungieren.

Bis heute wird in kaum einer Therapieausbildung eine Evaluation der Ausbildung für erforderlich gehalten, was auch Grawe et al. (1994) beklagen. Unserer Erfahrung nach ist gerade diese Evaluation mit einem dem vermittelten Therapiekonzept angemessenen Verfahren äußerst hilfreich, um auf Dauer erfolgreich – d.h. den Bedürfnissen und Erfordernissen der „Kunden" entsprechend – auszubilden.

Wir haben verschiedene Möglichkeiten vorgestellt, Lernprozesse im Rahmen von Weiterbildungsseminaren im Einklang mit zentralen Prinzipien des lösungsorientierten Ansatzes zu gestalten. Uns ist dabei wichtig, die jeweiligen Inhalte mit sinn-vollen und perspektiven-reichen Formen der Vermittlung zu verbinden, die Teilnehmer möglichst umfassend – d.h. auf allen logischen Ebenen – zu erreichen und dadurch das Gelernte im Erleben und der Erinnerung der Teilnehmer zu verankern. Wenn dies gelingt, dann wird es zu einer lebendigen Erinnerung und zu einer erinnerten Lebendigkeit, die sich auch in der Praxis im Umgang mit Klienten auf kongruente Weise mitteilt.

Literatur

BANDLER, Richard & GRINDER, John: Reframing, Paderborn: Junfermann, 1985

BERG, Insoo Kim: Familienzusammenhalt(en), Dortmund: verlag modernes lernen, 1992

BERG, Insoo Kim & MILLER, Scott: Kurzzeittherapie bei Alkoholproblemen, Heidelberg: Auer, 1993

DILTS, Robert: Die Veränderung von Glaubenssystemen, Paderborn: Junfermann, 1993

GRAWE, Klaus et al.: Psychotherapie im Wandel, Göttingen: Hogrefe, 1994

JAMES, Tad & WOODSMALL, Wyatt: Time Line. NLP-Konzepte zur Grundstruktur der Persönlichkeit, Paderborn: Junfermann, 1991

O´CONNOR, Joseph & SEYMOUR, John: Neurolinguistisches Programmieren: Gelungene Kommunikation und persönliche Entfaltung, Freiburg: VAK, 1994

PESESCHKIAN, Nossrat: Der Kaufmann und der Papagei, Frankfurt: Fischer, 1984

THURBER, James: Ein Mond für Leonore, Oldenburg: Lappan , 1993

VOGT-HILLMANN, Manfred, EBERLING, Wolfgang & BURR, Wolfgang: Ein klinisches Metakonzept für die Entwicklung lösungsorientierter Kurzzeittherapie. Zeitschrift für systemische Therapie, 68-278, 1992

WALTER, John L. & PELLER, Jane E.: Lösungsorientierte Kurztherapie, Dortmund: verlag modernes lernen, 1994

WATZLAWICK, Paul et al.: Lösungen, Bern: Huber, 1979

Fortbildung – Bildung „fort von..." oder „hin zu"?

Jürgen Hargens und Uwe Grau

Kontextuelles

Der Fortbildungskontext, über den wir hier berichten, umfaßt zwei unterschiedliche Bereiche, so daß allein daraus interessante Anregungen und Befruchtungen entstehen.

Seit 1990 führt Uwe Grau im Rahmen des Psychologiestudiums an der Universität Kiel einen mehrsemestrigen Kurs „Beraten von Individuen in sozialen Systemen" durch, der sich an systemischen und lösungsorientierten Ideen ausrichtet (Grau 1990). Dabei geht es um die Vermittlung von Grundwissen sowie um dessen praktische Anwendung und Umsetzung.

Darüber hinaus bieten wir ein- und mehrteilige Workshops zu lösungsorientierter Kurztherapie an. Diese Workshops führen wir entweder für Institutionen und Träger psychosozialer Dienste durch, oder wir bieten sie auf dem „freien Markt" an.

Grundsätzliches

Fortbildungen werden i.a.R. dann angestrebt, wenn die Idee besteht, etwas Neues zu lernen oder in der eigenen Praxis erkannte Schwachstellen auszubessern – sie werden also zumeist unter einer „Problemperspektive" angegangen.

Lösungsorientiertes Arbeiten kehrt diesen Blick gleichsam um, achtet auf Stärken, Kompetenzen, Ressourcen, die es zu nutzen und auszunutzen gilt. In diesem Sinne kommt es uns darauf an, die individuellen Ressourcen der Auszubildenden stärker herauszuarbeiten und ihnen so ihre eigenen Möglichkeiten vor Augen zu führen, auf denen sie aufbauen können. Dies entspricht der lösungsorientierten Auffassung, daß es leichter fällt, ein bereits gezeigtes Verhalten auszuweiten, zu vergrößern – während es viel schwieriger scheint, ein (auch unerwünschtes) Verhalten zu beenden.

Dabei kann es nun allerdings nicht darum gehen, in Beliebigkeit zu verfallen, also die eigenen Ressourcen und Möglichkeiten nach Belieben einzusetzen. Der theoretische Hintergrund lösungsorientierter Arbeit bildet vielmehr den Rahmen, den Hintergrund, vor dem das eigene Handeln bewertbar wird.

In diesem Sinne konfrontieren wir die Auszubildenden relativ rasch mit zwei unserer wesentlichen Trainingsannahmen:

> Wie kannst Du vermeiden, ein Original zu werden?

Die Antwort lautet schlicht, daß es unmöglich ist, da jede Person definitionsgemäß ein Original darstellt. Es kommt uns daher darauf an, sich dieser Idee bewußter zu werden und sie zu nutzen.

> Was immer Du tust, ist in Ordnung
> solange Du hinterher eine eindeutige und theoretisch konsistente Begündung dafür angeben kannst.

Damit wollen wir die Auszubildenden darauf hinweisen, daß lösungsorientierte Arbeit kein striktes und rigides Einhalten und Abspulen von Techniken/Fragen ist, sondern die Umsetzung einer lösungsorientierten Idee in konkrete Handlungen (Lipchik 1994). Solange diese „rahmende Idee" (Durrant 1995) das therapeutische Handeln bestimmt, solange bewegt sich die TherapeutIn im Rahmen lösungsorienter Arbeit.

Für die therapeutische Praxis hat Miller dies pointiert unter der Überschrift „die Symptome der Lösungen" zusammengefaßt, wenn er feststellt: „Anders als Probleme, die gemäß der Alltagsweisheit wachsen und wuchern, wenn sie ignoriert werden, scheinen Lösungen einfach zu verschwinden, wenn KlinikerInnen sie nicht bemerken." (1992, S. 2)

Wir benutzen unsere beiden Grundannahmen daher auch, um den Blick der Auszubildenden auf die Ressourcen, über die sie verfügen, zu lenken – auf Ressourcen, die sich aus ihren Herkunftsfamilien, ihren Ausbildungen, ihren Beziehungen etc. ergeben. Wir werden auf entsprechende Übungen an späterer Stelle hinweisen.

Fort vom Defizit – hin zu Ressourcen

Ein Training umfaßt für uns daher verschiedene Aspekte: ich lerne, mich zu verhalten, was nichts anderes bedeutet, als daß ich mein Verhaltensrepertoire erweitere. Ich lerne zugleich, meine (Re-)Aktionen auf (Re-)Aktionen meiner KundInnen zu erweitern: Tut die KundIn dies, dann tue ich das etc. Alles dies läßt sich unter der Bezeichnung „skill-training", also Üben von Fertigkeiten, zusammenfassen.

Ein weiterer, u.E. wesentlicher Aspekt jeden Trainings berührt die Frage, was ich tue, wenn die KundIn nicht „erwartungsgemäß" reagiert.

In der Praxis wird dies deutlich, wenn TeilnehmerInnen darüber berichten, daß sie einige ihrer neu erlernten Fertigkeiten eingesetzt haben, z.B. nach Ausnahmen und Ressourcen zu fragen, daß die KundIn aber nicht „erwartungsgemäß" reagiert habe – sie habe diese Ausnahmen nicht benannt, sondern vielmehr weiter über Probleme und Schwierigkeiten geredet.

Für uns stellt dies einen zentralen Aspekt jeder Fortbildung dar, denn für uns repräsentieren diese „Knackpunkte" die Stellen, an denen erkennbar wird, inwieweit das Training ausschließlich das Erlernen von Techniken umfaßt oder inwieweit es auch die Klärung des zugrundeliegenden Menschenbildes mit einbezieht und handlungsleitend macht (vgl. JONES 1995, S. 208f).

In diesem Sinne scheint es uns wichtig, das, was wir tun, vor dem Hintergrund eines Rahmens zu beschreiben, der das absteckt, was im Training erreicht werden soll. Dies beschreibt für uns zugleich einen wichtigen Aspekt lösungsorientierten Arbeitens – „zielorientiert".

Zur Entwicklung dieses Rahmens haben wir versucht, einige Grundlinien lösungsorientierten Arbeitens darzustellen (HARGENS 1995), die sowohl die praktische Arbeit („Therapie") wie die Fortbildung („Training") leiten. Diese Grundlinien stellen wir den eher klassischen therapeutischen Auffassungen gegenüber, um – so unsere Hoffnung – damit im BATESONschen Sinne, einen Unterschied zu machen, der einen Unterschied macht, also „neue" Information zu (er-)schaffen: (Siehe Abb. 1, S. 182)

Damit haben wir den Rahmen unserer Fortbildung grob umrissen. Zwei Aspekte besitzen dabei für uns einen besonderen Stellenwert.

Da ist zunächst das **Verhältnis von Haltung und Technik** – eine Frage, die eine Art „Meta-Rahmen" bildet und sich immer wieder durch die einzelnen Ausbildungsabschnitte hindurchzieht. Dieser Aspekt zielt auch auf die Frage der Verantwortung für mein professionelles Handeln, so wie er in unser anderen zentralen Annahme deutlich hervortritt: warum tue ich das, was ich tue?

BFTC	„klassisch“
Schilderung erfreuliche**rer** Zukunft	Schilderung unerfreulicher Gegenwart und Vergangenheit
Hoffnungen und Erwartungen	Wissen und Information
kooperieren	Widerstand
K. wird sich verändern	K. wird sich nicht ändern
Erfolge der Vergangenheit	Mißerfolge beim Lösen
Anzeichen für Lösungen (z.B. Ausnahmen)	Details der Klage
Lösungen sind anders	Probleme sind gleich

Abb. 1: Unterschiede, die einen Unterschied machen?

Es ist unschwer zu erkennen, daß sich dieses Verhältnis in unserer zweiten Trainingsannahme – Was immer Du tust, ist in Ordnung – solange Du hinterher eine eindeutige und theoretisch konsistente Begründung dafür angeben kannst – widerspiegelt.

Der zweite Aspekt betrifft die **(Eigen-) Definition als TherapeutIn:** wie konzipiere/konstruiere ich mich selber? Über die lösungsorientierte Technik der Skalierungsfrage schaffen wir eine Möglichkeit, diesen Aspekt immer wieder zu thematisieren. Wir können vor den einzelnen Übungsabschnitten der Ausbildung – oder aber vor jeder Therapiesitzung – (uns) die Frage stellen: Auf einer Skala von null bis zehn, wobei null bedeutet „ganz schlecht, schlechter geht es nicht“ und zehn „großartig, besser geht es nicht“ – wie schätze ich jetzt meine Kompetenz als lösungsorientierte BeraterIn ein?

Es ist unschwer zu erkennen, daß sich hier unsere erste Trainingsannahme – es ist unvermeidlich, ein Original zu werden, also nutze Deine Ressourcen – widerspiegelt.

Diese beiden Aspekte ziehen sich als eine Art roter Faden durch die gesamte Fortbildung und sollen hier nicht weiter verfolgt werden. Wir wollen nun konkreter auf einige weitere Merkmale unseres Trainings eingehen, bevor wir dann einige Übungen im einzelnen beschreiben.

Rollenspiel, Selbsterfahrung oder ...?

Wir sind immer stärker davon abgekommen, „Rollenspiele" in unser Programm aufzunehmen. Wir definieren „Rollenspiel" als eine Übungssituation, in der vorgegebene, mehr oder minder klar strukturierte Rollenvorgaben gemacht werden, die von den TeilnehmerInnen dann gespielt und ausgefüllt werden.

Wir bevorzugen Übungen, die Fragestellungen oder Probleme der TeilnehmerInnen selbst zum Ausgangspunkt nehmen, in diesem Sinne also „echt" sind. Wir stellen zu Beginn des Trainings dar, daß wir Übungen machen werden, kurze Beratungssequenzen mit spezifischen Aufgabenstellungen für die BeraterIn bzw. das Beratungsteam. Diejenigen, die sich als KundIn zur Verfügung stellen, bitten wir, eine eigene Fragestellung, ein eigenes Problem einzubringen, da nur so erlebbar wird, welche Wirkungen das Verhalten der BeraterIn hervorruft und die BeraterIn erleben kann, wie sich ihr Verhalten auf die KundIn auswirkt. In diesem Sinne hat die Auszubildende in der Funktion der KundIn eine Möglichkeit, selber zu erleben, wie es „sich anfühlt, auf diese Weise" beraten zu werden.

Wir machen deutlich, daß es sich nicht unbedingt um ein großes Problem handeln muß. Es reicht aus, wenn es etwas ist, was die KundIn einmal „anders" angehen möchte – eine Alltagserfahrung, ein sich wiederholendes Dilemma, ein sog. „Nicht-Problem-Problem" oder eine Schwierigkeit, die für die Person bedeutsam ist. Anders gesagt, das Thema sollte handlich abgepackt sein, gleichsam handwarm und den Puls nicht unbedingt rasant beschleunigen. Die Entscheidung liegt ausschließlich bei der KundIn – der FortbildungsteilnehmerIn -, die auch entscheidet, wieviel sie „preisgeben" möchte.

Die Übungen werden in einer strikten räumlichen Struktur durchgeführt:

KundIn und BeraterIn(nen) sitzen mit dem Rücken zur Fortbildungsgruppe, um möglichst wenig von deren Reaktionen beinflußt zu werden. Unsere Erfahrung zeigt, daß dieses Setting anfangs ungewohnt scheint, allerdings von den TeilnehmerInnen rasch angenommen und in der Folge positiv (ein)geschätzt wird.

Nach Abschluß der Übung wenden sich KundIn und BeraterIn(nnen) wieder der Gruppe zu. Die erste Frage, die von uns Leitern gestellt wird, richtet sich an die KundIn: „Wie geht es Ihnen jetzt?" Diese Frage und die darauf folgende Antwort gibt einen Einblick in Beschreibungen

(Re-Konstruktionen) subjektiver Erlebnisabläufe. Dieselbe Frage richten wir dann an die BeraterIn. Sofern „Störungen“, „ungute Gefühle“ usf. rückgemeldet werden, klären wir, inwieweit diese sofort anzusprechen und zu bearbeiten sind. Danach erfolgt die Besprechung der Übung anhand der die Übung leitenden Aufgabe, wo dann auch die Beteiligten (KundIn und BeraterIn) ihre Erfahrungen einbringen.

Unsere Erfahrungen weisen daraufhin, daß bei einer lösungsorientierten Fortbildung kaum „Störungen“ gemeldet werden – ein Hinweis darauf, daß sich KundInnen anerkannt, respektiert und in ihren Kompetenzen gestützt fühlen. Damit erhalten die TeilnehmerInnen eine Ahnung, welche „Atmosphäre“ diese Art der Beratung hervorrufen und erschaffen kann.

Exemplarisch möchten wir dazu die Rückmeldung einer Teilnehmerin eines Workshops, Ärztin in einer Fachklinik für Alkoholkranke, wiedergeben, die bisher über keine direkten Erfahrungen mit dem lösungsorientierten Ansatz verfügte:

„In den fünf Stunden des Workshops ... wurde mir klar, u.a. auch auf Grund meiner persönlichen Erfahrungen, Zweifel und Versagensängste, die ich in Gesprächen mit PatientInnen sammeln mußte – wie entscheidend das scheinbar unvollendete und dadurch unkomplizierte „Zurückgeben“ der Suche nach und des Beginns eines Weges nach eigenen Zielen, eigenen Vorstellungen, eigenen Entscheidungen der Betroffenen ist. Ganz deutlich wurde mir das in einem Rollenspiel* mit Jürgen Hargens, das ich aus meiner Sicht „problemgeladen“ intensiv ziel- und problemlösungsorientiert unter „umgekehrten Vorzeichen“ erlebte. Nicht die Erörterung der Umstände der Probleme bieten eine Chance der Lösung, sondern das Angebot und die gemeinsame Suche nach Zielen. So befand ich mich am Ende des Gesprächs auf der „Befindlichkeitsskala“ ganz oben, hatte mehr Lösungsmöglichkeiten als mein Gesprächspartner gefunden und – immerhin – die scheinbare „Unlösbarkeit“ des eigenen Problems gänzlich aufgegeben. Gerade diese Spontaneität, das unvollendet Begonnene und die Lösung des eigenen Drucks im Gespräch („Heute und hier muß ich es für jemanden schaffen!“) waren für mich ganz wichtige Erfahrungen, die ich gerne vertiefen möchte und die sich tatsächlich im Patientengespräch als eine wichtige Möglichkeit der Annäherung erweisen.“

---

*) Dieses „Rollenspiel“ war eine Live-Beratung im Rahmen des Workshops, bei der es um eine Frage, ein Problem, eine Herausforderung, die derzeit bestand, ging – also eine Übung in dem Sinne, wie wir sie für unser Vorgehen beschrieben haben und kein „simuliertes Rollenspiel“.

Ein Wort zu den Rückmeldungen – im Sinne lösungsorientierten Vorgehens erscheint es uns wichtig, den TeilnehmerInnen Gelegenheiten zu geben, etwas über ihre Stärken, ihre Ressourcen zu erfahren. Rückmeldungen zu den Übungen orientieren sich deshalb an dem, was gut gelaufen ist – im Sinne des lösungsorientierten Axioms: **„wenn etwas funktioniert, mach' mehr davon"**. Damit soll zugleich die mögliche Antizipation von Prüfungs- oder Testsituationen vermieden werden. Ein wesentliches Ausbildungsziel besteht darin, den Auszubildenden den Blick auf eigene Ressourcen zu eröffnen, das Verbessern der eigenen Fertigkeiten zu erleichtern und persönliche Unterschiede zu respektieren. Denn sonst könnte die LeiterIn/TrainerIn allzu leicht in die Situation der Henriette Daun kommen:

Anto-logie

Die Ente Henriette Daun
wollt nicht wie andre Enten-Fraun
ganz ohne alle Theorien
de jungen Entn bloss erziehn.
Drum hat se se immatrikuliert
und Pädagogik gschwind studiert,
hat's dann recht bald schee weit aa bracht,
an Doktor als «Päd-Ant» z'letzt gmacht.
Wia ihre Antn-Kinder dann
ganz kloa aus ihre Oa gschlupft san,
hat se se theoretisch gscheit
auf ihre Aufgab vorbereit
und wissenschaftlich wohl fundiert
de Kloana an aan See hingführt.
«Passts auf», hats gsagt, «oans is wohl klar,
schwimma lernts bloss curricular,
des hoasst, mia müassn affektiv, psychomotorisch, kognitiv
den Schwimmlernvorgang z'erst mal sehn,
bevor wir dann in d'Praxis gehn.
Rein affektiv bedeutt das,
as Lernziel hoasst: 's Wasser macht Spass,
psychomotorisch hoassts: beim Schwimma,
muass der Bewegungsablauf stimma.
Und kognitiv waar, dass de Antn
von vornherein mitdenka kaantn.
Des hoasst beim Schwimma braucht ma's Hirn,
drum muass ma z'erst analysiern:
As Wasser is a Element,
des H_2O der Fachmann nennt,
und wenn's ins Wasser gehts, na geht des
nach dem Prinzip vom Archimedes.
Des hoasst, ma woass an was des hängt,
wenn's Wasser euern Leib verdrängt.
Und wia ma des berechnen konn,
erfahrt's jetzt in a Lektion...»
...Während ihrm Vortrag warn de Junga
ins Wasser einfach einegsprunga
und san im See glei umaduma
ganz lustig umanandagschwumma.
Wia des d'Alt siegt, duads an Schrei:
«Schwimmt's z'ruck um Gottswuin aber glei,
horcht's euch z'erst o de Theorie,
denn sonst lernt's ihr as Schwimma nie!»

Abb. 2: Aus Helmut Zöpfl: „Aber lebn, des möcht i bloss in Bayern"

Ausbildungsphilosophie

Im folgenden wollen wir einige Aspekte unserer Fortbildungen beleuchten und zeigen, mithilfe welcher praktischen Übungen wir darangehen, den TeilnehmerInnen neue und andere Erfahrungen zu ermöglichen. Uns ist wohl bewußt, daß wir die TeilnehmerInnen nicht zielgerichtet beeinflussen können (vgl. MATURANA 1982; DELL 1990[2], EFRAN et al. 1992) – wir wollen aber eine Struktur erschaffen, die Verstörungen möglich macht und so die Reflexion des eigenen Handelns und Denkens erleichtert, ohne dabei allzu rasch die Kategorie „richtig/falsch" zu benutzen.

In diesem Sinne sollen alle folgenden Übungsbeispiele auch so betrachtet werden, daß sie Anregungen setzen, „anders" zu handeln und in den Reflexionen über das, was geschehen ist, Möglichkeiten zu entwerfen, die eigenen Ressourcen kreativ und nutzvoll zu erweitern. Für uns stellt lösungsorientiertes Arbeiten einen spezifischen Ansatz dar, den wir für wünschenswert halten – wobei wir zugestehen, daß andere diesen Ansatz für nicht oder weniger wünschenswert halten. Insofern begreifen wir Fortbildung als kontinuierlichen Klärungsprozeß des eigenen Standpunktes bzw. Ausgangsortes und nicht als „Verkaufsstelle von besten Konzepten". Für uns bleibt es wichtig, daß die TeilnehmerInnen sich selber entscheiden, ob sie diesem Modell folgen oder es für sich zurückweisen – diese Grundidee entspricht dem VON FOERSTERschen Grundprinzip ethischen Handelns, die Wahl- und Handlungsmöglichkeiten zu erweitern.

Übungen

„Vom Guten im Schlechten"

In unserer lösungsorientierten Fortbildung versuchen wir, den TeilnehmerInnen von Anfang an einen grundlegenden Aspekt nahezubringen – wir bemühen uns, ihnen eine Idee darüber zu vermitteln, „Probleme" – also das Thema von Therapie und Beratung – „anders" zu betrachten, eine andere, ungewohnte „Linse" (HOFFMAN 1991) zu benutzen, um sich an einen anderen Blick zu gewöhnen, sich mit ihm anzufreunden. Dies zeigt sich vor allem in unserer Anfangsübung, die mittlerweile fast eine Art „Standard" eines jeden Kurses oder Workshops geworden ist: Umdeuten.

Beispiel 1: Umdeuten – Kurzfassung

Ein Stuhl wird aus dem Kreis der TeilnehmerInnen genommen und so gestellt, daß die Person, die sich darauf setzt, mit dem Rücken zum Kreis sitzt und die TeilnehmerInnen nicht sehen kann. Wir bitten jemanden, sich auf den Stuhl zu setzen, der/die ein Problem, eine Fragestellung einmal „anders“ betrachten lassen möchte mit dem „Risiko“, als ProblembesitzerIn das Problem eventuell zu verlieren. Diese KundIn stellt ihr Problem in zwei oder drei Sätzen – also kurz – vor, und die anderen TeilnehmerInnen beschreiben dann der Reihe nach mögliche positive Aspekte des Problems, mögliche Vorteile, möglichen Nutzen etc. Wir betonen, daß es wichtig ist, kurze positive Beschreibungen abzugeben und dies nacheinander reihum zu machen.

Dann läuft die Übung ab wie dargestellt. Sie endet nach zwei bis vier Runden „umdeuten“.

Während die TeilnehmerInnen anfangs von Schwierigkeiten berichten, positive Aspekte zu „finden“, zeigen sie sich immer wieder überrascht, daß sich tatsächlich positive Aspekte in solcher Zahl (er-) „finden“ lassen – wobei die Ideen der anderen sich überaus „ansteckend“ auf das Hervorbringen eigener Ideen auszuwirken scheinen.

Da wir diese Übung nutzen, um zum einen von Problemperspektiven wegzukommen und zum anderen, um spielerisch Anstöße zu geben, werden die Umdeutungen nicht weiter kommentiert, die Rückmeldungen der TeilnehmerInnen, wie es ihnen ergangen ist, werden nicht „zerredet“, sondern einfach „stehengelassen“.

Mittlerweile benutzen wir diese Übung oft als Einstieg jedes neuen Fortbildungsabschnittes, was die TeilnehmerInnen als angenehm beschreiben, da es ihnen hilft, „umzudenken“.

Beispiel 2: Umdeuten – Langfassung

Gelegentlich nutzen wir eine „Langfassung“ dieser Übung – nämlich dann, wenn wir konkreter Effekte und Wirkungen veranschaulichen möchten oder TeilnehmerInnen dies wünschen. Der Ablauf ist im wesentlichen mit der Kurzfassung identisch, allerdings werden jetzt alle Umdeutungen auf einer Tafel oder Flipchart fixiert.

Die KundIn bewertet dann die Umdeutungen unter dem Aspekt, wie sie diese für sich selber als passend erlebt mittels der Zeichen ++/+/0/-/--. Das Kriterium ist dabei nicht die Güte der Umdeutung, sondern das Passen für die KundIn. Dabei taucht oft ein interessanter Aspekt auf, daß nämlich die KundIn auch Umdeutungen der Kategorie „--“ schätzt, weil diese ihr deutlich machen, welche Richtung für sie selber am wenigsten paßt.

Am Anfang steht der Anfang...

Lösungsorientiertes Arbeiten zielt auf Lösungen, weniger auf Probleme und damit ist die Frage aufgeworfen, wie strukturiere ich ein Interview, das auf Lösungen und weniger oder nicht auf Probleme fokussiert? Es geht darum, das Interview auf eine solche Weise zu führen, „daß der Schwerpunkt auf Lösungen und nicht auf Problemen" liegt. „Darunter verstehen wir, daß das Problem und andere Themen auf eine Weise besprochen werden sollten, die dazu beiträgt, Optimismus, Zusammenarbeit und Vertrauen in die eigenen Ressourcen zu schaffen und zu ermutigen" (Furman & Ahola, 1995)

Diese Frage erscheint uns am Anfang einer Fortbildung ein wenig zu weitgehend. Bevor ich mir als TherapeutIn Gedanken mache, welche Lösungen angestrebt werden sollen, geht es darum, den Auftrag, den die KundIn mir gibt, zu klären und zu präzisieren. Psychologisch geschulte Fachleute neigen dazu, unklare Aufträge zu übernehmen, weil sie eine Idee davon haben, was das Ziel (der anderen Person) ist oder sein soll (vgl. Hargens & Albers, in diesem Band) – „Gedanken lesen". Anhand von zwei Übungen wollen wir veranschaulichen, wie wir vorgehen.

Beispiel 3: „Was führt Sie hierher?"

Wir stellen zwei – bei einem Beratungsteam drei – Stühle außerhalb des Teilnehmerkreises, so daß diejenigen, die als BeraterIn und KundIn fungieren, nicht gestört werden. Die Aufgabe der BeraterIn besteht darin, sich von der KundIn einen Auftrag zu holen oder geben zu lassen. Wir beschreiben die Aufgabe in dieser allgemeinen Form, damit die BeraterIn ihre eigenen Fertigkeiten nutzt, die Aufgabe zu erfüllen. Zugleich setzen wir ein Zeitlimit von etwa 5 bis 7 Minuten.

Die TeilnehmerInnen sollen beobachten, wie die BeraterIn die Aufgabe erledigt und beschreiben, was ihnen auffällt. Die LeiterInnen achten auf die Einhaltung der Zeit.

Nach Ablauf der Zeit wird die Übung beendet, die KundIn befragt, wie es ihr im Augenblick geht und dann wird dieselbe Frage an die BeraterIn gerichtet. Danach melden die TeilnehmerInnen das zurück, was ihnen aufgefallen ist, wobei die LeiterInnen darauf achten, daß die Rückmeldungen respektvoll an Stärken und Ressourcen anknüpfen.

Nach dem Einsammeln der ersten, spontanen Beschreibungen hat sich zur weiteren Auswertung die Frage bewährt: „Wie genau lautet der

Auftrag der KundIn?“ „Was genau möchte sie?“ „Woran merken Sie, wenn die KundIn dieses erreicht hat?“

Diese Fragen zielen in die Richtung, Aufträge so präzise und genau wie möglich zu beschreiben. Dabei machen wir oft die Beobachtung, daß sich BeraterInnen mit Auftragslagen zufrieden geben, die sich nicht klar erkennen und feststellen lassen, wie z.B. „in der Schule bessere Leistungen erbringen“ oder „eine zufriedenere Beziehung leben“. Was sind „bessere Schulleistungen“ und woran läßt sich eine „zufriedenere Beziehung“ festmachen?

Beispiel 4: „Ihr Ziel heißt...“

Wir wiederholen diese Auftragsübung und nutzen dazu die Kriterien für eindeutig definierte Ziele, die WALTER und PELLER (1994) entwickelt haben. Wir stellen die Kriterien anhand einer Folie vor und erläutern Schlüsselworte und Musterfragen:

Kriterium	**Schlüsselwort**	**Musterfrage**
1. positiv	„stattdessen“	„Was werden Sie stattdessen tun?“
2. prozeßhaft	„wie“ Verbform	„Wie werden Sie das tun?“
3. Hier und Jetzt	auf dem Weg sein	„Wenn Sie heute aus der Sitzung herausgehen und auf dem Weg zu Ihrem Ziel sind, was werden Sie anders machen oder wie werden Sie anders zu sich sprechen?“
4. so spezifisch wie möglich	„spezifisch“	„Wie werden Sie das im einzelnen tun?“
5. Im Kontrollbereich der KlientIn	„Sie“	„Was werden Sie tun, wenn das eintritt?“
6. In der Sprache der KlientIn	Worte der KlientIn verwenden	

Abb. 3: Ziele

Die Übung wird wiederholt, allerdings bekommt die BeraterIn die sechs Kriterien als Abdruck in die Hand, so daß sie sich selber fortlaufend prüfen kann. Ablauf und Auswertung der Übung entsprechen Beispiel 3.

Wir haben beobachtet, daß TeilnehmerInnen an dieser Übung erleben, wie ungewohnt und anders sie sich fühlen, Auftrag und Ziel konkret zu erfragen und zu operationalisieren. Interessant auch, daß in der Rückschau die BeraterIn oft ihre Rolle als schwierig beschreibt, während die KundIn es hilfreich findet, ihre Vorstellungen präzisieren zu können.

Vom Problem zu Ausnahmen und Lösungen

Mit den wenigen, hier vorgestellten Übungen hoffen wir, einen Rahmen geschaffen zu haben, der den Blick auf Ausnahmen und Lösungen – Kernstück lösungsorientierten Arbeitens – richten läßt. Wir führen diese Idee ein, indem wir darauf hinweisen, daß Probleme zumeist nie jeden Tag und dann auch noch vierundzwanzig Stunden auftreten, daß Menschen neben Problemen auch Stärken und Ressourcen haben sowie Zeiten, wo das Problem „irgendwie“ nicht „da“ ist. Diese „Ausnahmezeiten“ sollen nun erarbeitet werden.

Beispiel 5: Lösungsgespräch

Wieder richten wir die Beratungssituation her, indem wir die Stühle entsprechend stellen. Die BeraterIn erhält die Aufgabe, ein Interview zu führen, in dem es nicht um Probleme, Schwierigkeiten oder Krankheiten geht, sondern um Ausnahmen, problemfreie Zeiten etc. Der KundIn bleibt es freigestellt, wie sie sich verhält – ob sie bereitwillig „mitzieht“ oder „hartnäckig“ auf ihrem Problem besteht. Die Zeit wird wieder auf 5 bis 7 Minuten begrenzt, wobei BeraterIn wie KundIn selbstverständlich das Interview schon vorher abbrechen können.

In den Reflexionen zeigt sich dann zumeist ein wiederkehrendes Muster: wir verfügen über ein großes sprachliches Repertoire, um über Schwierigkeiten zu sprechen, aber scheinbar über wenig Möglichkeiten, über Lösungen, Ausnahmen und Stärken zu reden.

Für eine Wiederholung dieser Übung eignet sich hervorragend eine Videoaufzeichnung. Diese kann nach jeder KundInnen-Äußerung gestoppt werden und die TeilnehmerInnen nennen nacheinander reihum, wie eine lösungsorientierte BeraterInnen-Reaktion aussehen könnte. Diese Struktur macht zugleich deutlich, daß es nie eine einzige, sondern immer viele unterschiedliche Reaktionen gibt.

In der Auswertung und Weiterführung ist es uns wichtig, herauszuarbeiten, daß sich „Ausnahmen“ und „Lösungen“ im wesentlichen nur durch das Kriterium der Zeit unterscheiden. Ausnahmen sind Ereignisse in der Gegenwart oder in der Vergangeheit – sie sind passiert oder passieren gerade jetzt. Lösungen sind demgegenüber Handlungsformen in der Zukunft. Für die BeraterIn ergibt sich daraus wieder eine Wahlmöglichkeit, in welche Richtung sie geht, welche Zeit sie hervorhebt – Vergangenheit, Gegenwart oder Zukunft.

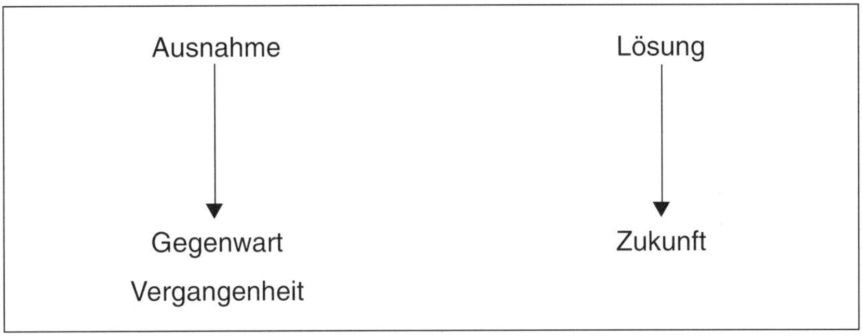

Abb. 4: Zeit und Ausnahme/Lösungen

Eigene Ressourcen

Nachdem die Fortbildungsgruppe einige Zeit zusammen gearbeitet und sich kennengelernt hat – sei es im Verlaufe eines zweitägigen Workshops oder eines mehrteiligen Kurses –, möchten wir den Blick auf die Stärken der TeilnehmerInnen richten und ihnen zugleich ein wichtiges Instrument lösungsorientierten Arbeitens nahebringen: Komplimente.

Wir haben wohl alle schon einmal die Erfahrung gemacht, wie schwer es uns fällt, Komplimente einfach anzunehmen – ohne etwas zu erwidern oder uns zu fragen, was wir denn nun dafür (als Gegenleistung) tun sollen. Unsere Erziehung und unsere sozialen Normen scheinen eher dem Mißtrauen Vorschub zu leisten, als zuzulassen, daß unser eigenes Handeln öffentlich positiv bewertet wird.

Beispiel 6: Lob und Kompliment

Wir bitten jede TeilnehmerIn auf einem Zettel drei Dinge aufzuschreiben, für die er/sie gerne gelobt oder komplimentiert werden möchte. Die LeiterIn sammelt alle Zettel ein. Dann wird ein solcher Wunsch von der LeiterIn laut vorgelesen, allerdings so, daß nicht zu erkennen ist, von wem der Zettel geschrieben wurde. Alle TeilnehmerInnen machen dann nacheinander reihum ein Kompliment – auch diejenige, die den Zettel geschrieben hat. Die LeiterIn achtet darauf, daß von jeder TeilnehmerIn ein Wunsch vorgelesen und komplimentiert wird.

Eine Variante dieser Übung besteht darin, genauer spezifizieren zu lassen, worauf sich die Dinge, für die ein Lob oder Kompliment gewünscht wird, beziehen – auf Verhaltensweisen, für die man sich mehr Lob wünscht bzw. für die man noch nicht genug Lob erhalten hat. Damit lassen sich in bestimmten Fortbildungskontexten allgemeine Angaben im Sinne sozial erwünschten Verhaltens stärker umgehen und individualisieren.

Wir werten diese Übung i.d.R. nicht weiter aus, denn zumeist äußern sich die TeilnehmerInnen sehr spontan zu ihren Erlebnissen, Gefühlen und Handlungen. Wir wollen uns nämlich nicht daran beteiligen, „sozial erwartet“ zu reagieren und Komplimente und Lob zerreden.

Eine interessante Beobachtung möchten wir allerdings an dieser Stelle mitteilen: In den Übungen, die nach diesen Komplimenten stattfinden, wird von den TeilnehmerInnen in der Regel kaum gelobt oder komplimentiert. Wir thematisieren das dann oft als Frage, daß uns aufgefallen ist, daß kaum ein Kompliment gemacht und Lob verteilt wurde und wir uns fragen, wie das kommt.

Beispiel 7: Und wo kommen Ihre Stärken her?

Das Familienbrett, eine Erfindung des Hamburger Instituts für systemische Studien (LUDEWIG et al. 1983, DIECKMANN 1993), nutzen wir, um den TeilnehmerInnen einen Blick auf ihre eigenen Ressourcen werfen zu lassen.

Wir bilden Kleingruppen aus fünf TeilnehmerInnen. Jede Gruppe erhält ein Familienbrett. Die Gruppe teilt sich auf in eine KundIn, eine InterviewerIn und drei BeobachterInnen. Die Rollen wechseln, bis jede TeilnehmerIn einmal den Stuhl der KundIn eingenommen hat. Die Aufgabe richtet sich dieses Mal an die KundIn: „Bitte stellen Sie eine Situation aus Ihrer Herkunftsfamilie auf, die sich für Sie als eine Ressource für Ihre therapeutische Arbeit herausgestellt hat.“ Die InterviewerIn befragt die KundIn – dabei können durchaus zirkuläre Fragen eingesetzt werden und regt diese zum lauten Denken an. Nach 5 bis 10 Minuten endet das Interview und die BeobachterInnen reflektieren über ihre

Beobachtungen im Sinne eines Reflektierenden Teams (Andersen 1990, Wetzig 1993).

In der großen Gruppe werden die Beobachtungen dann noch einmal zusammengetragen, soweit die TeilnehmerInnen dies wünschen. Der für uns wichtige Aspekt dieser Übung liegt darin, die Vergangenheit unter dem Aspekt der Ressource zu sehen und weniger unter dem Aspekt, daß es sich um Vergangenheit handelt, wo Ursachen für Handicaps von heute angeordnet sind.

Wir nutzen diesen Zeitpunkt gelegentlich, um das Thema „Ursache" anzusprechen. Oft geht es darum, die Ursache eines Problems herauszuarbeiten und damit den Zeitpunkt zu bestimmen, wann ein Problem begonnen hat – und warum. Unter einer anderen Perspektive können wir die „Ursachenforschung" lösungsorientiert nutzen, indem wir nicht nur nach Ursachen forschen, mit denen ein Problem begonnen hat, sondern auch nach **Ursachen, mit denen ein Problem aufgehört haben wird** – und schon nähern wir uns Lösungen an. Dabei verschieben wir auch die Zeitdimension: Ursachen für den Beginn eines Problems liegen logischerweise in der Vergangenheit, Ursachen für das Ende eines bestehenden Problems liegen demgemäß in der Zukunft.

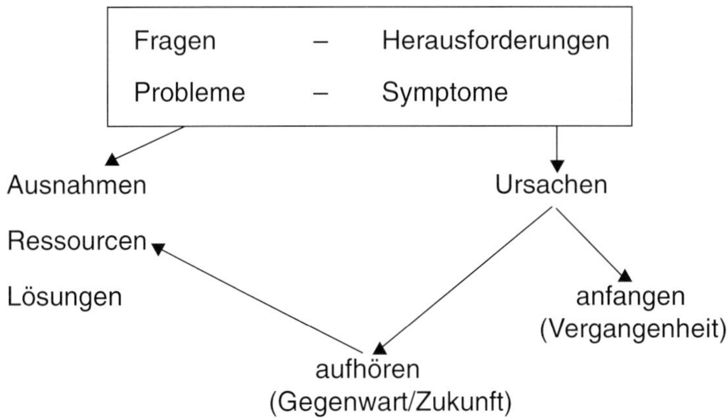

Abb. 5: Ursachen – anders

Wie komme ich bloß auf Fragen ...

Wenn Fortbildungen, wie anfangs erwähnt, oft aus einer Problemperspektive belegt werden, dann stehen konkrete Fragen nach dem Handwerkszeug, nach der Technik, nach „Kochbuch-Anweisungen“, bei vielen TeilnehmerInnen obenan. Diese Haltung spiegelt sich interessanterweise auch in Forschungsergebnissen wider, in denen der Frage nachgegangen wurde, wie sich die berufliche Sozialisation von BerufsanfängerInnen im beraterischen Bereich vollzieht: Am Anfang steht dabei eine ausdrückliche und uneingeschränkte Methodenorientierung – wie mache ich es bzw. wie mache ich es richtig (Breuer 1979, Giese 1994).

Wir gehen in unseren Fortbildungen darauf ein, indem wir schon sehr früh darangehen, mit den TeilnehmerInnen zu üben, „andere“ Fragen zu stellen. Uns ist allerdings wichtig, darauf hinzuweisen, daß jede Fragetypologie immer nur als Anregung verstanden werden darf und keinesfalls als absolut gültige Richtlinie, so daß diese Anregungen dazu beitragen können, die eigene Wahlfreiheit hinsichtlich des beraterischen Handelns (Fragenstellen) zu vergrößern (Hargens 1994).

Beispiel 8: Das Fragenkarussell

Anhand von Folien präsentieren wir den TeilnehmerInnen Fragetypen wie Skalierungsfrage, Wunderfrage, Operationalisierungsfrage, Zukunftsfrage, Lösungsfrage etc., beschreiben sie und stellen Beispiele vor (Hargens & Dieckmann 1992). Jeder Fragetypus ist auf eine Karteikarte geschrieben und diese werden auf den Fußboden gelegt. Dann sucht sich jede TeilnehmerIn zwei Fragekategorien aus, die sie in der folgenden Übung verwenden wird.

Eine KundIn setzt sich in der üblichen Weise und präsentiert in drei Sätzen ihr Anliegen. Dann stellt die erste TeilnehmerIn eine Frage dazu und hält sich an eine der von ihr gewählten Fragetypen. Die KundIn antwortet, worauf die zweite TeilnehmerIn eine „ihrer“ Fragen stellt usf. Diese Übung läuft ein oder zwei Runden.

In der Auswertung berichten TeilnehmerInnen oft über einen inneren Druck und über ihre Strategie, eine Frage zu planen, lange bevor sie an der Reihe sind.

Beispiel 9: Vorgegebene Fragen

In der Regel wiederholen wir diese Übung unter leicht veränderten Bedingungen – die TeilnehmerInnen suchen sich keine Fragetypen aus, sondern wir zeigen ihnen nach der Antwort der KundIn einen Fragetypus, zu dem sie dann eine „passende“ Frage formulieren.

Beispiel 10: Freie Fragen

Eine Variation, die sich anschließen läßt, besteht in einer Beratungssituation (in der bekannten Anordnung). Die Karteikarten mit den Fragetypen liegen offen vor der BeraterIn, so daß sie sich daran orientieren kann. Die Beratung wird zeitlich auf 5-7 Minuten begrenzt.

Die Auswertung aller dieser Übungen zielt in zwei Richtungen: zum einen geht es darum zu erfahren, wie sich die KundIn „gefühlt“ hat und zum anderen geht es darum, daß die TeilnehmerInnen ein Gespür dafür entwickeln, wo ihre Stärken und Ressourcen liegen, sich im Rahmen dieser Fragetypen zu bewegen. Rückmeldungen orientieren sich daher – wie immer – an Erfolgen und nicht an Defiziten.

Nach wiederholten Variationen dieser Übung, so unsere Erfahrung, können die TeilnehmerInnen meist sehr gut bestimmen, in welche Richtung und in welcher Struktur sie sich weiter mit diesen Fragen auseinandersetzen wollen.

Beispiel 11: Die Welt in Metaphern

Wirklichkeiten werden oft mithilfe von Bildern, Analogien oder Vergleichen beschrieben, die zumeist vieldeutig bleiben. Diese Vieldeutigkeit hat für uns den Vorteil, Raum für Reflexionen zu öffnen, ohne sich an Wahrheiten orientieren zu müssen, da sich die „Wahrheit“ der Metapher von der „Wahrheit“ des Wissens und der „Wahrheit“ der Wirklichkeit unterscheidet (vgl. BATESON & BATESON 1993). In diesem Sinne verstehen wir Metaphern, die KundInnen benutzen, als ihr Angebot, als ihre Einladung, gemeinsam mit uns vielfältige und scheinbar widersprüchliche Beschreibungen herauszuarbeiten (GRAU & HARGENS 1992).

Wir bitten eine TeilnehmerIn, sich als KundIn mit dem Rücken zur Gruppe zu setzen und ihr Thema etwa drei Minuten lang vorzustellen. Die Gruppe hört zu und achtet auf Bilder, Sprachspiele, Metaphern und Vergleiche, die die KundIn verwendet und schreibt diese auf.

In einem zweiten Schritt liest jede TeilnehmerIn die Metaphern vor, die sie wahrgenommen hat. Dann einigt sich die Gruppe auf drei bis fünf Metaphern, denen sie in dieser Übung weiter folgen will. Die erste Metapher wird noch einmal benannt, worauf die TeilnehmerInnen dazu reihum eine Frage formulieren, die sich im Rahmen der Metapher bewegen muß.

Dasselbe erfolgt bei den anderen ausgewählten Metaphern. Dann wird die Übung mit der Frage an die KundIn, wie es ihr gehe, beendet und die Auswertung beginnt. Dabei zeigt sich, daß das Entwickeln von Fragen im Rahmen der Metapher der KundIn diese anregt, weiter ihren eigenen Bildern nachzugehen und zu anderen und teilweise überraschenden Ideen zu kommen. Und dies, ohne daß die KundIn jemals direkt angesprochen wird oder mehr als ihre „Problem-Präsentation" vorstellt. Allein dies macht sehr deutlich, wie einflußreich das Denken und Sprechen in Metaphern sein kann.

„... das darfst Du nicht..."

Gerade wenn es um Fragen geht, dreht sich die Diskussion oft auch um das Thema, welche Fragen zulässig sind und welche nicht gestellt werden dürfen. Unsere Auffassung dazu ist klar: wir denken, daß prinzipiell keine Frage von vornherein ausgeschlossen werden kann – solange (und das ist für uns entscheidend) sie von Respekt und Achtung aufseiten der BeraterIn getragen wird (Hargens & Grau 1994). Wir haben dazu folgende Übung entworfen:

Beispiel 12: Die Frage, die ich mich nicht zu stellen traue

Wieder wird die Struktur der Beratungsübung hergestellt, eine KundIn setzt sich abseits mit dem Rücken zur Gruppe. Die Beratung wird reihum mit Fragen durchgeführt, wobei die KundIn antwortet, ehe die nächste TeilnehmerIn „ihre" Frage stellt. Dieses Mal erhalten die BeraterInnen die Anweisung, eine Frage zu stellen, die sie gerne stellen würden, sich aber „eigentlich" nicht zu stellen trauen.

In der Auswertung zeigen sich zumeist zwei Muster: zum einen empfinden KundInnen kaum eine Frage als „zu ungewöhnlich", als „unerlaubt" oder als „zu aufdringlich". Zum anderen stellen die TeilnehmerInnen oft fest, wie schwer es ihnen fällt, eine solche Frage zu finden, wenn sie anfangen, darüber nachzudenken (Hargens 1994).

Wir sind der Ansicht, daß Fragen immer dann zulässig und angemessen sind, wenn sie respektvoll ein persönliches Interesse (Neugier) der BeraterIn ausdrücken.

Und wie geht es weiter?

Mit diesem kurzen Beitrag wollten wir einen Eindruck vermitteln, welche Ideen unseren Fortbildungskontext leiten und wie wir versuchen, diese Ideen in konkrete Handlungen zu übersetzen. Dabei geht es uns darum, den TeilnehmerInnen einen Zugang zu ihren Ressourcen zu ermöglichen und diese dann vor dem Hintergund lösungsorientierten Denkens zu praktizieren und zu diskutieren.

Dabei stehen wir immer wieder vor der Frage, wie sich das Verhältnis von Theorie und Haltung bestimmen läßt und in Übungen und Diskussionen Eingang finden kann. Wir sind nicht daran interessiert, TeilnehmerInnen den lösungsorientierten Ansatz zu verkaufen – es kommt uns vielmehr darauf an, ihnen eine Möglichkeit zu geben, diesen Ansatz kennenzulernen, damit (spielerisch) umzugehen, um dann zu entscheiden, ob und ggf. wie sie ihn für ich selber nutzen und nutzbar machen wollen.

Literatur

ANDERSEN, Tom (ed) „Das Reflektierende Team. Dialoge und Dialoge über die Dialoge“, Dortmund: modernes lernen, 1990

BATESON, Gregory & Mary Catherine BATESON „Wo Engel zögern. Unterwegs zu einer Epistemologie des Heiligen“, Frankfurt/M.: Suhrkamp, 1993

BREUER, Franz „Psychologische Beratung und Therapie in der Praxis“, Heidelberg: Quelle und Meyer, 1979

DELL, Paul F. „Klinische Erkenntnis. Zu den Grundlagen systemischer Therapie“, Dortmund: modernes lernen, 1990[2]

DIECKMANN, Stefanie „Soziale Strukturen in der Jugenduntersuchungshaft. Eine Erkundungsstudie mit dem Familienbrett“, Kiel: unv. Diplomarbeit, 1993

DURRANT, Michael „Auf die Stärken kannst du bauen. Lösungsorientierte Arbeit in Heimen und anderen stationären Kontexten“, Dortmund: modernes lernen, 1995

EFRAN, Jay S., Michael D. LUKENS & Robert J. LUKENS „Sprache, Struktur und Wandel. Bedeutungsrahmen der Psychotherapie“, Dortmund: modernes lernen, 1992

FURMAN, Ben und Tapani AHOLA „Solution Talk: The Solution-Oriented Way of Talking about Problems“ in: Michael F. HOYT (ed) „Constructive Therapies“, New York: Guilford, 1994, dtsch in: Ben FURMAN „Die Kunst, Nackten in die Tasche zu greifen. Die systemische Umwälzung in der Psychotherapie“, Dortmund: Borgmann, 1996 i.Dr.

Giese, ECKARD „Der Landschaftsplaner als Therapeut“ in: Brigitte FRITZSCHE, Karin FROMM, Eckard GIESE, Wolfgang IMBRUCK, Uschi JOSTOCK & Wolfgang NUTT „Wenn der Berg nicht zum Propheten kommt... Beiträge zur aufsuchenden psychosozialen Arbeit mit Einzelnen & Familien“, Tübingen: dgvt, 1994

GRAU, Uwe „Von Nischen im/und Psychologiestudium. Ein Gespräch“, Z. system.Ther. 9(4): 298-303, 1990

GRAU, Uwe & Jürgen HARGENS „Metapher-Fragen. Ein Beispiel konstruktivistischer Praxis“, Z.system.Ther. 10(2): 101-110, 1992

HARGENS, Jürgen „Therapie als fachliche Konversation. Mehr als einfach nur Fragen und Fragenstellen?“, Z.system.Ther. 12(2): 106-111, 1994

HARGENS, Jürgen „Kurztherapie und Lösungen. Kundigkeit und Respektieren“, Familiendynamik 20(1): 32-43, 1995

HARGENS, Jürgen & Stefanie DIECKMANN „Frage-Typen“, unv. Fortbildungsmaterialien, 1992

HARGENS, Jürgen & Uwe GRAU „Cooperating, reflecting, making open and metadialogue – Outline of a systemic approach on constructivist grounds“, A.N.Z.J.Fam.Ther. 15(2): 81-90, 1994

HOFFMAN, Lynn „Das Konstruieren von Realitäten: eine Kunst der Optik“, Familiendynamik 16(3): 207ff, 1991, nachgedruckt in: dies. „Therapeutische Konversationen. Von Macht und Kontrolle zur Zusammenarbeit in der Therapie“, Dortmund: verlag modernes lernen, 1995

JONES, Elsa „Systemische Familientherapie. Entwicklungen der Mailänder systemischen Therapien. Ein Lehrbuch“, Dortmund: verlag modernes lernen, 1995

LIPCHIK, Eve „Die Hast, kurz zu sein“, Z.system.Ther. 12(4):228-238, 1994

LUDEWIG, Kurt, Karin PFLIEGER, Ulrich WILKEN & Gabriele JACOBSKÖTTER „Entwicklung eines Verfahrens zur Darstellung von Familienbeziehungen: Das Familienbrett“, Familiendynamik 8: 235-251, 1983

MATURANA, Humberto R. „Erkennen: Die Organisation und Verkörperung von Wirklichkeit“, Braunschweig-Wiesbaden: Vieweg, 1982

MILLER, Scott D. „The Symptoms of Solution“, J.S.S.T. 11(1): 1-11, 1992

WALTER, John L. und Jane E. PELLER „Lösungs-orientierte Kurztherapie. Ein Lehr- und Lernbuch“, Dortmund: verlag modernes lernen, 1994

WETZIG, Lutz „Erfahrungen mit dem Reflektierenden Team. Ein Setting für Gespräche miteinander – übereinander“, Osnabrück: unv. Diplomarbeit, 1993

Theorie-Konzepte

Die Gestaltung von Veränderungsprozessen in Unternehmen und Institutionen:

Kurzzeittherapeutische Interventionen und systemtheoretische Grundlagen

Peter Kruse

Die Geschichte der Entwicklung der systemischen Kurzzeittherapie ist zentral geprägt durch eine intensive Auseinandersetzung mit den Möglichkeiten und Grenzen der Gestaltung von Veränderungsprozessen. Psychotherapie ist in dieser Perspektive letztlich immer ein Erlaubnisraum für Neuordnung. Die Kurzzeittherapie bietet ein elaboriertes Methodeninventar zur praktischen Anregung der Problemlösekompetenzen in sozialen Systemen. Im Ansatz der systemischen Kurzzeittherapie ist das Expertentum des Therapeuten definiert als Fähigkeit zur lösungsorientierten Moderation der Eigenaktivität und Kreativität von Personen und Gruppen. Auf dem Hintergrund dieses Primats der Problemlösekompetenz des Indexsystems liegt es nahe, eine Begründung der systemischen Kurzzeittherapie über die moderne Theorie selbstorganisierender Systeme zu versuchen. In diesem Artikel wird ein Ansatz der Gestaltung von Veränderungsprozessen in Unternehmen und Institutionen skizziert, der sich explizit aus der Selbstorganisations- und Chaostheorie herleitet und sich in seinen praktischen Interventionsvorschlägen aus Elementen der systemischen Kurzzeittherapie speist. Obwohl sich der Artikel ausschließlich auf Veränderungsprozesse in Unternehmen und Institutionen bezieht, lassen sich die Aussagen direkt auch auf therapeutische Kontexte übertragen. Bei Klienten handelt es sich letztlich um hochkomplexe Systeme, die die Fähigkeit zur spontanen Neuordnung besitzen und die im Laufe ihrer individuellen Entwicklungsgeschichte immer wieder mehr oder minder unvermittelt Phasen tiefgreifender Umgestaltung durchlaufen können oder müssen.

Ziel dieses Artikels ist es, eine kurze Einführung in einige Denkfiguren und Grundaussagen der modernen Theorie dynamischer Systeme zu geben und skizzenhaft auf die Praxis der Unternehmensführung zu übertragen. Es geht darum, die Faszination, die von den Konzepten der Chaos- und Selbstorganisationstheorie ausgeht, anhand von Prinzipien zu konkretisieren, die sich unmittelbar und sinnvoll auf institutionelle und betriebliche Gegebenheiten übertragen lassen und die ein erweitertes Verständnis von Marktentwicklungen und Managementerfordernissen gestatten.

1. Eine wissenschaftliche Revolution?

Die Theorie dynamischer Systeme ist in den letzten Jahren mit den Begriffen Chaos, Selbstorganisation und Synergetik zu einem intensiv diskutierten interdisziplinären Forschungsbereich geworden und hat gleichzeitig wie wenige theoretische Entwicklungen vorher Popularität und öffentliche Aufmerksamkeit gewonnen. Eine anspruchsvolle wissenschaftliche Theorie zeigt Unterhaltungswert und findet mit verblüffender Geschwindigkeit Eingang in die Alltagssprache. Wortgewaltig wird in den Massenmedien ein grundsätzlicher Wandel im westlichen Weltbild proklamiert. Die Auswirkungen dieses Wandels werden mit einer Revolution verglichen. Offenkundig treffen die Thesen und Ergebnisse von Chaos- und Selbstorganisationstheorie einen aktuellen gesellschaftlichen Nerv. Der wissenschaftliche Auftrag, natürliche und kulturelle Ereignisse zu erklären und vorherzusagen, scheint angesichts der Komplexität anstehender Problemlagen an unüberwindbare Grenzen zu geraten. Die Suche nach neuen, integrativen Konzepten wird zur unmittelbar spürbaren Herausforderung. Die Berechtigung, bei Chaos- und Selbstorganisationstheorie von einem revolutionären Perspektivenwechsel zu reden, erwächst allerdings weit eher aus der Konfrontation mit Alltagsdenken als aus dem wissenschaftlichen Innovationspotential dieser Konzepte.

Die zentralen Aussagen von Chaos- und Selbstorganisationstheorie widerlegen keineswegs die Gültigkeit bestehender Erkenntnisse und Forschungsstrategien, sondern ergänzen das Verständnis des Verhaltens komplexer Systeme um die Aspekte Instabilität und autonome Ordnungsbildung. Der Gültigkeitsbereich bestehender Erkenntnisse und Forschungsstrategien wird neu definiert. Revolutionär sind die Aussagen von Chaos- und Selbstorganisationstheorie allerdings bezogen auf unser Alltagswissen. Es werden Grundannahmen in Frage gestellt, die zur selbstverständlichen Basis unseres Denkens und Handelns gehören. In diesem Sinne entsteht eine tiefgreifende, persönlich nachvollziehbare Verunsicherung, die durchaus die Bezeichnung 'revolutionär' rechtfertigt. Im folgenden wird zuerst anhand einer einfachen Systemklassifizierung der Gültigkeitsbereich der Selbstorganisationskonzepte anschaulich gemacht. Anschließend werden einige stillschweigende Grundannahmen unseres Alltagswissens benannt und mit widersprechenden Erkenntnissen aus dem Bereich von Chaos- und Selbstorganisationstheorie konfrontiert.

1.1 Ergänzende Systemperspektive

	Lösungswege			
	Steuerung 	Regelung 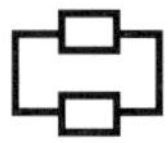	Reagieren 	Selbst-organisation 
System-zustand	stabil	stabil	instabil	instabil
System-organisation	einfach	komplex	einfach	komplex
Handlungs-strategien	reflexhaft-automatisch	rational-logisch	Versuch und Irrtum-Verhalten	intuitive und suggestive Handlungs-entscheidung

Abb. 1: Systemklassifizierung

Natürliche und künstliche Systeme lassen sich auf zwei Dimensionen einordnen. Systeme sind bezogen auf ihre Struktur mehr oder weniger einfach bzw. komplex und bezogen auf ihre Zustände mehr oder weniger stabil bzw. instabil. Als einfach soll ein Sytem dabei gelten, wenn es aus einer leicht überschaubaren Zahl von klar geordneten Komponenten besteht; als stabil soll es gelten, wenn die Zustände, die die Komponenten und das Gesamtsystem einnehmen, sich regelhaft und vorhersagbar verhalten. Im Extremfall ergeben sich vier Typen (s. Abb. 1).

Ein **stabil**es und **einfach**es System wäre in dieser Kategorisierung z.B. eine fest getaktete, vollautomatisierte industrielle Fertigungsstraße auf geringer technologischer Entwicklungsstufe. Alle Prozesse in dieser Fertigungstraße sind als Kette linearer Kausalabfolgen beschreibbar. Der Umgang mit dem System kann dem Prinzip der reinen Steuerung folgen und ist programmtechnisch unkompliziert auf dem Computer realisierbar. Bezogen auf Marktsituationen entspricht die Kategorie 'stabil und einfach´ der monopolistischen Marktbeherrschung, in der die Nachfrage immer größer ist als die Produktion. Ein **stabil**es **komplex**es System wäre z.B. eine Fertigungsstraße mit teilautonomen Arbeitsgruppen oder flexibel auf Abweichungen reagierenden, sensiblen Robotern auf hoher technologischer Entwicklungsstufe. Die Prozesse in diesem System werden durch eine verschachtelte Hierarchie von Regelvorgängen über negative Rückkoppelung, d.h. über die Minimierung von Soll-Ist- Abweichungen geordnet. Bezogen auf Marktsituationen entspricht die Kategorie 'stabil und komplex´ der Marktführerschaft bei ständiger Anpassung der Produktion an eine sich ändernde Nachfrage. Ein **instabil**es **einfach**es System wäre z.B. bei einer spontanen Reparatursituation gegeben, die auch ohne weitere Vorkenntnisse bewältigt werden kann. Wenn der Wagen morgens unvermittelt nicht anspringt, ist die Situation ohne Analyse zwar nicht vorhersagbar, aber einfach. In dieser Situation kann auch relativ planloses reaktives Herumprobieren zum Ziel führen. Bezogen auf Marktsituationen entspricht die Kategorie 'instabil und einfach´ dem freien Wettbewerb mit kurzfristiger Erfolgsaussicht, wie etwa beim direkten Straßenverkauf.

In Situationen, die stabil und einfach sind, ist die Lösungsstrategie des reflexhaft-automatischen Verhaltens im Sinne der einfachen Steuerung effektiv. In Situationen, die stabil und komplex sind, greift rational-logisches Handeln im Sinne von Regelungsprozessen. Im Bereich der Stabilität können Systeme planvoll optimiert werden. Im Bereich der Instabilität dagegen gibt es keine Vorhersagbarkeit und damit keine planvolle Optimierung. In der Instabilität tritt an die Stelle der Optimierung die Erhöhung der Eigendynamik und damit der Anpassungsfähigkeit des Systems. In der instabilen und einfachen Situation wird die Anpassungsfähigkeit über Zufallsverhalten (Fluktuationen) in Reaktion auf wenige punktuelle Informationen gewährleistet. Diese Strategie des Findens von Lösungen im Umgang mit instabilen und einfachen Situationen wird häufig unterschätzt. Das planlose, reaktive 'Herumprobieren´ ist in vielen Zusammenhängen nachweislich recht erfolgreich.

Eine besondere Stellung besitzen Situationen, die **instabil** und **komplex** sind. Wie in der instabilen und einfachen Situation kann auch hier nicht gesteuert oder geregelt werden, da keine gültigen Pläne für den

Umgang mit der Situation bestehen. Einfaches Herumprobieren erweist sich ebenfalls als ungeeignete Strategie, da angesichts der Systemkomplexität das punktuelle Reagieren zu risikoreich ist. Diese Situationen definieren den Gültigkeitsbereich von Selbstorganisationskonzepten. Eine einfache Metapher kann diese Zuordnung der Gültigkeit verschiedener Handlungsstrategien noch einmal zusammenfassend illustrieren. Betrachtet werden verschiedene Situationen beim Segeln.

(1) **Steuerung (stabil-einfach):** Befindet sich das Segelschiff weit draußen, fernab von Untiefen, bei ruhiger See und konstantem Wind in bekannten Gewässern, so kann die Situation als stabil und einfach bezeichnet werden. Das Schiff wird leicht auf Kurs gehalten. Bis auf die Korrektur kleiner Abweichungen wird das Schiff durch einfache Zielvorgabe gesteuert.

(2) **Regelung (stabil-komplex):** Nähert sich das Schiff einer bekannten Küste, so ist die Situation zwar weiterhin stabil, aber um ein Vielfaches komplexer. Der Kurs muß sich an den in den Seekarten eingezeichneten Untiefen und Fahrrinnen orientieren. Anhand von Seezeichen, Landmarken, Tiefenmessungen oder anhand astronomischer Peilung kann der Kurs im Abgleich von Ziel und bestimmter Position im Sinne eines Regelungsvorganges bestimmt werden.

(3) **Reagieren (instabil-einfach):** Wird mit dem Schiff im sicheren Hafen manövriert, so ist die Situation zwar angesichts der unvorhersehbaren Bewegungen und der nicht immer einzusehenden Positionen der anderen Schiffe instabil, aber durch die im Hafenbecken überall ausreichende Wassertiefe im Prinzip unproblematisch und einfach. Der einzuschlagende Weg ist nicht planbar, kann aber gefahrlos durch unmittelbares Ausprobieren nach Versuch und Irrtum bestimmt werden.

(4) **Selbstorganisation (instabil-komplex):** Besondere Herausforderungen entstehen, wenn sich das Schiff in unbekannten Gewässern auf der Suche nach unbekannten Küsten befindet. Steuern und Regeln sind nicht möglich. Es gibt keine Seekarten und kein ortsbezogenes Vorwissen, an dem sich das Handeln orientieren kann. Die Situation ist instabil und komplex. Ein dauerhaftes Vorgehen nach Versuch und Irrtum erweist sich als unverantwortlich, da es den Schiffbruch einkalkuliert. Es bleibt nur die Entwicklung von Visionen, das Vertrauen auf Intuition, das möglichst sensible Wahrnehmen aktueller Gegebenheiten und das bewegliche Sich-Einlassen auf jede noch so kleine Veränderung. Der Kurs entsteht aus dem schrittweisen, wechselseitigen aufeinander Abstimmen von Zielvorstellungen und vorgefundenen Bedingun-

gen. Das Handeln ist Ergebnis einer spontanen, eigendynamischen Ordnungsbildung. Dies ist die Situation von Christopher COLUMBUS bei der Entdeckung Amerikas.

Als aktuelles Beispiel für eine instabile und komplexe Situation kann die Öffnung der DDR und das Entstehen der neuen Bundesländer angeführt werden. Wohl niemand hat diese gesellschaftliche Änderung für möglich gehalten oder gar vorhersagen können. Die eingetretene Veränderung ist grundsätzlich und geht mit weitreichenden Instabilitäten einher. Konzeptgeleitetes Handeln auf der Basis bestehenden Vorwissens muß sich gesellschaftlich bei diesen Gegebenheiten fast zwangsläufig als inadaequat erweisen. Flexibilität, Anpassungsfähigkeit und Bereitschaft zur Reorganisation (nicht nur in den neuen Bundesländern) ist gefordert. Benötigt wird in übertragenem Sinn eine 'COLUMBUS-Strategie´.

Selbstorganisation ist ein Beschreibungs- und Handlungsmodell in instabilen und komplexen Situationen und Systemlagen. Die Bedeutung dieses Beschreibungs- und Handlungsmodells ist abhängig von dem Umfang, in dem sich die zu beschreibenden Systemlagen oder zu bewältigenden Aufgaben als instabil und komplex erweisen. Die Antwort auf die Frage nach der Vorhersagbarkeit und Überschaubarkeit von systemischen Elementarzuständen bestimmt in Forschung und Praxis den Gültigkeitsbereich und die Bedeutung von Selbstorganisations-konzepten. In diesem Sinne stellen Chaos- und Selbstorganisationstheorie eine ergänzende Systemperspektive dar.

1.2 Alltagserwartungen als Problem

Hinter jeder wahrgenommenen Ordnung wird im Alltagsdenken für gewöhnlich unreflektiert eine ordnende Instanz vermutet. Scheinbar kann nur Unordnung spontan entstehen. Werden z.B. eine rote und eine blaue Flüssigkeit miteinander vermengt, so wird niemand erwarten, daß sich selbsttätig (d.h. z.B. ohne die ordnende Einwirkung von Zentrifugal- oder Schwerkraft) die violette Mischung wieder in zwei eindeutig gefärbte Flüssigkeiten unterteilt. Daß ein System plötzlich und übergangslos aus einem ungeordneten Zustand in einen geordneten oder von einem Ordnungszustand in einen anderen übergeht, ohne daß eine ordnende Kraft auf das System einwirkt, erscheint kontraintuitiv. Eine bestehende Ordnung wird zumeist als stabil angenommen und es wird vermutet, daß die auftretenden Änderungen dem Grad einwirkender Kräfte entsprechen. Kleine Ursachen haben erwartungsgemäß nur kleine Wirkungen. Diese Grundannahmen des Alltagsdenkens werden durch die Erkenntnisse der Chaos- und Selbstorganisationstheorie prinzipiell in Frage gestellt. Anhand einer Vielzahl von Beispielen aus dem Bereichen der Physik, Chemie und Biologie läßt sich zeigen, daß in dynamischen Systemen spontan Ordnungsübergänge entstehen können, ohne daß eine ordnende Kraft einwirkt. Ein derartiges Beispiel autonomer Ordnungsbildung ist die sogenannte BÉNARD-Instabilität (s. Abb. 2).

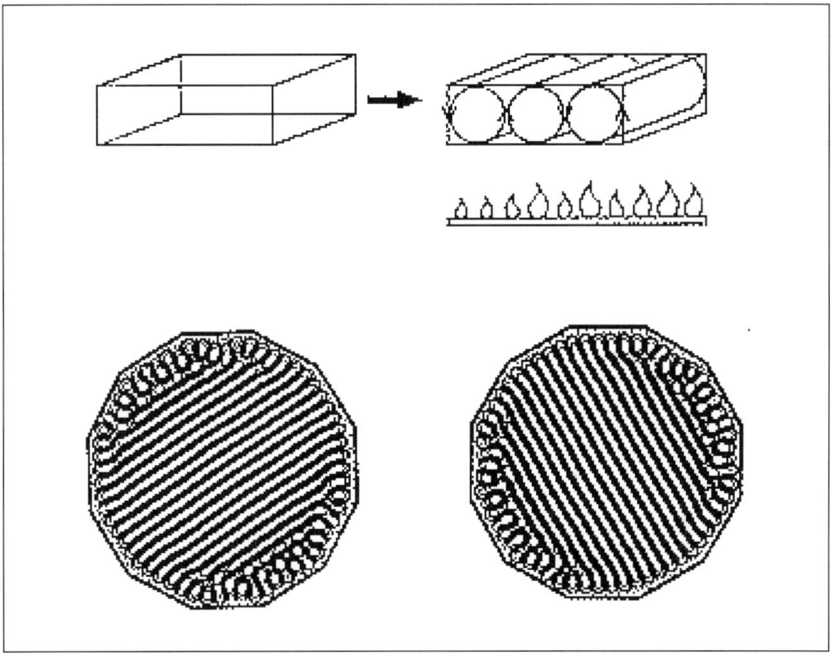

Abb. 2: Bénard-Instabilität

Wird eine Flüssigkeit von unten erhitzt, so entsteht in der Flüssigkeit ein Temperaturgradient zwischen der heißen Unter- und der kühleren Oberseite. Ist der Temperaturunterschied groß genug, gerät die Flüssigkeit in Bewegung. Es treten Konvektionsströme auf. Die einzelnen Flüssigkeitsmoleküle bewegen sich dabei zunächst in turbulenter Strömung ungeordnet durcheinander. Wird nun der Temperaturunterschied weiter erhöht, entsteht plötzlich makroskopisch ein einheitliches Ordnungsmuster. Wie auf Komando bewegen sich die Flüssigkeitsmoleküle in zusammenhängenden Walzen. Ändert man die Form des Gefäßes können z.B. auch regelmäßige Wabenmuster auftreten. Die Ordnung entsteht unmittelbar aus der Flüssigkeitsdynamik selbst.

Der Physiker Hermann HAKEN hat derartige Selbstorganisationsphänomene untersucht und die Theorie der Synergetik entwickelt, die hinter der Vielfalt der Selbstorganisationshänomene übergeordnete Verhaltensähnlichkeiten aufdeckt (s. Abb. 3). HAKEN konnte zeigen, daß die bei kontinuierlicher Änderung eines Kontrollparameters (bei der BÉNARD-Instabilität des Temperaturunterschieds) auftretenden plötzlichen Ordnungsbildungen (Phasenübergänge) stets von einer kritischen, selbstverstärkenden Destabilisierung des Systems vorbereitet werden.

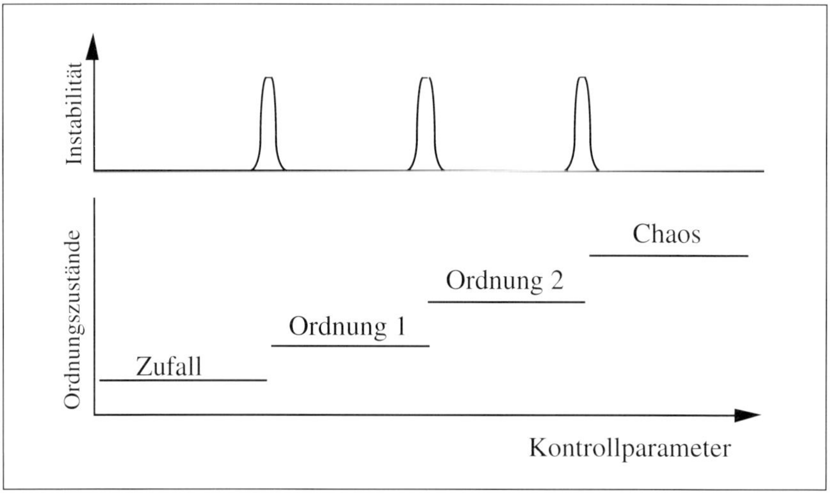

Abb. 3: Kaskade spontaner Ordnungsbildungen

Kurz bevor in einem System ein neues Ordnungsmuster entsteht wird die bisherige Ordnung instabil. Gleichzeitig braucht das System in dieser Phase bei einer Störung länger, um sich wieder zu stabilisieren. Dieses Verhalten nennt HAKEN kritisches Langsamwerden. Zur Beschreibung von Phasenübergängen in dynamischen Systemen benutzt HAKEN die mathematische Metapher einer Kugel, die sich in einer Landschaft mit mehr oder weniger ausgeprägten Tälern und Höhen bewegt (s. Abb. 4). Befindet sich die Kugel in einem Tal, so beschreibt dies einen stabilen Ordnungszustand des Systems. In der Stabilität sind die Wirkungen einer Störung, d.h. einer Ablenkung der Kugel aus der

Gleichgewichtslage, kleiner als die verursachenden Kräfte. Der spontane Übergang von einem stabilen Ordnungszustand, von einem Tal, zu einem anderen ist gebunden an eine Verflachung des bisherigen Tales und an Bewegung im System. Verflacht sich das bisherige Tal, braucht die Kugel bei einer Ablenkung länger, um sich wieder auf dem tiefsten Punkt zu stabilisieren.

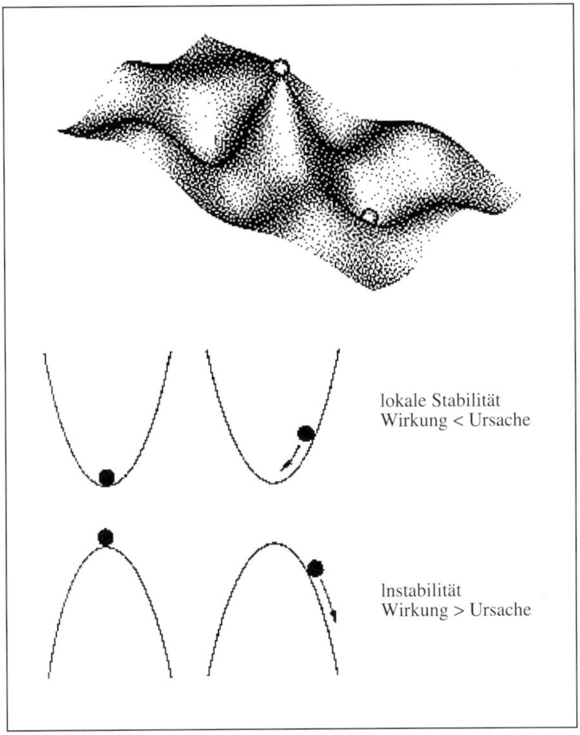

Abb. 4: Metapher einer Attraktorlandschaft

In einem flachen Tal führen Bewegungen eher dazu, daß der Bergrükken überwunden und ein neues Tal erreicht wird. In selbstorganisierenden Systemen ist jede Neuorganisation gebunden an Instabilität. Auf dem Punkt maximaler Instabilität, d. h. auf der Höhe zwischen zwei Tälern, können winzige Einflüsse einen entscheidende Veränderung bewirken. **In der Instabilität haben kleine Ursachen große Wirkung**. In der Instabilität wird das Systemverhalten daher prinzipiell unvorhersagbar. Welcher stabile Zustand (Attraktor) letzlich erreicht wird, hängt von einem prinzipiell nicht bestimmbaren Kräftespiel ab. Selbstorganisierende Systeme zeigen darüberhinaus die Eigenschaft der Hysterese. Selbstorganisierende Systeme verharren bei kontinuierlicher Veränderung möglichst lange im bestehenden stabilen Zustand (s. Abb. 5).

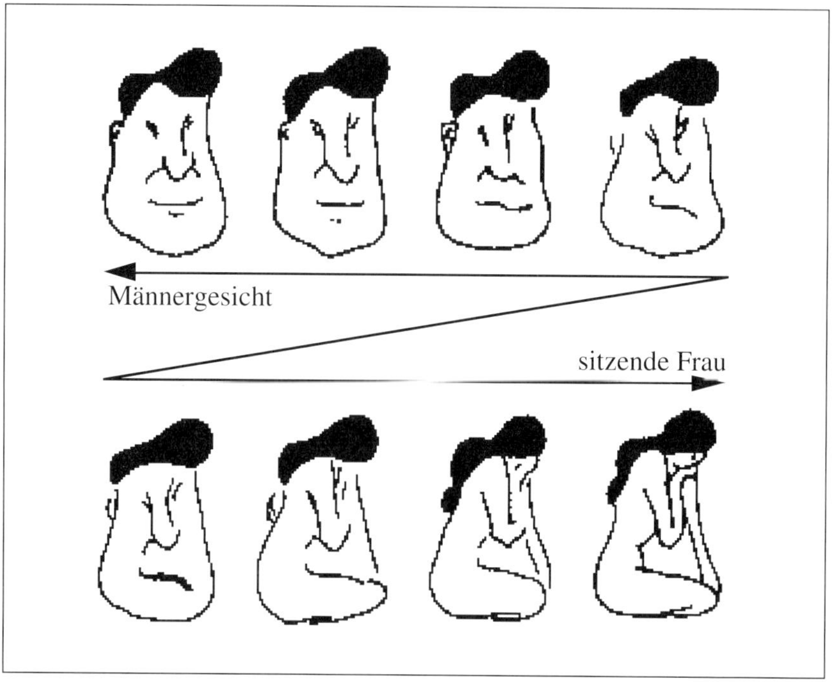

Abb. 5: Phasenübergang mit Hysterese

Entscheidend für den Umgang mit komplexen dynamischen Systemen ist die Bestimmung der Phase, in der sich das System befindet. In stabilen Phasen verhält sich das System geordnet und vorhersagbar. Hier gelten die auf Optimierung gerichteten Strategien des Steuerns und Regelns. In der Instabilität dagegen verhält sich das System unvorhersagbar und die auf Stabilität gerichteten Alltagserwartungen werden beim Umgang mit dem System zum Problem.

Für die Unternehmensführung lassen sich hier bereits einige wesentliche Konsequenzen ableiten. Unternehmen sind komplexe eigendynamische Systeme. Bei konstanten Rahmenbedingungen sind Unternehmen stabil und die Interventionen des Managements können auf eine Optimierung der Arbeitsprozesse und organisatorischen Abläufe ausgerichtet werden. In dieser Situation sind die klassischen konzeptorientierten Managementstrategien angemessen und effektiv. Eine dramatisch andere Lage entsteht, wenn sich das Unternehmen in einer betrieblichen Übergangssituation befindet, in der die Flexibilität und Anpassungsfähigkeit des Unternehmens wichtiger sind als seine unmittelbare Handlungsfähigkeit. In der Lebensgeschichte von Unternehmen lassen sich mehrere solche prototypische Übergangssituationen benennen:

- Die Einführung neuer Technologien und Organisationsformen z.B. Einführung von EDV, Firmenwachstum
- weitreichende Änderungen der Marktlage z.B. Öffnung des osteuropäischen Marktes, Hinzukommen der neuen Bundesländer
- Firmenzusammenlegungen z.B. Fusion wie bei Siemens/Nixdorf
- Produktinnovation z.B. Power-PC (Apple/IBM), Swatch-Auto (Mercedes)
- Führungswechsel z.B. Generationswechsel in Familienbetrieben, Änderungen im Top-Management.

Allen diesen Übergangssituationen ist gemeinsam, daß sie phasenspezifisch zu einer Verringerung der Handlungsfähigkeit der Unternehmen führen und daher als Belastung empfunden werden. In diesen Situationen müssen alte Ordnungsmuster destabilisiert werden, um die Anpassungsfähigkeit des Unternehmens an die neue Situation zu erhöhen. Nicht selten kommt es in diesen Situationen zu einem unfruchtbaren, manchmal sogar zerstörerischen innerbetrieblichen Kampf zwischen der Beharrungstendenz der bestehenden Ordnung und den sich bildenden Ansätzen zur Reorganisation. In Übergangssituationen ist das Management auf besondere Art gefordert. Konzepte greifen nicht. In Übergangssituationen gelten die Prinzipien der Selbstorganisation. Im folgenden werden zwei Prinzipien detaillierter ausgeführt und auf die Gestaltung von Übergängen in Unternehmen übertragen.

2. Selbstorganisationsprinzipien im Mangement

Die direkte Übertragung von Prinzipien aus Mathematik und Naturwissenschaft auf Verhaltensstrategien in der Unternehmensführung erscheint auf den ersten Blick vielleicht konstruiert und eher weit hergeholt. Die Theorie dynamischer Systeme ist jedoch eine Meta-Theorie und ihrem Anspruch nach nicht auf bestimmte Anwendungsbereiche festgelegt. Chaos- und Selbstorganisationstheorie benennen Prinzipien, die sich über verschiedenste Konkretisierungen hinweg aufzeigen und anwenden lassen.

2.1 Regeln und Attraktoren

Ein wesentlicher Weg der Ordnungsbildung in dynamischen Systemen ist das **Prinzip der Iteration**.

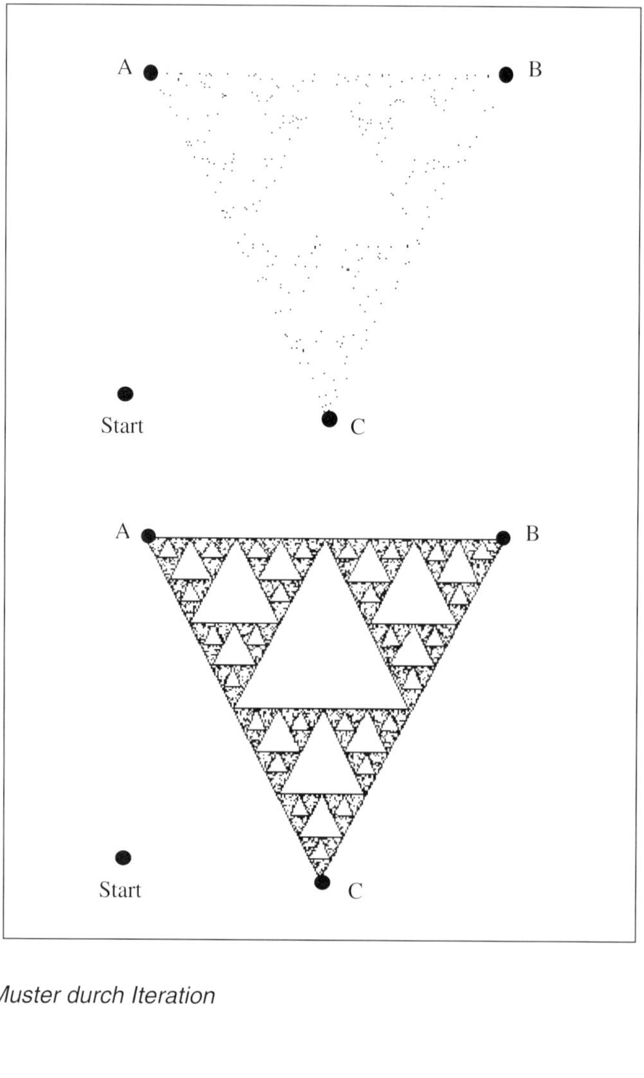

Abb. 6: Muster durch Iteration

Die Anwendung einer Regel führt in Verbindung mit zufälligen Ausgangsbedingungen selbstständig zu einem oder mehreren stabilen Ordnungszuständen (Attraktoren), wenn die Regel kreisförmig immer wieder auf das Ergebnis der vorherigen Regelanwendung angewandt wird. Das Kinderspiel 'stille Post´ folgt dem gleichen Muster. Eine Geschichte wird von einer Person erzählt, die Nacherzählung von einer zweiten an eine dritte Person weitergegeben, diese Nacherzählung von der dritten an eine vierte Person weitergegeben usw. Bei solchen kreisenden Geschichten verändert sich der Inhalt ständig. Die Veränderungen sind jedoch selten völlig zufällig. Vielmehr konvergieren die Geschichten nach mehrere Erzählschritten häufig auf kulturelle Klischees. Das kreisende Wiedereinspeisen des Ergebnisses in den Prozeß legt Ordnungen offen, die im Prozeß verborgen sind. Die Iteration einer einfachen Regel kann sehr komplexe Ordnungbildungen hervorbringen. Bestimmt man z.B. auf einer Ebene drei Punkte (A, B und C) und einen Ausgangspunkt und folgt der Regel 'gehe per Zufall vom Ausgangspunkt nach A, B oder C und mache auf der Hälfte der Strecke einen Punkt, der zum neuen Ausgangspunkt wird´ so entsteht bei unendlicher Wiederholung ein äußerst filigranes Muster (s. Abb. 6). Es entsteht ein Dreieck im Dreieck im Dreieck. Egal wie sehr das Muster vergrößert wird, es zeigen sich immer wieder neue ineinander geschachtelte Dreiecke. Das Muster ist ein Fraktal. Kein Grafiker ist in der Lage das Bild zu zeichnen, das die einfache Regel in der Iteration offenbart. In der Iteration erzeugt die Regel in Verbindung mit Zufall selbstständig Ordnung. Inzwischen haben diese Fraktale großes Interesse gefunden und unterschiedlichste, auch aus der Natur bekannte Muster sind über die Iteration einfacher Regeln nachempfunden worden (s. Abb. 7). Die vielgestaltigste und vielleicht auch bekannteste Musterbildung auf der Basis der Iteration einer mathematischen Regel ist das sogenannte 'Apfelmännchen´, das fraktale Gebilde der Mandelbrotmenge.

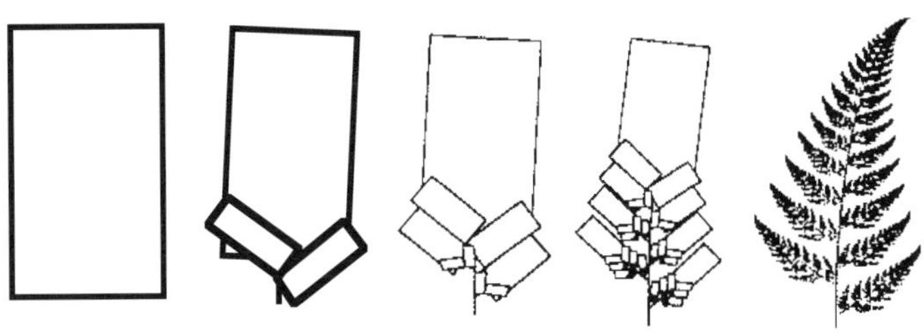

Abb. 7: Natürliche Ordnung durch Iteration

Die Idee, das Prinzip der Ordnungsbildung durch Iteration auf soziale Systeme zu übertragen, ist naheliegend. Gruppen folgen häufig impliziten und expliziten Regelwerken, die immer wieder in verschiedenen Situationen zum Tragen kommen. Solche sozialen Regelwerke sind häufig zu rituellen Handlungsabläufen verdichtet. Eine bestimmte Reihenfolge der Begrüßung oder der Redeerlaubnis wird befolgt, unabhängig davon, wer zuerst kommt oder wessen Rede mehr zum Thema beiträgt. Bei Klärungsbedarf kommt der Mitarbeiter ins Büro des Vorgesetzten, unabhängig davon, wer den Klärungsbedarf angemeldet hat usw. Hierarchie z.B. kann der implizite Ordnungszustand, der Attraktor einfacher sozialer Regeln sein und muß nicht immer der Absicht einer der beteiligten Personen entsprechen. Um das Klima und die Ordnungsbildungen in einem Betrieb zu verstehen, mag es mitunter interessanter sein, sich die Regelwerke des Unternehmens zu betrachten, als psychologisierend auf die Suche nach individuellen Motiven und Handlungszielen zu gehen. Regelwerke können eigendynamisch Ordnung erzeugen. Die Unternehmensphilosophie sowie die formellen und informellen Strukturen im Betrieb sind in diesem Sinne keine Spielwiese für intellektualisierende Berater, sondern wesentliche Determinanten der innerbetrieblichen Wirklichkeit. Das aktive Gestalten und Ausprobieren von Regelwerken ist eine äußerst effiziente und angemessene, indirekte Strategie der Unternehmensführung. Das Gestalten von Regelwerken macht es überflüssig, dem einzelnen Mitarbeiter bestimmte Verhaltensweisen vorzuschreiben oder eine erwünschte Ordnungsbildung per Diktat durchzusetzen. Wichtig ist allerdings, die Regelwerke experimentell zu überprüfen. Es ist kaum möglich, aus der Kenntnis der Regel direkt die in ihr enthaltene Ordnung abzuleiten.

2.2 Stabilität und Instabilität

Das Verhalten von komplexen dynamischen Systemen kann wie bereits ausgeführt als Bewegung einer Kugel in einer vielgestaltigen Landschaft aufgefaßt werden. Die Kugel erreicht von alleine eine stabile Lage, wenn sie in ein Tal rollt. Solche Täler beschreiben Ordnungszustände, auf die sich das System von verschiedenen Ausgangsbedingungen aus selbstständig zubewegt. Die Muster, die bei der Iteration von Regeln entstehen sind solche Attraktorzustände. Auch im menschlichen Erleben gibt es eigendynamisch entstehende Ordnungszustände. Abb. 8 zeigt z.B. den Necker-Würfel als eine der bekanntesten Demonstrationen eigendynamischer Reorganisation in der Wahrnehmung. Bei derartigen multistabilen Reizmuster wechselt das Gehirn unter konstanten Rahmenbedingungen selbsttätig zwischen zwei oder mehreren stabilen Ordnungszuständen Diese spontane Reorganisation finden sich auch in anderen Leistungen des Gehirns, wie dem Denken oder dem Gedächtnis. Das Gehirn ist ein selbstorganisierendes System. So ist auch die Eindeutigkeit und Stabilität beim Sprachverstehen nicht ein triviales Ergebnis zu dekodierender Informationen, sondern ein aktiver Ordnungsbildungsprozeß im Gehirn. Die zuerst eindeutige Aussage: „Ich habe endlich für meinen Sohn ein Fahrrad bekommen" gewinnt nachträglich eine völlige neue Bedeutung, wenn die Antwort lautet: „Da haben Sie aber einen guten Tausch gemacht". Ein deutscher Kabarettist kritisierte im dritten Reich ungestraft die mangelhafte Versorgungslage der Bevölkerung mit der Aussage: „Was ist denn schon los? Das deutsche Volk stellt sich halt wieder mal an". Scheinbar harmlose Worte wie „Mädchenhandelsschule" gewinnen plötzlich sehr suspekte Alternativbedeutungen. Computer versagen regelmäßig bei der Aufgabe, der Sprache eindeutige Interpretationen zuzuordnen. Das aktiv ordnungsbildende Gehirn stabilisiert sich scheinbar mühelos. Mehrdeutigkeiten werden nur in Ausnahmen empfunden oder erst erlebt, wenn man sich für alternative Ordnungszustände sensibilisiert.

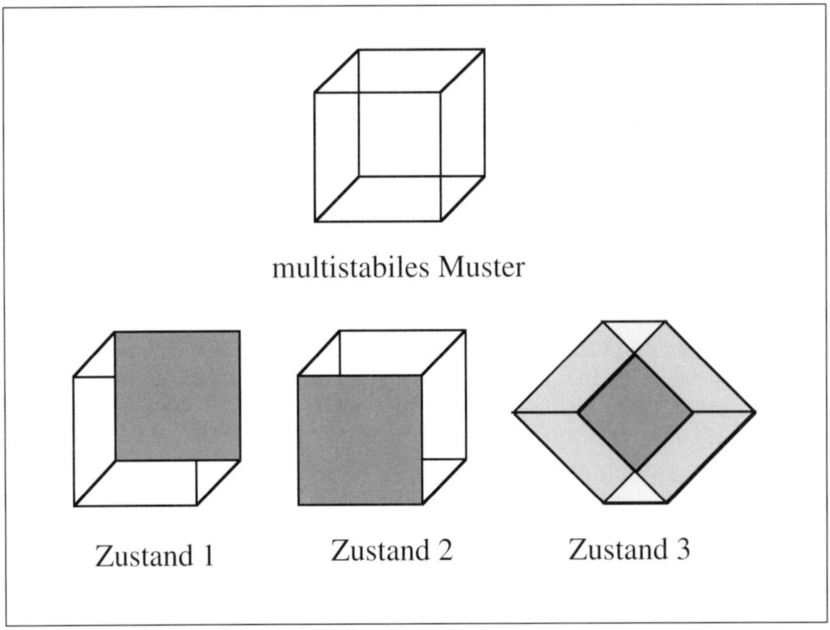

Abb. 8: Multistabile Wahrnehmung

Überträgt man die systemtheoretische Aussage, daß in der Instabilität kleine Ursachen große Wirkung haben, auf den Menschen, so läßt sich die Hypothese ableiten, daß Menschen in instabilen Situationen beeinflußbarer und kreativer werden. Die Beeinflußbarkeit ergibt sich aus der Sensibilität der instabilen Gleichgewichtslage an sich und die Kreativität aus der resultierenden Systembewegung. Über die Instabilität exploriert das System seine Attraktorlandschaft und kann neue stabile Zustände aufsuchen. In entsprechenden Experimenten konnte der Zusammenhang zwischen Instabilität, Suggestibilität und kognitiver Flexibilität vielfältig empirisch belegt werden. In der Werbung wird der Zusammenhang von Instabilität und Beeinflußbarkeit bereits umfangreich genutzt. Manche Werbefilme arbeiten gezielt mit psychischer Irritation und Verunsicherung, um den Käufer für die Produktbotschaft empfänglich zu machen. Bildliche oder sprachliche Multistabilität ist z.B. konsequenterweise ein oft genutzes Element in der Werbung. „Lösungen, gut bedacht" (Dachdeckerfirma); „Wir machen Ihnen schöne Augen" (Optiker); „Was anderes kommt nicht in die Tüte" (Einkaufszentrum); „Herrn Meyer ist die Frau weggelaufen" (Fitnesswerbung einer Krankenkasse) etc. Auch für die Gestaltung von Veränderungsprozessen in Unternehmen ergeben sich eine Reihe von praxisnahen Konsequenzen und Anregungen.

Grundsätzlich ist noch einmal festzuhalten, daß die Anpassungsfähigkeit eines Unternehmens an seine Fähigkeit gebunden ist, auf sich ändernde Rahmenbedingungen mit innersystemischer Instabilität zu reagieren. Werden externe oder interne Veränderungsprozesse von Mitarbeitern oder Management als Bedrohung aufgefaßt und mit Stabilisierungsversuchen beantwortet, ist die Kreativität und Flexibilität des Unternehmens begrenzt. Der alte Stabilitätszustand ist bei entsprechend großer Änderung der Rahmenbedingungen dann so inadäquat und gefährlich wie der Versuch, beim Wechsel auf einen Automatikwagen weiterhin die Kupplung zu treten. Selbst unangreifbar erscheinende Großbetriebe sind bereits ins Schlingern geraten, weil ihre Management- und Organisationsstrukturen Instabilität nicht ausreichend zuließen. Das psychologisch nachvollziehbare Verteidigen von persönlichen Ressourcen und Machtbereichen kann die Lösungskapazität eines Unternehmens auf Dauer kritisch lähmen und sogar sein Überleben am Markt in Frage stellen. Betriebliche Übergangssituationen sind immer gleichzeitig eine Chance und ein Risiko. Führt ein Unternehmen zum Beispiel in der Verwaltung EDV ein, werden die damit einhergehenden organisatorischen Veränderungen häufig als besondere Belastung empfunden. Bei der Einführung von EDV ist eine kurze Destabilisierung der innerbetrieblichen Organisationsabläufe notwendig. Diese Instabilität geht mit einer deutlichen Verringerung der Handlungsfähigkeit des Unternehmens einher. Es kann durchaus zu einem nicht ungefährlichen Boykott der EDV durch einzelne Mitarbeiter kommen. Ähnliches gilt bei der Fusion von zwei Unternehmen. Beide aufeinandertreffenden Firmenkulturen müssen Veränderungsbereitschaft zeigen, um eine Übernahme der einen Firma durch die andere oder eine unfruchtbare Dauerkonfrontation zu vermeiden. Ein besonderes Thema ist in diesem Zusammenhang die Gestaltung von Änderungen in der Besetzung des Managements eines Unternehmens. Führungswechsel zählen, anders als z.B. tiefgreifende Marktänderungen, Umstrukturierungen in der Unternehmensorganisation oder spektakuläre Produktinnovationen, eher zum Alltagsgeschäft in Betrieben. In Deutschland finden im Jahr schätzungsweise 150.000 Führungswechsel im oberen Management statt. In der Karriere von Managern sind Wechsel in der Position in einem Zeitabstand von drei bis fünf Jahren keine Seltenheit mehr. Auch der Führungswechsel braucht zumeist eine Phase der Instabilität, um für das Unternehmen zum positiven Impuls zu werden. Dies wird in extremer Weise deutlich bei Generationswechseln in Familienunternehmen. Hier führen wiederstreitende Ordnungen und Stabilisierungstendenzen mitunter dramatisch schnell an Belastungsgrenzen.

Destabilisierende Interventionen

- Durchbrechen von Ritualen
- Verändern von Symbolen
- Erfüllen von Instabilitätskriterien
- widersprechende Informationen
- Informationsstop
- Informationsflut
- hohes Erregungsniveau etc.

Stabilisierende Interventionen

- Aufbau von Regelsystemen
- Etablierung von Symbolen
- Erfüllen von Stabilitätskriterien
- kohärente Informationen
- handlungsorientierte Information
- konstantes Verhalten
- Vision und Identität etc.

Abb. 9: Stabilisierende und destabilisierende Interventionen

In der Instabilität verhalten sich Systeme weder plan- noch vorhersagbar. Entsprechend ergibt sich die Frage wie eine 'COLUMBUS-Strategie' im Umgang mit betrieblichen Übergängen aussehen kann, die die Risiken des Überganges minimiert und die Kreativität und Anpassungspotenz der instabilen Situation möglichst weitreichend zum Tragen bringt. Bereits hingewiesen wurde auf die große Bedeutung einer klar und überzeugend kommunizierbaren Vision. Die Bereitschaft der Mitarbeiter, sich überhaupt auf den Veränderungsprozeß einzulassen, steht und fällt mit dieser Vorgabe. Das Erarbeitenden und Vermitteln von motivierenden Visionen ist eine Aufgabe des Managements, die nur 'top down' sinnvoll gelöst werden kann. Darüberhinaus können Interventionsformen skizziert werden, die einen balancierten Umgang mit Stabilität und Instabilität im Unternehmen unterstützen (s. Abb. 9). Im Verlauf einer betrieblichen Übergangssituation geht es zu Beginn darum, eine kurzfristige Instabilität im System zu begünstigen. Die Gestaltung des Veränderungsprozesses ist im konkreten Fall sicherlich sehr verschieden. Aber einige einfache Fragen und Hinweise können als nützliche Anregungen dienen.

Welche Handlungsabläufe sind im Unternehmen so eingeführt, daß sie im normalen Geschäftsbetrieb völlig unhinterfragt eingehalten werden? **Ändern Sie bestehende Rituale**. Woran erkennen die Mitarbeiter im Arbeitsalltag gegenseitig ihre Position, auch ohne sich das Organigramm des Unternehmens zu vergegenwärtigen? **Ändern Sie etablierte Symbole**. Woran merken die Mitarbeiter im Unternehmen, wenn die innerbetrieblichen Strukturen unvorhergesehen in Bewegung geraten? **Erfüllen Sie die Instabilitätskriterien der Mitarbeiter**. Welche Mitarbeiter reagieren (negativ wie positiv) besonders stark auf sich abzeichnende Änderungen? **Vermitteln Sie die handlungsleitende Vision gezielt an Multiplikatoren**. Auf welchen Kanälen verbreiten sich Informationen, Vermutungen und Gerüchte im Unternehmen? **Verändern Sie die Kommunikation im Unternehmen**. Zuwenig, zuviel oder widersprechende Informationen wirken destabilisierend. Uneindeutige Handlungsanweisungen, unklare Handlungsperspektiven, widersprüchliches Führungsverhalten und Job-Angst erhöhen zwar auch die innersystemische Instabilität, verringern aber gleichzeitig die Bereitschaft der Mitarbeiter sich kreativ und beweglich auf den Veränderungsprozeß einzulassen. Wie sehr ist die Unternehmensführung abhängig von der direkten gefühlsmäßigen Zuwendung und Unterstützung durch Mitarbeiter? **Suchen Sie keine Harmonie, sondern seien Sie anregend**. Was würde die Mitarbeiter davon überzeugen, daß der Veränderungsprozeß unwiderruflich begonnen hat. **Setzen Sie eindeutige Startsignale**. Woran merken die Mitarbeiter, daß der stattfindende Veränderungsprozeß schon nach kurzer Zeit zu persönlich nachvollziehbaren positiven Konsequenzen führt? **Definieren Sie möglichst kleine Zwischenschritte** und **wählen Sie die Ausgangspunkte der Veränderung parallel in Bereichen, in denen erste Erfolgstendenzen schnell sichtbar werden können**. Generell ist Instabilität im Unternehmen nur kurzfristig sinnvoll. In der Instabilität ist die Handlungsfähigkeit des Unternehmens zugunsten einer erhöhten Sensibilität und Flexibilität herabgesetzt. Dauerhafte Instabilität birgt das Risiko einer Systemschädigung. Woran werden die Mitarbeiter merken, daß der Veränderungsprozeß zufriedenstellend abgeschlossen ist? **Würdigen Sie das Erreichte deutlich und in ritualisierter Form**. Instabilität im Unternehmen ist kein Selbstzweck. Eine zentrale Kompetenz des Mangements muß es sein, das persönliche Bedürfnis der Mitarbeiter nach Stabilität und Sicherheit mit der Notwendigkeit anpassungsrelevanter Instabilität zu balancieren.

3. Entwicklungstendenzen und Führungsverhalten

Abschließend werden thesenartig einige Entwicklungstendenzen aufgeführt, die in der gesellschaftlichen Dynamik aufscheinen und in inhaltlichem Bezug zu den dargestellten Aspekten von Chaos- und Selbstorganisationstheorie stehen. Die Trends werden in einigen Strategemen verdichtet, die als mögliche Reaktionen auf die sich abzeichnenden Veränderungen in Frage kommen. Es werden zusammenfassend Anforderungen an ein zukunftsorientiertes Management abgeleitet.

3.1 Gesellschaftliche Trends

Wie eingangs umrissen, besitzen Chaos- und Selbstorganisationstheorie besondere Relevanz für komplexe und instabile Systemlagen. Die große Attraktivität, die diese Theorien gegenwärtig in der Öffentlichkeit besitzen, ist u.a. auf zwei globale Trends zurückzuführen. Die Komplexität anstehender Problemlagen erhöht sich in den letzten Jahren dramatisch und die Änderungsrate von gesellschaftlichen Rahmenbedingungen unterliegt einer kontinuierlichen Beschleunigung. **Die Komplexität der anstehenden Problemlagen erhöht sich** z.B in der Interaktion von (1) wachsender Vernetzung der gesellschaftlichen Subsysteme, (2) Steigerung der Reichweite und Wirksamkeit technologischer Lösungen und (3) dem Erreichen sozialer und ökologischer Belastungsgrenzen. **Die Änderungsrate von gesellschaftlichen Rahmenbedingungen beschleunigt sich** z.B. über (1) den verbesserten Informationszugriff und die erhöhte Mobilität der Menschen in der modernen Industriegesellschaft, (2) die drastische Verkürzung der technologischen Innovationszyklen und (3) die Ankoppelung an immer umfassendere kulturelle und natürliche Systemdynamiken. Für den Umgang mit diesen globalen Trends lassen sich fünf Entwicklungs-Strategeme für die Gestaltung von Unternehmensstrukturen benennen.

Entwicklungs-Strategem I: Von individueller zu sozialer Intelligenz. Die zunehmende Komplexität der Problemlagen ist nicht mehr über die Kreativität einzelner Unternehmerpersönlichkeiten zu bewältigen. Lösungen sind nur noch von dezentralen Teams zu erwarten, die eine hohe Autonomie ihrer Entscheidungen mit einer möglichst umfangreichen informationalen Vernetzung im Unternehmen verbinden.

Entwicklungs-Strategem II: Vom Expertensystem zum intuitiven Experten. Das menschliche Gehirn ist selbst ein komplexes ordnungsbildendes System. Es funktioniert nicht wie ein symbolverarbeitender Computer und seine Leistungen sind auch nur unzureichend über programmierbare Lösungsalgorithmen (Expertensysteme) modellierbar. Die intuitive, d.h. nicht in symbolische Algorithmen übertragbare Ordnungsbildungskompetenz des Gehirns kann bis auf weiteres nur unzureichend über künstliche neuronale Netze simuliert werden. Das prozedurale Wissen des intuitiven menschlichen Experten ist immer noch die hoffnungsvollste Antwort auf komplexe Aufgabenstellungen. Eine konzeptuelle Wiederaufwertung des Erfahrungswissen im Arbeitsprozeß liegt nahe. Der Computer ist kein sinnvoller Ersatz sondern ein nützliches Zulieferorgan für das ordnungsbildende Gehirn.

Entwicklungs-Strategem III: Von Stabilitätserwartung zu Instabilitätsgestaltung. Die erhöhte Änderungsrate gesellschaftlicher Rahmenbedingungen zwingt Unternehmen zu einer gesteigerten Akzeptanz gegenüber der Notwendigkeit immer wiederkehrender Reorganisationen (Phasenübergänge). Die Entwicklung und der adäquate Einsatz von spezifisch auf Stabilität und Instabilität ausgerichteten, situationsangepaßten Managementstrategien ist unerläßlich.

Entwicklungs-Strategem IV: Von der funktionierenden zur lernenden Organisation. Die ständige Bereitschaft zur Reorganisation im Unternehmen setzt voraus, daß Phasen einer verringerten Leistungs- und erhöhten Anpassungsfähigkeit in der Unternehmenskonzeption mitgedacht und bewußt gestaltet werden. Die lernende Organisation kann Perfektionsansprüche nur in Phasen der Stabilität einlösen und muß selbst dann notwendig fehlertolerant bleiben, da der Fehler ein konstitutioneller Faktor in Anpassungsprozessen ist.

Entwicklungs-Strategem V: Von der Hierarchie zum eigendynamischen Regelsystem. Vertikale Hierarchien sind stabilitätsorientierte Organisationsformen. Um die Anpassungsfähigkeit des Unternehmens zu gewährleisten, sind die vertikalen, verstetigten Hierarchien durch funktionale, projektbezogene Organisationsformen zu ersetzen, deren interne Beziehungs-definitionen ausschließlich aufgabenbezogen sind und mit der Bildung neuer Projektkontexte leicht geändert werden können.

3.2 Moderne Managementanforderungen

Die aufgelisteten Entwicklungs-Strategeme erfordern für ihre Umsetzung ein spezifisches Führungsverhalten. In den skizzierten eigendynamischen, instabilitätsbereiten und dezentralen Organisationsstrukturen moderner anpassungsfähiger Unternehmen wird ein Führungskonzept erforderlich, das **Management als Dienstleistung am Unternehmen** versteht. In der sensiblen Situation des innerbetrieblichen Übergangs und der marktbezogenen Anpassung muß **der Mensch im Mittelpunkt der Unternehmensführung** stehen. Für dieses zukunftsorientierte Führungsverhalten lassen sich wiederum fünf konkretisierende Strategeme benennen.

Führungs-Strategem I: Von Festlegung/Vorhersage zur Rahmenvorgabe/Vision. In der Reaktion auf die komplexe Dynamik der gesellschaftlichen Rahmenbedingungen sind in Unternehmen langfristige Festlegungen ebenso unsinnig, wie langfristige Vorhersagen unmöglich sind. In Abhängigkeit von den auftretenden Instabilitätslagen ist nur ein begrenzter Planungshorizont sinnvoll. Um die Anpassungsfähigkeit des Unternehmens zu erhalten, kann das Management nur allgemeine, strategische Rahmenvorgaben machen. Die Aktivitäten der Mitarbeiter organisieren sich in definierten Grenzen selbst. Um die Instabilität der ständig erforderlichen Anpassungsphasen für die Mitarbeiter tragbar zu machen, muß das Management klare Visionen für die Firmenentwicklung vorgeben. Die Columbus-Strategie der Selbstorganisation braucht die Vision zur Bewältigung von Unsicherheit.

Führungs-Strategem II: Führen als Balance von Stabilität und Instabilität. Die geforderte Flexibilität und Anpassungsfähigkeit des Unternehmens bringt Instabilität in den Strukturen mit sich, die mehr oder weniger zwangsläufig mit persönlichen Verunsicherungen der Mitarbeiter einhergehen. Bei zu großer oder zu langanhaltender Instabilität kann die kreative Verunsicherung in Angst und Überforderung umschlagen. In diesem Fall reagiert das System zwanghaft stabilisierend und verliert sowohl seine Handlungsfähigkeit als auch seine Anpassungsbereitschaft. Das Management hat die Aufgabe das Auftreten von Stabilität und Instabilität im System zu balancieren. Es gilt in der Instabilität über Vision und persönliche Verläßlichkeit die Akzeptanz von Verunsicherung bei den Mitarbeitern zu fördern und in der Stabilität die Anpassungsfähigkeit des Systems über Anregung und Innovation zu erhalten. Benötigt wird eine Ethik des Managements.

Führungs-Strategem III: Von der Prozeßbeherrschung zur Prozeßmoderation. In selbstorganisierenden Systemen können Prozesse nicht beherrscht oder bestimmte Ergebnisse erzwungen werden. In selbstorganisierenden Systemen können Prozesse nur angeregt und über die Gestaltung von Rahmenbedingungen moderiert werden. Die Kompetenz zur Lösung anstehender Aufgaben liegt immer in den Ressourcen des Unternehmens selbst. Das Management schafft unspezifische, lösungsorientierte Motivationsstrukturen und sorgt für ausreichende Rückmeldeschleifen im Unternehmen. Veränderungs- und Anpassungsprozesse erfolgen als schrittweise Annäherung an ein neues stabiles Systemverhalten.

Führungs-Strategem IV: Vom Anweisen zum Überzeugen beim Mitarbeiter. Die Anregung von Lösungsprozessen in lernenden Organisationen ist gebunden an die Eigenmotivation der Mitarbeiter. Die im Anpassungsprozeß des Unternehmens stattfindenden Neuorganisationen können sich nur stabilisieren, wenn sie auf eine motivationale Resonanz bei allen Beteiligten treffen. In lernenden Organisationen folgt das Mangement notwendig dem Prinzip des aufsuchenden Führens, um eine möglichst große Nähe zum Mitarbeiter zu gewährleisten.

Führungs-Strategem V: Der Kunde ist der Arbeitgeber im Unternehmen. Die Anpassungsprozesse im Unternehmen sind Reaktionen auf Änderungen in den gesellschaftlichen Rahmenbedingungen. Der Kunde ist daher in besonderer Weise ein wichtiges Wahrnehmungsorgan für das Unternehmen. Eine extreme Marktorientierung ist die logische Voraussetzung für kontinuierliche Anpassung. Der Dienstleistungsgedanke wird nach Innen wie nach Außen zur Leitphilosophie moderner Unternehmensführung.

Weiterführende und vertiefende Literatur:

HAKEN, H. (1991) Erfolgsgeheimnisse der Natur, Synergetik: Die Lehre vom Zusammenwirken. Frankfurt: Ullstein.

HAKEN, H. & STADLER, M. (Ed.) (1990). Synergetics of Cognition. Berlin: Springer.

KRUSE, P., & GHEORGHIU, V. A. (1992). Self-organization theory and radical constructivism: A new concept for understanding hypnosis, suggestion, and suggestibility. In W. Bongartz (Ed.), Hypnosis: 175 Years after Mesmer. Recent Developments in Theory and Application (161-171). Konstanz: Universitätsverlag Konstanz.

KRUSE, P., STADLER, M., PAVLEKOVIC, B., & GHEORGHIU, V. (1992). Instability and cognitive order formation: Self-organization principles, psychological experiments, and psychotherapeutic interventions. In W. Tschacher, G. Schiepek, & E. J. Brunner (Ed.), Self-Organization and Clinical Psychology (102-117). Berlin: Springer.

KRUSE, P., & STADLER, M. (1994). Der psychische Apparat des Menschen. In K. Merten, S.J. Schmidt, & S. Weischenberg (Ed.), Die Wirklichkeit der Medien. Eine Einführung in die Kommunikationswissenschaft (20-42). Opladen: Westdeutscher Verlag.

KRUSE, P., & STADLER, M. (Ed.) (1995). Ambiguity in Mind and Nature. Berlin: Springer

PEITGEN, H.O. & RICHTER, H.P. (1986). The Beauty of Fractals. Berlin: Springer.

PINKWART, A. (1991). Chaos und Unternehmenskrise. Wiesbaden: Gabler.

REHM, W., WELSCH, H. & FAIX, W. (Hrsg.) (1993). Synergetik. Selbstorganisation als Erfolgsrezept für Unternehmen. Ein Symposium der IBM. Ehningen: expert verlag.

Sprache:
Sprechen, versprechen, versprochen

Theoretische Anmerkungen zur lösungsorientierten Kurztherapie

Jürgen Hargens und Uwe Grau

Wozu Theorie für rasches Handeln?

Kurztherapie scheint gängigen Vorstellungen von Psychotherapie eher zuwiderzulaufen – sie entspricht nicht so ganz dem westlichen (Wirtschafts-) Slogan „mehr ist besser“. Dies zeigt sich etwa, wenn man Vorstellungen über psychotherapeutische Ausbildungsgänge anschaut (im Zusammenhang mit dem Psychotherapiegesetz ist die Rede von durchschnittlich 60 Stunden Psychotherapie) oder wenn man die GRAWEschen Übersichtsarbeiten (1994) zur Effektivität der Psychotherapie durchblättert (Psychotherapie mit vier oder weniger Sitzungen wird ausgeschlossen).

Jay HALEY hat dies pointiert zusammengefaßt, wenn er feststellt: „Es ist schon erstaunlich, wie wenig Treffen und Trainingsprogramme es zu dem Thema gibt, wie man Langzeit-Therapie macht. Die meisten Ankündigungen, die einem zu Gesicht kommen, beziehen sich auf Seminare und Workshops für Kurztherapie. Die Implikation ist die, daß jeder weiß, wie man KlientInnen über Monate oder Jahre in eine Therapie einbezieht.“ (HALEY 1990, S. 3).

Für uns stehen lösungsorientierte – also kurztherapeutische – Ansätze in der Tradition systemischer und konstruktivistischer Modellbildungen, die Fragen grundsätzlicher Bedeutung wie z.B. der Objektivität, der Wahrheit, der Ethik thematisiert, hinterfragt und „anders“ gelöst haben. In diesem Beitrag werden wir auf diese erkenntnistheoretischen Aspekte nicht im einzelnen eingehen, möchten aber deutlich machen, daß wir diese als gegeben voraussetzen.

Bei unseren theoretischen Anmerkungen möchten wir auf einige Punkte hinweisen, die uns wichtig erscheinen. Dabei haben wir nicht den Anspruch, neu und originell zu sein – wir wollen Sie, die LeserInnen, einfach daran teilhaben lassen, was wir unternehmen, um in unser Denken immer wieder „ein Stückchen Klarheit“ hineinzubringen – nur um immer wieder zu erkennen, daß diese Klarheiten immer wieder zu neuen und anderen Fragen führen, die wiederum andere Klarheiten anregen, die wiederum anregen usf.

In diesem Sinne stellen diese Anmerkungen eine Art Momentaufnahme unserer Reise durch das „therapeutische Territorium“ dar, sind gleichsam unsere „Landkarte“ und mögen Ihnen vielleicht als Anregung dienen, weiter und anders darüber nachzudenken, um zu anderen Fragen zu kommen.

Wenn wir dieses Kapitel mit *„Sprache: Sprechen, versprechen,* versprochen“ überschreiben, dann deshalb, weil für uns Sprache das wesentliche Moment darstellt, das unsere (therapeutische) Arbeit bestimmt. Und mit dem Titel möchten wir auf die vielen Implikationen hinweisen, die mit „Sprache“ verbunden werden und verbunden werden können (vgl. ANDERSON & GOOLISHIAN 1992, BRUNER 1986, DE SHAZER 1994). Wir sprechen, wir versprechen, wir versprechen uns, wir haben Verpflichtungen, die wir zugesagt, also versprochen haben, und wir haben uns manchmal einfach versprochen. Die Sprache bildet in diesem Kontext den Rahmen ab, in dem unser Handeln stattfindet. Und deshalb bemühen wir uns, sorgsam und sorgfältig mit Sprache und dem, was sie bewirken kann, umzugehen.

Eine andere Perspektive

Lösungsorientiertes Vorgehen macht ein Umdenken erforderlich – statt **„mehr desselben“** wird ein **„mehr des anderen“** gefordert. Statt „mehr Problemen, mehr Ursachenerkundung, mehr Problemanalyse“ werden „mehr Lösungen, mehr hypothetische Lösungen, mehr Bilder einer erfreulicher**en** Zukunft“ entworfen. Damit beschreiben wir den Rahmen, in dem sich für uns lösungsorientiertes Arbeiten abspielt:

Durch das Verhalten der BeraterInnen auf der Grundlage ihres Methodeninstrumentariums (Fragen, Geschichten, Umdeuten etc.) wird ein **hypothetisches Lösungsfeld** erschaffen, das gemeinsam konstruiert und erkundet wird, so daß dann Schritte innerhalb dieses anderen Feldes möglich werden. Wie dieses Prinzip wirkt, läßt sich in den JANOSCH-Geschichten nachlesen, wo der kleine Bär und der kleine Tiger mit ihren unterschiedlichen Fertigkeiten zusammenleben. So geht z.B. der kleine Tiger des öfteren in den Wald, um Pilze für das Essen zu holen.

Dabei bewegt er sich durchaus in einem hypothetischen Lösungsfeld, denn er geht nie in den Wald, Pilze **suchen**, sondern immer Pilze **finden**. So gesehen, spielt das aus der Sozialpsychologie bekannte Phänomen der sich selbst erfüllenden Prophezeiung eine nicht zu unterschätzende Rolle (LUDWIG 1991).

FRIEDMAN kommt zu einer ähnlichen Darstellung, wenn er sein Modell als **„Möglichkeits-Paradigma"** beschreibt (FRIEDMAN & FANGER 1991, MITTELMEIER & FRIEDMAN 1993) so wie auch O`HANLON von **„Möglichkeits-Therapie"** spricht (1993). Alle diese Ideen verweisen darauf, festgefahrene Sichten und Problembeschreibungen zu verflüssigen, aufzulockern, anders zu betrachten, um Optionen – im Denken und im Handeln – möglich scheinen zu lassen. Und hier spielt es dann auch eine Rolle, wie wir Sprache verwenden (vgl. weiter unten).

Die Grundvoraussetzung zum Konstruieren dieses hypothetischen Lösungsfeldes besteht u.a. darin, daß wir von der Kompetenz und Kundigkeit derjenigen ausgehen, die zu uns kommen. **Diese Kundigkeit verstehen wir als konstituierendes Merkmal lösungsorientierter Arbeit** (HARGENS 1993, 1995). Demgemäß begreifen wir diejenigen, die zu uns kommen, auch als KundInnen: sie nehmen einerseits eine Dienstleistung in Anspruch, andererseits sind sie kundig für ihr Leben, also für ihre Probleme wie für ihre Lösungen.

Andererseits verfügen auch wir als BeraterInnen über Kundigkeit – wir verstehen uns als Fachleute für Fragen, Geschichten, Umdeuten etc. Bezogen auf die Begegnung mit KundInnen können wir pointieren: während KundInnen für ihr Leben, für ihre Probleme wie für ihre Lösungen kundig sind, so sind wir kundig für Frage- wie Problemstellungen. Dies verstehen wir durchaus wörtlich: Frage-Stellungen und Problem-Stellungen. Fragen und Probleme lassen sich (hin-) stellen und somit sehr unterschiedlich betrachten. Das verschafft wieder Beweglichkeit, Perspektivenvielfalt und andere Möglichkeiten (HARGENS & DIECKMANN 1994, HARGENS & GRAU 1990, 1994)

Dieser Doppelaspekt der Kundigkeit macht deutlich, was wir unter lösungsorientiertem Vorgehen verstehen: die Kundigkeit aller Beteiligten führt dazu, daß sich alle Beteiligten gleichberechtigt abstimmen in dem, was sie tun, wobei der (von uns möglichst genau erfragte) Auftrag der KundInnen der Rahmen ist, an dem wir uns ausrichten und orientieren.

Diese Auffassung unterscheidet sich von stärker traditionellen Auffassungen, wie „Therapie" und „Beratung" ablaufen sollen. Traditionell wird von Fachleuten ausgegangen, die über „*mehr*“ verfügen: mehr Wissen, mehr Können, mehr Kompetenz, so daß eine komplementäre Beziehung erschaffen wird, die ein oben und unten vermittelt. Diese Auffassungen gehen auch in den Sprachgebrauch ein, so daß es für uns wichtig wird, sehr genau auf die Sprache zu achten, die wir verwenden, um Konnotationen zu vermeiden, die diese Überlegenheit der Fachleute widerspiegeln und/oder bestärken.

Die Annahmen und Prämissen, die diesem lösungsorientierten Ansatz zugrundeliegen, hat THOMAS (1993, 1994) übersichtlich und kurz unter Bezugnahme auf andere AutorInnen (z.B. DURRANT 1993) so zusammenfaßt:

- „Menschen stehen in einem kontinuierlichen Prozeß, ihren Erfahrungen Sinn und Bedeutung zu verleihen“
- „Menschen sind reich an Ressourcen“
- „Eine klientInnen-zentrierte, nicht-normative Auffassung von KlientInnen ist am nützlichsten, d.h. jede KlientIn lehrt mich über ihre Erfahrung, und Therapie geht von dieser Grundlage aus“
- „Änderung ist ein konstanter Prozeß, und wir verleihen dieser Unvermeidlichkeit ständig Sinn und Bedeutung“
- „Meine Aufgabe besteht darin, respektvoll neugierig (oder neugierig respektvoll) zu sein und so Optionen zu ermöglichen, aus der Ausnahmen vom Problem aufseiten der KlientIn anwachsen können“

An dieser Stelle möchten wir nachdrücklich auf einen kleinen, aber wichtigen Punkt hinweisen – auch wenn lösungsorientiertes Arbeiten einfach aussieht und einfach erscheint, so stimmen wir BERG und DE SHAZER (1993) nachdrücklich zu, wenn sie sagen, dieser Ansatz sei zwar „einfach, aber nicht leicht“ (a.a.O., S. 21).

Wir wollen im folgenden einige uns wichtig erscheinende Aspekte unter einer theoretischen Perspektive betrachten und aus unserer Sicht erläutern – und zwar die Aspekte Kooperieren, Kundigkeit, (Lösungs-) Fokus, Respektieren und Zweier-Arbeit.

Kooperieren

Lösungsorientierte Fachleute betrachten „die Entwicklung kooperativer Klient-Therapeut-Beziehungen“ (BERG & MILLER 1993) als ein entscheidendes Moment der Arbeit. Der Begriff selber kann leicht Anlaß zu Mißverständnissen bieten: „kooperieren“ stellt einerseits die Beschreibung einer Beziehung (zwischen TherapeutIn und KundIn) dar, bewertet andererseits die Art des Miteinander-Umgehens.

Für uns hat sich dieses Konzept als sehr nützlich erwiesen (HARGENS & GRAU 1990, 1994), da es uns hilft, uns darauf zu fokussieren, daß alle Beteiligten an einem **gemeinsamen** Projekt („Therapie“) arbeiten – auf ihre je spezifische Weise. Das hat DE SHAZER (1992) in seiner ursprünglichen Darstellung klar hervorgehoben: „Jede Familie (ebenso wie jedes Individuum und jedes Paar) versucht auf einzigartige Weise zu kooperieren“ (a.a.O., S. 45). Und hier können die ersten Mißverständnisse auftreten.

Zum einen verweist der Begriff „kooperieren“ auf ein Bedeutungsnetz, das auf sozial positiv definierte Bewertungen zielt: zusammenarbeiten, konstruktiv ein Ziel anstreben u.v.m. Nach unserem Verständnis zielt die Idee „Kooperieren“ aber eben nicht darauf – und darf deshalb auch als ein „nicht eindeutig definierter Begriff“ gelten*.

Zum anderen zielt Kooperieren auf die Perspektiven der jeweils Handelnden – und aus dieser jeweiligen Perspektive heraus macht (i.S. von konstruiert) jede Handlung „Sinn“, stellt ein Angebot dar zu kooperieren. Die Erscheinungsform mag dabei nicht dem Alltagsverständnis des Zusammenarbeitens entsprechen – es bleibt aber Aufgabe der „TherapeutIn“, sich eben diese Perspektive zu erschließen, um das **Angebot** des Zusammenarbeitens nicht nur zu erkennen, sondern „kooperativ“ darauf zu reagieren.

In diesem Sinne unterscheiden wir inzwischen sehr klar zwischen „Kooperieren“ und „Kooperation“ – Kooperieren entsteht immer wieder neu im „Prozeß kontinuierlicher Interaktion“ (DE SHAZER, 1992, S. 47) und ist eben kein Ding, keine Sache, die sich greifen läßt.

Kooperieren verstehen wir daher als beinahe unvermeidliche Konsequenz der Zuschreibung von Kompetenz und Kundigkeit – die KundIn kooperiert auf die ihr jeweils mögliche Art, und das kann durchaus die Form annehmen, nicht zu deutlich oder gar nicht mit uns zusammenzu-

---

*) Ein anderes, geläufigeres Beispiel betrifft die Idee der „Neutralität“ der TherapeutIn im Mailänder Ansatz – hier hat es viele Mißverständnisse, verschiedene Interpretationen und – mittlerweile – Neudefinitionen gegeben, z.B. Neugier (CECCHIN 1988), Respektlosigkeit (CECCHIN et al. 1993), unerschrockenes Respektieren (HARGENS 1995).

arbeiten: ein sehr **spezifisches Angebot des Kooperierens.** Und das macht es für uns wichtig, diese Kundigkeit im kooperierenden Handeln anzuerkennen und die „Auftragslage" zu definieren: die KundIn weiß am besten, was sie will, und wir haben immer den (impliziten, von der Theorie geforderten) Auftrag, zumindest mit dieser Kundigkeit zu kooperieren, um der KundIn hilfreich zu sein, ihr Ziel erreichen – oder um deutlich zu machen, daß es sich um einen Auftrag handelt, den wir nicht erfüllen können oder wollen.

Damit ist der Rahmen für einen zentralen Fokus beschrieben, der nicht immer deutlich benannt wird: wie wünscht sich die KundIn die Zusammenarbeit, wie möchte sie die Arbeit nutzen, welche Ideen hat sie für die Arbeit der TherapeutIn? Es ist unschwer zu erkennen, daß sich dieses Verständnis lösungsorientierten Kooperierens damit den Ideen des Reflektierenden Teams (ANDERSEN 1990, WETZIG 1993) annähert, indem die Vorstellungen der KundIn, wie und wozu sie die Arbeit nutzen will, den Ausgangspunkt der Arbeit bilden.

Die Vielfalt der KundInnen*

Seit Jahren unterscheiden lösungsorientierte TherapeutInnen verschiedene Muster von KundInnen-Verhalten, die manchmal schon die Form verdinglichender Zuschreibungen annehmen kann: BesucherInnen, KlagendE und KUNDiNNEN. Wir müssen uns darüber klar bleiben, daß es sich hierbei um eine **Beschreibung der Beziehung zwischen TherapeutIn und KundIn** handelt, die der Perspektive der TherapeutIn entstammt**. In jüngster Zeit haben BERG und MILLER (1993) darauf hingewiesen, daß es sich eben nicht um Feststellungen von Merkmalen handelt, sondern um **Typen von Beziehungen,** die sich aufgrund der Beschreibung der **Interaktion** als nützlich erweisen.

In diesem Sinne „sind" diese Klassifikationen nichts Beständiges, sondern vorübergehende Beschreibungen, die sich sogar **innerhalb** einer

*) Da wir immer von KundInnen sprechen, lösungsorientierte TherapeutInnen aber verschiedene Typen von KundInnen unterscheiden, verwenden wir in diesem Abschnitt die Schreibweise „KundIn", wenn wir von unserem Konzept ausgehen und die Schreibweise „KUNDiN", wenn wir den Typus meinen, wie er in lösungsorientierten Darstellungen (z.B. BERG & MILLER 1993) im Unterschied zu Klagenden und BesucherInnen beschrieben wird.

**) Es wäre sicher ein interessantes Unternehmen, entsprechende Beschreibungen für TherapeutInnen aus der Perspektive der KundIn zu erhalten. Was, wenn diese Beschreibungen eine ähnliche Klassifikation ergeben würden: TherapeutInnen als BesucherInnen, als KlagendE oder als KundInnen?

Sitzung verändern können. Für uns interessant, daß sich diese Klassifikation am **Ziel der KundIn** ausrichtet – und zwar so, **wie es die TherapeutIn** beschreibt:

BesucherInnen entstehen, wenn „Therapeut und Klient am Ende der Sitzung nicht gemeinsam eine Beschwerde oder ein Ziel gefunden haben, an dem in der Therapie gearbeitet werden soll. Außerdem kann es sein, daß der Klient entweder zeigt, daß es kein Problem gibt, das der Behandlung bedarf, oder daß jemand anders das Problem hat" (Berg & Miller 1993, S. 43).

KlagendE kennen demgegenüber ein Behandlungsziel oder eine Beschwerde, aber nicht die notwendigen konkreten Schritte, um es zu erreichen. Sie „sehen sich ... nicht ohne weiteres als Teil der Lösung, sondern glauben eher, die einzige Lösung liege darin, daß ein anderer sich ändert" (Berg & Miller 1993, S. 41).

KUNDiNNEN erkennen eine Beschwerde oder ein Ziel und machen deutlich, daß sie sich selbst als Teil der Lösung sehen und bereit sind, etwas bezüglich der Lösung des Problems zu tun.

Wir verstehen diese Beschreibung in dem Sinne, daß in ihr deutlich wird, inwieweit die KundIn dem Bild der optimalen lösungsorientierten KUNDiN bereits entspricht: eine Klage, ein Ziel, eine Bereitschaft, selber etwas zu tun etc. Mit anderen Worten – wieweit die KundIn schon auf dem Weg zur „idealen KundIn" ist. Dies beschreibt zugleich die impliziten Ziele der TherapeutIn: sie „muß" jede therapeutische Beziehung in eine KUNDiNNEN-Beziehung umwandeln, um erfolgreich arbeiten zu können.

Demgegenüber verstehen wir Kundigkeit der KundInnen viel weitreichender: „Wir gehen von dieser Kundigkeit unserer Gegenüber aus – und das betrifft deren Kompetenz und Kundigkeit für ihre Probleme und Fragen wie für ihre Lösungen" (Hargens 1995, S. 35). Kundigkeit begreifen wir daher „als konstituierendes Merkmal, das wir jeder Person, mit der wir zu tun haben, zugestehen – und zwar unabhängig von der „Auftragslage". Wir verstehen daher auch „BesucherInnen" als kundig – kundig für das, was sie wollen oder nicht wollen; kundig für die Gestaltung ihres Lebens, egal, ob uns dies gefällt oder nicht" (Hargens 1995, S. 35).

Das hat unmittelbare Konsequenzen für unser therapeutisches Handeln, da wir prinzipiell durch eine kompetenzorientierte Linse schauen: was auch immer unsere Gegenüber tun, es ist ein Ausdruck ihrer Kompetenz und Kundigkeit. Daraus leiten wir unsere therapeutische Verpflichtung ab, diese Kompetenz und Kundigkeit zu nutzen – eine schon beinahe klassische Beschreibung der Ericksonschen Technik des Utilisierens (Erickson & Rossi 1981, Zeig 1994).

Dabei geht es nicht darum, herauszufinden, ob es sich „wirklich" um Kompetenz handelt – es geht um eine weitere Beschreibungsmöglichkeit der therapeutischen Wirklichkeit, um eine weitere Deutung, die uns aufgrund der in ihr enthaltenen Implikationen der Kundigkeit nützlich scheint, den Fokus auf Lösungen und Änderungen zu richten.

Deshalb sind uns auch die sprachlichen Implikationen wichtig, die in den Fragen enthalten sind, die wir stellen. Uns ist bewußt, daß diese Implikationen nicht wahr oder gegeben sind, sondern unsere Auffassungen widergeben – und in diesem Sinne auch etwas davon widerspiegeln, wie wir unsere Gegenüber implizit verstehen und begreifen: kundig oder doch nicht kundig?

> Tom Andersen (1994) hat in diesem Zusammenhang eine interessante neue Frage- und Sprachfigur entworfen – die Suche danach, was **innerhalb** eines Ausdruckes steckt, danach, was **im** Wort liegt. Es geht nicht darum, nach dem zu fragen, was **hinter** dem Wort steckt, sondern danach, was **im** Ausdruck liegt. „Mir ist aufgefallen, daß Sie das oder das sagten. Wenn Sie nach noch etwas in diesem Wort suchen, was könnten Sie finden?"

Dies hat auch Ähnlichkeit mit dem, was im lösungsorientierten Vorgehen als „operationalisieren" gilt – das Übersetzen von Begriffen in konkrete Handlungen, hier im Bereich der Sprache.

Diese Überlegungen haben weitreichende Folgen für den Umgang mit KundInnen und den Fokus, den wir in unseren Gesprächen aufrechterhalten möchten. Lipchik (1994) hat überaus deutlich und einleuchtend beschrieben, was geschehen kann, wenn TherapeutInnen so sehr davon überzeugt sind, daß sie es mit KUNDiNNEN zu tun haben, daß sie ihnen damit nur noch eine einzige Reaktionsmöglichkeit zugestehen – nämlich vorhersehbar so zu reagieren, wie es die lösungsorientierte Grundidee vorschreibt. Genau darin sehen auch wir das Risiko und die Gefahr, wenn TherapeutInnen aus ihren Überlegungen ableiten, wie sich KundInnen verhalten werden (oder: müssen?) und dann versuchen, diese Beschreibung in der konkreten therapeutischen Begegnung („mit Gewalt") durchzusetzen oder aber ihr Gegenüber abzuwerten – z.B. mit dem Etikett der „BesucherIn", die noch nicht bereit ist, ein Ziel zu definieren, obwohl die TherapeutIn schon längst „weiß“, daß ein solches Ziel für die BesucherIn besteht. Hier liegt für uns eine Situation vor, wo die TherapeutIn das Konzept der Kundigkeit verläßt und ihrem Gegenüber genau die Kundigkeit und Kompetenz abspricht, eigene Ziele, Wünsche und Hoffnungen zu definieren, die u.U. mit denen der TherapeutIn nichts zu tun haben.*

Damit nähern wir uns dem, was wir unter der Idee des „Fokus“ verstehen, der uns in unserer Arbeit anleitet und in-formiert. Der Vollständigkeit halber möchten wir hier vorher noch auf einen anderen, bisher wenig beachteten Aspekt der Kundigkeit und des KundInnen-Seins hinweisen: auf den **VerbraucherInnen-Schutz**. In der Wirtschaft zählt es längst zu den Selbstverständlichkeiten, die Interessen der KundInnen als **VerbraucherInnen** zu schützen. Für den therapeutischen Bereich bedeutet dies noch Neuland, doch zeichnen sich bereits erste Schritte ab (z.B. REIMERS & TREACHER 1995), den Aspekt der NutzerInnen-Freundlichkeit der Dienstleistung zu thematisieren.

Auch wenn dies zunächst ungewöhnlich erscheinen mag, so hat eine solche Betrachtungsweise nach unserer Auffassung einen großen Vorteil – sie richtet die Aufmerksamkeit auf das, was KundInnen über unsere Arbeit sagen. Die Gleichberechtigung unterschiedlicher Wirklichkeitskonstruktionen, die von systemisch-konstruktivistischen AutorInnen immer betont wird, erhält auf diese Weise einen pragmatischen Unterbau und das „Schweigen der KlientInnen in der therapeutischen Literatur“ (CONRAN & LOVE 1993) endet – die KundInnen kommen zu ihrem Wort.

Was kann ein lösungsorientierter Fokus sein?

Wir möchten mit dieser Frage darauf hinweisen, wie leicht es unserer Ansicht nach geschehen kann, in eine **„entweder-oder“**-Dichotomie zurückzufallen: entweder lösungsorientiert oder problemorientiert. Und dabei favorisieren KonstruktivistInnen eine Weltsicht, die das **„sowohl – als auch“** betont. Insofern sehen wir die Gefahr, lösungsorientiertes Vorgehen allzu wörtlich zu nehmen und die KundIn auf unterschiedlichste Weise dazu zu zwingen, „nur“ lösungs- und ausnahmenorientiert zu reagieren.

---

*) Es handelt sich hier um einen bekannten Mechanismus, das Gute sich selber, das Schlechte aber den anderen zuzuschreiben – und wie sehr das für TherapeutInnen gilt, hat kürzlich TALMON (1990) herausgearbeitet.

Tom Andersen (1990) hat darauf hingewiesen, daß die Batesonsche Idee, daß Information ein Unterschied sei, der einen Unterschied mache (Bateson 1981, 1982), sich auch im Sprach- bzw. Frageverhalten der TherapeutIn zeigen müßte: in diesem Sinne stellt Andersen die Idee der **„angemessen ungewöhnlichen Fragen“** vor (1990, S. 65) – Fragen, die „mehr (und hoffentlich neue) Anknüpfungen erzeugen“ (a.a.O.). Gewöhnliche Fragen werden als solche verstanden, die „üblich“ sind, die, wie wir ein wenig salopp sagen, auch der Friseur stellen würde. Zu ungewöhnliche Fragen „passen“ zu wenig (von Glasersfeld 1987) zur Weltsicht der KundIn und begünstigen ein Zurückziehen, ein Unterbrechen, ein Abschließen.

Die Entscheidung aber, ob eine Frage angemessen ungewöhnlich ist, macht Andersen – wie könnte es auch anders sein? – von der beobachtbaren Reaktion der KundIn abhängig, was der lösungsorientierten Grundannahme entspricht, „die Bedeutung einer Botschaft ist die Antwort, die Sie erhalten“ (Walter & Peller 1994, S. 45). Dabei liegt die Verantwortung der TherapeutIn darin, den Fokus der Fragen zu beachten und sich im Rahmen des „angemessen Ungewöhnlichen“ zu bewegen – also Unterschiede zu erzeugen, die einen Unterschied machen (können).

Da Menschen als nicht-triviale Maschinen (von Foerster 1985) in ihrem Verhalten prinzipiell nicht eindeutig vorhersagbar sind, entsteht die Frage, ob und wie wir einen Frage-Fokus wählen können, der einen Kontext erschafft, der unsere Absicht, uns angemessen ungewöhnlich in unseren Fragen zu zeigen, begünstigt, statt behindert. Hier zeigt sich uns die Batesonsche Idee der „kybernetischen Erklärung“ (Bateson 1981a) als überaus hilfreich.

Im Unterschied zu einer kausalen Erklärung, die im positiven Sinne beschreibt, warum etwas passiert – eben weil die Ursache besteht –, ist die **kybernetische Erklärung** negativ. Sie sucht danach, die Einschränkungen zu beschreiben, die dazu führen, daß aus einer Menge gleich wahrscheinlicher Möglichkeiten eben diese nicht eingetreten sind. Wir verstehen dies als grundlegenden Unterschied: während eine kausale Erklärung danach sucht, weshalb ein bestimmtes Ereignis aufgetreten ist, sucht die kybernetische Erklärungen nach den Einschränkungen, die dazu führen, daß viele der Alternativen nicht eingetreten sind.

Bezogen auf den Fokus des „therapeutischen Gesprächs“ folgern wir daraus, daß es nicht darum gehen kann, zu erklären, daß und warum

Lösungen und Ausnahmen den Fokus bilden. Es geht vielmehr darum zu beschreiben, welche Einschränkungen bestehen, so daß viele Möglichkeiten, einen anderen als einen Lösungs- und Ausnahmefokus beizubehalten, nicht eintreten. In diesem Sinne stehen sich Problem und Lösung nicht als Gegensätze (entweder – oder) gegenüber, sondern als (wahrscheinliche) Möglichkeiten, die es zu verstärken oder zu verringern gilt (sowohl – als auch bzw. mehr oder weniger).

In der Praxis bedeutet dies, daß wir uns den Druck, „nur" auf Ausnahmen und Lösungen zu fokussieren, verringern – wir nehmen die Frage ernst, die die kybernetische Methode der negativen Erklärung aufwirft: „Besteht ein Unterschied zwischen „richtig sein" und „nicht falsch sein"?" (Bateson 1981a, S. 522) und diese Frage selber kann weitere Fragen danach auslösen, welchen Reaktionskontext sie begünstigt.

Anders gesagt, wir definieren über den therapeutischen Fokus einen **Lernkontext** (vgl. Schmidt 1989), in dem es darum geht, über sprachliche Formen des Fragens Bedeutungen einer Botschaft aus den Reaktionen der KundInnen zu beschreiben, die einen Kontext begünstigen, der die Wahrscheinlichkeit verringert, auf Probleme zu fokussieren. Und das, so unsere gegenwärtige Vorstellung, scheint derzeit immer noch angemessen ungewöhnlich genug, um einen Unterschied zu machen, der einen Unterschied macht.

Auf diese Weise bieten wir in der therapeutischen Begegnung Wirklichkeitsbeschreibungen an, die sich von denen der KundInnen unterscheiden – und von ihnen nicht akzeptiert werden müssen. Dies spiegelt sich in einigen Untersuchungen wider, die sich mit der Frage beschäftigten, welche Implikationen die Äußerungen der TherapeutInnen enthalten und wie die Familie auf diese Angebote, Wirklichkeiten zu bestimmen, reagiert (Braun-Brönneke 1990, Schröder 1991) – **Therapie als Angebot, Wirklichkeit von anderen Voraussetzungen aus zu beschreiben und damit möglicherweise auch zu anderen Konsequenzen zu gelangen** (Efran et al. 1992).

Für uns bedeutet „lösungsorientierter Fokus" demnach, daß wir einen Rahmen anbieten, der es weniger wahrscheinlich macht, daß unsere KundInnen Konstruktionsprinzipien ihrer Probleme erkunden. Vielmehr suchen wir nach einschränkenden Möglichkeiten, diese Alternativen nicht eintreten zu lassen, so daß Erkundungen von Ressourcen und Kompetenzen wahrscheinlicher werden – eine Orientierung auf Lösungen. Wir begreifen ein solches Vorgehen nicht als Anwendung von Technik, sondern als Umsetzen einer Haltung, „die Theorien als mögliche Bereicherung sieht, aber nicht als neue einengende Trivialisierungsinstrumente" (von Schlippe 1994, S. 9).

Respektieren und einige unvermeidliche Folgen

Kundigkeit der KundInnen setzt auf unserer Seite voraus, daß wir diese Kundigkeit in unserem Umgang, in unserer Art, (therapeutische) Beziehungen zu gestalten, **respektieren**. Wie wir in unseren Ausführungen zu „kooperieren" deutlich gemacht haben, begreifen wir respektieren nicht als eine Sache, ein Ding („Respekt"), sondern als etwas, das in der aktuellen Interaktion der Begegnung immer aufs neue zu verwirklichen ist („respektieren" oder „Respekt zeigen"). Wir möchten allerdings auch einem Mißverständnis vorbeugen, indem wir darauf hinweisen, daß wir einen klaren Unterschied zwischen **„respektieren"** und **„akzeptieren"** sehen:

Wir respektieren die jeweiligen Wirklichkeitskonstruktionen der KundInnen, weil diese – verglichen mit allen anderen möglichen Konstruktionen – **„gleich gültig"**, aber durchaus nicht **„gleich wünschenswert"** (Hargens 1993) sind. Diese Erfahrung in der therapeutischen Konversation hat uns bewußt(er) gemacht, wie sehr wir von unseren eigenen sozialen Vor-Urteilen geleitet werden – und auf diese Weise dazu neigen, unsere **Vor-Urteile** als allgemein gültige Urteile unseren Gegenüber überzustülpen.

respektieren $\neq$ **akzeptieren**

In diesem Sinne stimmen wir Anderson und Goolishian (1992) zu, daß wir von einer Position des „Nicht-Wissens" ausgehen. Für uns bedeutet „Nicht-Wissen" einfach, daß wir die Beschreibungen der KundInnen nicht einfach akzeptieren, sondern respektvoll „abklopfen" (Efran et al. 1992), um etwas über den Konstruktionsprozeß zu erfahren. Dennoch verfügen wir über „Wissen", über „ExpertInnen-Wissen", denn das Gestalten der „professionellen Konversation" definiert unseren ExpertInnen-Bereich.

So gesehen, konstruieren wir unsere Fachlichkeit *sowohl als „Wissen"* – wir verfügen über spezifische Kompetenzen des Gestaltens einer als Therapie bezeichneten Konversation – *wie auch als Nicht-Wissen*, indem wir nicht davon ausgehen, über Beschreibungen unserer KundInnen „besser" Bescheid zu wissen, als diese selber (vgl. Hargens & Dieckmann 1994, Hargens & Grau 1994 sowie Holmes 1994).

Um es noch einmal deutlich zu sagen: Nach unserem Verständnis operieren wir immer im Bereich der Vor-Urteile (vgl. HARGENS 1993a), da wir zu der „Wirklichkeit da draußen“ keinen direkten und unmittelbaren Zugang haben. Welche Vor-Urteile dann jeweils im sozialen und kulturellen Kontext dominant werden, ist u.a. ein Aspekt sozialer Verhandlungen und Aushandlungen – für uns die Nahtstelle von radikalem Konstruktivismus und sozialem Konstruktionismus (vgl. MCNAMEE & GERGEN 1992).

Das hat uns dazu gebracht, den Blick auch auf uns selber zurückzulenken – wir respektieren die Konstruktionen der KundInnen, vergessen dabei aber durchaus nicht, daß wir dieses **Respektieren auch uns selber gegenüber praktizieren** dürfen und sollen. Dies bedeutet beispielsweise, daß sich lösungsorientiertes Vorgehen nicht allein an Techniken ausrichtet, sondern eine Haltung widerspiegelt, die sich im Verhalten der TherapeutIn zeigt. In diesem Sinne steht auch das Verhalten der TherapeutIn, ihre hervorgebrachten Geschichten immer infrage, es ist „abklopfbar“, frag-würdig und zu respektieren. Wie wir dies in unserem Vorgehen umsetzen, wollen wir im nächsten Abschnitt ein wenig deutlicher zeigen.

So gesehen leitet uns unsere „Neugier“ (vgl. CECCHIN 1988), wobei zunächst offen scheint, was im Rahmen der Neugier befragbar bleibt – denn Neugier kann durchaus auch respektloses Verhalten gestatten. Für uns wird unsere Neugier, wie die KundInnen ihre Wirklichkeiten konstruiert haben und diese Konstruktionen aufrechterhalten, beschreiben und bewerten, vom Thema geleitet, das die KundInnen ansprechen. In diesem Sinne begreifen wir Neugier als gemeinsames Unternehmen oder, wie es Gonzalo BACIGALUPE (1995) in einer Diskussion unseres Ansatzes ausdrückte, als „collaborative curiosity“, als **„gemeinsames Unternehmen Neugier“.**

Die *„Rückseite“ der Neugier* ließe sich in diesem Sinne als *„Überraschung“* im Sinne BRUNERS (1986) beschreiben, denn Überraschung „erlaubt es, das zu sondieren, was Menschen als gegeben annehmen. Sie eröffnet einen Blick auf Vorannahmen: Überraschung ist eine Reaktion auf Verstöße gegen Vorannahmen. Vorannahmen sind natürlich das, was als gegeben angenommen, was erwartet wird“ (BRUNER 1986, S. 46).

Respektieren bezieht sich für uns darauf, Vorannahmen, Glaubenssätze „anderer Art“ in ihrer **Andersartigkeit** stehen zu lassen, um uns von unserer **„überraschenden Neugier“** leiten zu lassen, Implikationen,

Voraussetzungen und Konsequenzen der jeweiligen Konstruktionen eingehender zu erforschen. Wir folgen also dem, was BRUNER als „Homo credens" (a.a.O.) beschreibt – der Mensch, der zum Glauben an sehr, sehr viele Ideen fähig ist. In diesem Sinne läßt sich „Glauben" als ein Erklärungsmuster darstellen, das „selbst-abdichtend" ist, d.h. es handelt sich um eine „Annahme, die nicht falsifiziert werden kann" (WATZLAWICK 1976, S. 63) – es wird einfach geglaubt – und deshalb suchen wir auch nicht nach dem, was „wahr" ist, um uns so nicht in einem „richtig-falsch-Spiel" zu verheddern.

An dieser Stelle scheint es uns wichtig darauf hinzuweisen, daß wir Psychotherapie nicht mit medizinischen Kuren, Heilungen oder Behandlungen gleichsetzen. Psychotherapie gilt für uns vielmehr als „einzigartiger konversationaler Prozeß" (EFRAN et a. 1992, S. 257), „die Magie der Therapie ist in keiner spezifischen Formel enthalten. In letzter Analyse ist Therapie grundsätzlich einfach ein Gespräch – gewöhnliche Konversation" (EFRAN & GREENE, i.Dr.). Darauf bezieht sich immer auch unser grundlegendes Konzept (Konstruktion) der Kundigkeit und darauf, daß Therapie sich mit der **nicht-trivialen Maschine Mensch** (VON FOERSTER 1985) befaßt, die eben nicht vorhersagbar und eindeutig (im Sinne „instruktiver Interaktion", MATURANA & VARELA 1987) reagiert. In diesem Sinne ist Therapie – und „wird es wohl auch bleiben, eine ungenaue Wissenschaft" (EFRAN & GREENE) – die Konsequenzen dieser Auffassung können hier im einzelnen nicht ausgebreitet werden: dies würde einen ganz neuen Aufsatz erforderlich machen.

Zweier-Arbeit oder: Die Erleichterung durch den Meta-Dialog

Lösungsorientiertes Arbeiten erfordert nach unserem Verständnis ein Umdenken auf seiten der psychosozialen Fachleute – ein Umdenken, das oftmals traditionellen Aus-, Fort- und Weiterbildungsgängen entgegensteht. Das macht es nicht immer leicht, durch eine lösungsorientierte Linse zu schauen – denn auch unsere KundInnen stehen in einem sozialen Kontext, der überlegenes Fachwissen, Instruktion und das Befolgen von Regeln (der ExpertInnen) favorisiert.

Durch das Einbeziehen einer KollegIn – also durch das ständige Arbeiten zu zweit – haben wir für uns einen Rahmen erschaffen, der uns hilft, den hier vorgestellten Konstrukten/Konzepten leichter zu folgen und uns dabei an den von uns entworfenen Leitlinien professionellen Handelns („kooperieren, reflektieren, öffentlich machen", HARGENS &

Grau 1990, 1994, 1994a) zu orientieren – einfach, weil diese uns leiten, die Kundigkeit aller Beteiligten immer wieder ins Zentrum unseres therapeutischen Tuns zu stellen.

Mit Tom Andersen (1990) beschreiben wir Konversation als einen Prozeß wechselseitigen und sich überschneidenden Zuhörens und Dialogisierens:

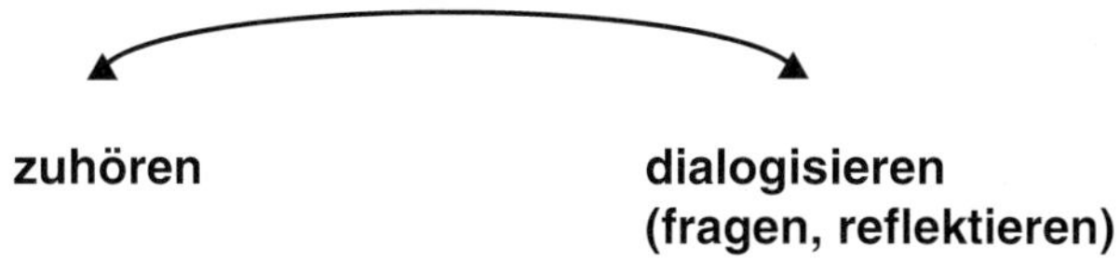

Dabei beschreiben wir für jede anwesende Person immer zwei parallele und zu koordinierende Prozesse – zum einen geht es darum, den anderen zuzuhören („äußerer Dialog“), zum anderen befinden wir uns in einem kontinuierlichen Prozeß des „inneren Dialogs“, des Sprechens mit und zu uns selber:

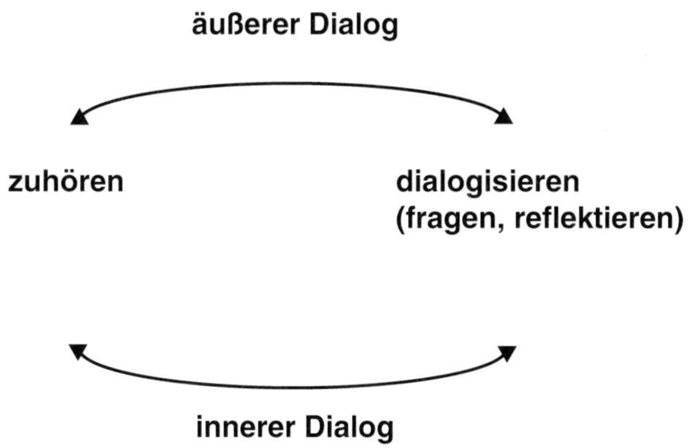

Alle Formen des Dialogs tragen zu den Geschichten bei, die unsere Wirklichkeiten konstruieren und sind für uns daher alle gleich gültig, öffentlich einbezogen zu werden. Der **Meta-Dialog** (Hargens & Grau 1994a) – grundlegend ein öffentliches Reflektieren der Fachleute über den ablaufenden Dialog in Anwesenheit der KundInnen, die sich auch selber einschalten können – hat sich dabei als äußerst hilfreich erwiesen, die Kundigkeit zu respektieren und auszudrücken.

Wir bedienen uns dabei einer sprachlichen Besonderheit, die wir „**konstruktivistisch sprechen**“ nennen (Hargens & Dieckmann 1994): wir formulieren unsere Ideen, unsere Geschichten im **Konjunktiv**, um sie als **eine Möglichkeit unter vielen anderen** zu kontextualisieren. Und wir reflektieren miteinander, indem wir uns anschauen und so den KundInnen Raum lassen, sich von uns zu unterscheiden – unsere Geschichten als „unsere" zu belassen und sie nicht „kaufen" zu müssen. Diese **„Ablehnungsfähigkeit" herzustellen**, halten wir für überaus wichtig – „da das zu Ungewöhnliche die Integrität einer Person bedrohen kann, halten wir es für äußerst wichtig, unsere Arbeit so zu organisieren, daß diejenigen, die kommen, um mit uns zu sprechen, ständig die Gelegenheit haben, „nein" zu sagen – zur Form der Unterhaltung, ihrem Kontext oder zu alldem" (Andersen 1990, S. 46).

Dabei stellen wir auch unsere eigenen Vor-Urteile infrage – wenn eine Person des Teams z.B. darauf drängt, Defizit und Dysfunktion zu betonen, so kann sie befragt werden, was sie dazu angeregt hat, eine solche, eher negative Geschichte hervorzuholen und welchen Nutzen sie oder die KundIn daraus ziehen könnte. Der Meta-Dialog bietet auch einen Rahmen, eigene Befindlichkeiten zu reflektieren, damit zu jonglieren, ohne sie (kausal) auf bestimmte Auslöser zurückzuführen.

In der Praxis stellen wir immer wieder fest, wie diese Möglichkeit **uns** hilft, lösungs- und kompetenzorientierte Geschichten zu erzählen und zu konstruieren – und welche entlastende Wirkung diese Möglichkeit des Meta-Dialogs auf die ablaufende Konversation nimmt.

Wir halten diese Form der Zusammenarbeit darüber hinaus aus mindestens drei Gründen auch fachlich für notwendig: zum einen besteht aufgrund der kontinuierlichen Zusammenarbeit die Möglichkeit einer aktuellen und fortlaufenden Reflexion des eigenen Handelns unter Einbeziehen aller beteiligten Personen. Zum zweiten läßt die darin angelegte „prinzipielle Öffentlichkeit" das Hinzuziehen weiterer KollegInnen oder KundInnen zu, was anregend auf das Hervorbringen alternativer Beschreibungen wie hemmend auf das Entwickeln gemeinsamer blinder Flecken wirken kann. Zum dritten glauben wir, daß die ständige Anwesenheit von zwei Fachleuten auch die Intimsphäre der KundIn schützen kann, da sie Übergriffe erschwert – das eigene Vorgehen kann jederzeit von der KollegIn öffentlich be- und hinterfragt werden, und die KundIn kann sich jederzeit an die KollegIn wenden, wenn sie an bestimmten Vorgehensweisen zweifelt oder mit ihnen nicht einverstanden ist.

Literatur

ANDERSEN, Tom (ed) „Das Reflektierende Team. Dialoge und Dialoge über die Dialoge", Dortmund: modernes lernen, 1990

ANDERSEN, Tom „You can borrow my eyes, but you must not take them away from me", Nachwort für die brasilianische Ausgabe des „Reflecting Team", 1994

ANDERSON, Harlene & Harold GOOLISHIAN „Der Klient ist Experte: Ein therapeutischer Ansatz des Nicht-Wissens", Z.system.Ther. 10(3): 176-189, 1992

BACIGALUPE, Gonzalo, persönl. Mitteilung, Ft. Lauderdale, 1995

BATESON, Gregory „Ökologie des Geistes", Frankfurt/M.: Suhrkamp 1981

BATESON, Gregory „Kybernetische Erklärung" in: ders. „Ökologie des Geistes", Frankfurt/M.: Suhrkamp 1981a

BATESON, Gregory „Geist und Natur. Eine notwendige Einheit", Frankfurt/M.: Suhrkamp, 1982

BERG, Insoo Kim „Familien-Zusammenhalt(en). Ein kurz-therapeutisches und lösungs-orientiertes Arbeitsbuch", Dortmund: verlag modernes lernen, 1992

BERG, Insoo Kim & Steve DE SHAZER „Editor's Questions" zum Artikel „Making Numbers Talk", in Steven FRIEDMAN (ed) „The New Language of Change", New York: Guilford, 1993. Der Aufsatz allein ist unter dem Titel „Wie man Zahlen zum Sprechen bringt" erschienen in Familiendynamik 18(2): 146-162, 1993

BERG, Insoo Kim & Scott D. MILLER „Kurzzeitherapie bei Alkoholproblemen", Heidelberg: Cl.Auer, 1993

BRAUN-BRÖNNEKE, Anette „Die Familie im familientherapeutischen Prozeß – Eine Einzelfallstudie", unv. Diplomarbeit, Osnabrück, 1990

BRUNER, Jerome „Actual Minds, Possible Worlds", Cambridge, MA – London: Harvard University Press, 1986

CECCHIN, Gianfranco „Zum gegenwärtigen Stand von Hypothetisieren, Zirkularität und Neutralität: Eine Einladung zur Neugier", Familiendynamik 13: 190-203, 1988

CECCHIN, Gianfranco, Gerry LANE & Wendel A. RAY „Respektlosigkeit. Eine Überlebensstrategie für Therapeuten", Heidelberg: Cl.Auer, 1993

CONRAN, Tom & Joyce LOVE „Client Voices: Unspeakable Theories and Unknowable Experiences", J.S.T. 12: 1-19, Sommer 1993

DE SHAZER, Steve „Muster familientherapeutischer Kurzzeit-Therapie", Paderborn: Junfermann, 1992 de Shazer, Steve „Words Were Originally Magic“, New York – London: Norton, 1994, „Worte waren ursprünglich Zauber“, dtsch.: Dortmund: verlag modernes lernen, 1996 i.V.

Durrant, Michael „Creative Strategies for School Problems“, Epping, NSW: Eastwood Family Therapy Centre, 1993

Efran, Jay S. & Mitchell A. Greene „The Therapist`s Role: Contributions from Maturana`s Structure Determinism“ in: Hugh Rosen & Kevin Kuehlwein (eds) „Constructing Realities: Meaning-Making Perspectives for Psychotherapists“, San Francisco: Jossey-Bass, i.Dr.

Efran, Jay S., Michael D. Lukens & Robert J. Lukens „Sprache, Struktur und Wandel. Bedeutungsrahmen der Psychotherapie“, Dortmund: verlag modernes lernen, 1992

Erickson, Milton H. & Ernest L. Rossi „Hypnotherapie. Aufbau – Beispiele – Forschungen“, München: Pfeiffer, 1981

Friedman, Steven (ed) „The New Language of Change. Constructive Collaboration in Psychotherapy“, New York: Guilford, 1993

Gilligan, Stephen G. & Reese Price (eds) „Therapeutic Conversations“, New York – London: Norton, 1993

Grawe, Klaus, Ruth Donati & Friederike Bernauer „Psychotherapie im Wandel. Von der Konfession zur Profession“, Göttingen-Bern-Toronto-Seattle: Hogrefe, 1994

Haley, Jay „Why not long-term therapy?“ in Jeffrey K. Zeig & Stephen G. Gilligan (eds) „Brief Therapy“, 1990

Hargens, Jürgen „KundIn, KundigE, KundschafterIn. Gedanken zur Grundlegung eines `helfenden Zugangs`“, Z.system.Ther. 11(1): 14-20, 1993

Hargens, Jürgen „Haus und Wohnung der KundIn – Spielfeld oder Feindesland?“, Z.system.Ther. 11(4): 238-244, 1993

Hargens, Jürgen „Kurztherapie und Lösungen. Kundigkeit und Respektieren“, Familiendynamik, 20(1): 32-43, 1995

Hargens, Jürgen & Stefanie Dieckmann „Von der Theorie zur Praxis und zurück. Sprache, Lösungen und Zeit oder: Wie kann ich das tun, was meine Theorie fordert?“, Familiendynamik 19(1): 3-14, 1994

Hargens, Jürgen & Uwe Grau „Kooperieren, reflektieren, öffentlich machen. Entwurf eines systemischen Ansatzes auf konstruktivistischer Grundlage“, systeme 8(2): 151-155 und 161-163, 1990

Hargens, Jürgen & Uwe Grau „Cooperating, reflecting, making open, and metadialogue. Outline of a systemic approach on constructivist ground“, A.N.Z.J.F.Th. 15(2): 81-90, 1994

HARGENS, Jürgen & Uwe GRAU „Meta-Dialogue“, Contemporary Family Therapy 16(6): 451-462, 1994b

HOLMES, Sophie „A Philosophic Stance, Ethics and Therapy. An Interview with Harlene Anderson“, A.N.Z.J.Fam.Ther. 15(3): 155-161, 1994

JANOSCH „O wie schön ist Panama“, Weinheim: Beltz

LIPCHIK, Eve „Die Hast, kurz zu sein“, Z.system.Ther. 12(4): 228-235, 1994

LUDWIG, Peter H. „Sich selbst-erfüllende Prophezeiungen im Alltagsleben“, Stuttgart: Angewandte Psychologie, 1991

MATURANA, Humberto R. & Francisco J. VARELA „Der Baum der Erkenntnis“, Bern-München-Wien: Scherz 1987

McNAMEE, Sheila & Kenneth J. GERGEN (eds) „Therapy as Social Construction“, London-Newbury Park-New Delhi: Sage, 1992

MITTELMEIER, Cynthia & Steven FRIEDMANN „Toward a Mutual Understanding: Constructing Solutions with Families“, in Steven FRIEDMAN (ed) „The New Language of Change“, New York: Guilford, 1993

O'HANLON, William H. „Possibility Therapy“, in Stephen G. GILLIGAN & Reese PRICE (eds) „Therapeutic Conversations“, 1993

REIMERS, Sigurd & Andy TREACHER „Introducing User-Friendly Family Therapy“, London – New York: Routledge, 1995

SCHMIDT, Jochen „Systemisch denken lernen oder: Lernprozesse rekonstruieren, Lernprozesse konstruieren“, Zeitschrift für Organisationsentwicklung 8(4): 1-16, 1989

SCHRÖDER, Karin „Therapeutische Arbeit mit Familien am Landeskrankenhaus“, unv. Diplomarbeit, Osnabrück, 1991

THOMAS, Frank N. „The Experience of Solution-Oriented Therapy: Posttherapy Client Interviewing“, Family Case Studies, Juli 1993,

THOMAS, Frank „Solution-Oriented Supervision: The Coaxing of Expertise“, The Family Journal: Counseling and Therapy for Couples and Families 2(1): 11-18, 1994

TALMON, Moshe „Single Session Therapy. Maximizing the Effect of the First (and Often Only) Therapeutic Encounter“, San Francisco-Oxford: Jossey-Bass, 1990

VON SCHLIPPE, Arist „`Tu, was Du willst`. Eine integrative Perspektive auf die systemische Therapie“, Referat, 15. Jahrestagung der DAF, Freiburg, 1994

VON FOERSTER, Heinz „Sicht und Einsicht. Versuche einzu einer operativen Erkenntnsitheorie“, Braunschweig-Wiesbaden: Vieweg, 1985 von Glasersfeld, Ernst „Wissen, Sprache und Wirklichkeit. Arbeiten zum radikalen Konstruktivismus“, Braunschweig-Wiesbaden: Vieweg, 1987

Walter, John L. & Jane E. Peller „Lösungs-orientierte Kurztherapie. Ein Lehr- und Lernbuch“, Dortmund: verlag modernes lernen, 1994

Watzlawick, Paul „Wie wirklich ist die Wirklichkeit? Wahn – Täuschung – Verstehen“, München-Zürich: Piper, 1976

Wetzig, Lutz „Erfahrungen mit dem Reflektierenden Team. Ein Setting für Gespräche miteinander – übereinander“, unv. Diplomarbeit, Osnabrück, 1993

Zeig, Jeffrey K. (ed) „Ericksonian Methods. The Essence of the Story“, New York: Brunner/Mazel, 1994

Zeig, Jeffrey K. & Stephen G. Gilligan (eds) „Brief Therapy. Myths, Methods, and Metaphors“, New York: Brunner/Mazel, 1990

Über die AutorInnen

Albers, Armin,

geb. 1956; Dipl.-Psychologe, Klin. Psychologe/Psychotherapeut BDP. 1983-89 Sozialtherapeut in einer Fachklinik für straffällige Drogenabhängige. Seit 1989 Arbeit als Trainer, Berater und Supervisor im Jugendaufbauwerk Schleswig-Holstein und in freier Praxis im Rahmen von *projekt : system*. Gemeinsam mit Jürgen Hargens. Systemische Aus- und Weiterbildung in Köln.

Burr, Wolfgang,

Dr. med., Arzt für Kinder- und Jugendpsychiatrie-Psychotherapie –

Norddeutsches Institut für Kurzzeittherapie, 28203 Bremen, Außer der Schleifmühle 67. Praxis: 24768 Rendsburg, Kaiserstr. 24

Psychotherapeutische Grundausbildungen in tiefenpsychologisch fundierter Psychotherapie, Verhaltenstherapie und systemischer Familientherapie. Seit 6 Jahren in eigener Praxis tätig. Trainer und Supervisor am Norddeutschen Institut für Kurzzeittherapie (NIK) Bremen. Supervisor für Verhaltenstherapie der Ärztekammer Schleswig-Holstein.

Dahm, Michael,

Klinischer Psychotherapeut und Supervisor (BDP), tätig in freier Praxis, Trainer und Supervisor für Systemische Therapie und Supervision am Norddeutschen Institut für Kurzzeittherapie NIK e.V. Berlin, Allerstr. 37, 12049 Berlin.

Dreesen, Heinrich N.,

1973-1979 Aufbau und Leitung einer psychosozialen Beratungsstelle für berufliche Rehabilitanden, Heidelberg;

1980-1986 therapeutische und systemische Arbeit in „Familien mit verhaltensauffälligen Kindern" sowie interdisziplinäre Entwicklung von Integrations-Modellen, Bremen;

Seit 1987 in eigener Praxis, Bremen, als Verhaltenstherapeut (KVZ), lösungsorientierter Kurzzeittherapeut und Supervisor.

Mitbegründer, Ausbilder und Supervisor des Norddeutschen Instituts für Kurzzeittherapie NIK, Bremen, sowie des Norddeutschen Instituts für Verhaltenstherapie NIVT, Bremen;

Lehrbeauftragter am Zentrum für Wiss. Weiterbildung der Universität Oldenburg;

Spezialgebiete: Verwendung von Symbolen und Ritualen in der Psychotherapie, ressourcenorientierte Selbsterfahrung.

Eberling, Dr. Wolfgang,

Diplom-Psychologe, Mitbegründer des Norddeutschen Instituts für Kurzzeittherapie (NIK), Trainer und Supervisor in den Bereichen systemisch-lösungsorientierte Kurzzeittherapie, NLP, Supervision und „Sucht"; langjährige Tätigkeit in psychotherapeutischer Gemeinschaftspraxis, Präsident der European Brief Therapy Association (EBTA) und Unternehmensberater, Bremen.

Anschrift: Norddeutsches Institut für Kurzzeittherapie, Außer der Schleifmühle 67, 28203 Bremen.

Gallenberger, Birgit G.,

tätig in freier Praxis, Klinische Psychotherapeutin (BDP). Ausbildung in Autogenem Training, Schmerztherapie (BDP) und Systemischer Kurztherapie. Ausbilderin in Biodynamischer Therapie, Trainerin und Supervisorin für Kurztherapie am Norddeutschen Institut für Kurzzeittherapie.

Grau, Uwe,

Prof. Dr.rer.nat., Professor für Psychologie, Institut für Psychologie der Universität Kiel

1989 Einrichtung eines Ausbildungskurses für systemische Beratung über drei Semester im Schwerpunkt Pädagogische Psychologie und Eröffnung einer Beratungsstelle für Studierende.

Seit 1985 Coaching/systemische Beratung von Führungskräften in verschiedenen Kontexten wie Leistungssport, Unternehmen und psychosoziale Institutionen; Durchführung von Workshops.

Seit 1989 Supervision von Teams gemeinsam mit Jürgen Hargens nach dem Kiel-Meyner-Modell.

Haegele, Dr. med. Peter-Alexander,

Facharzt für Neurologie und Psychiatrie, Systemischer Familientherapeut, Ausbildung u.a. bei Eberling, Vogt, G. Schmidt, Watzlawick, Boscolo, T. Andersen. NLP-Master (GANLP). Präsidiumsmitglied des Deutschen Bundesverbandes der Chefärzte von Suchtkliniken

(DBCS) e.V., Vorstandsmitglied der Deutschen Suchtmedizinischen Gesellschaft (DSMG) e.V.

Langjährige Tätigkeit als leitender Arzt in Suchtkliniken. Seit 1996 freischaffend tätig. Zahlreiche wissenschaftliche Veröffentlichungen und umfangreiche Vortrags- und Kurstätigkeit. Ausbilder und Supervisor am Norddeutschen Institut für Kurzzeittherapie in Bremen.

Hargens, Jürgen,

In der stärker formalen Beschreibung findet sich u.a. folgendes: Dipl.-Psychol., Klinischer Psychologe/Psychotherapeut und Supervisor BDP, Familientherapeut/systemischer Therapeut und systemischer Supervisor DFS. Freie Praxis, Lehrbeauftragter an der Universität Kiel. 1983 Gründer und bis 1992 Herausgeber der *Zeitschrift für systemische Therapie.* 1992 Gründer und Leiter von *projekt : system,* Norderweg 14 - D-24980 Meyn.

In der stärker persönlichen Beschreibung möchte ich hier folgendes darstellen: Ich lebe mit Partnerin und drei Kindern im „hohen Norden" auf dem Lande. Ich genieße die Weite und Abgeschiedenheit des Nordens (die dazu anregen, selber immer wieder Dinge/Gewißheiten zu hinterfragen und zu überdenken), den ständigen, manchmal nervenden Wind (der einen klaren Kopf begünstigt) und einige Besonderheiten der „nördlichen Kultur" (die ich nicht unbedingt hier veröffentlichen muß).

Hesse, Joachim,

Dipl.-Psychologe, Klinischer Psychologe BDP. Leitender Psychologe der Fachklinik St. Martin. Fortbildung u.a. in systemisch-lösungsorientierter Psychotherapie bei Insoo Kim Berg, Steve de Shazer und Gunter Schmidt. Therapeut, Supervisor und Ausbilder in systemisch lösungsorientierter Therapie.

Kruse, Dr. Peter,

Klinischer Psychotherapeut (BDP), Unternehmensberater der Neuhimmel Unternehmensberatung GmbH; langjährige Tätigkeit als wissenschaftlicher Assistent am Institut für Kognitionsforschung der Universität Bremen und als Trainer und Supervisor am NIK; Mitbegründer des Norddeutschen Instituts für Kurzzeittherapie. Autor zahlreicher Veröffentlichungen zur Selbstorganisation kognitiver Systeme, zur Psychosomatik und zur Übertragung von Selbstorganisationsprinzipien auf die Management-Praxis.

Pavleković, Boris,

Diplom-Psychologe, Klinischer Psychotherapeut (BDP), Leiter des STEPS Therapiezentrums in Bremen, Lehrbeauftragter der Universität Bremen mit langjähriger Forschungstätigkeit als wissenschaftlicher Mitarbeiter im Bereich Sucht. Trainer am Norddeutschen Institut für Kurzzeittherapie, Mitbegründer des Integralen Entspannungstrainings.

Sickinger, Gudrun,

Dipl.-Psychologin und Supervisorin. Fortbildung in systemischer Therapie und Kurztherapie. Langjährige Erfahrung in der Arbeit mit Schmerzpatienten, im Rehabilitations- und Behindertenbereich, Trainerin und Supervisorin für lösungsorientierte Kurzzeittherapie am Norddeutschen Institut für Kurzzeittherapie.

Tönsing, Conrad,

Diplom-Psychologe, Leiter der Therapeutischen Gemeinschaft Nettetal, stationäre Einrichtung für drogenabhängige Männer.

Ausbildung in systemischer und lösungsorientierter Kurzzeittherapie am NIK, in Sozialtherapie und Autogenem Training.

Vogt-Hillmann, Manfred,

Psychotherapeut und Supervisor in psychotherapeutischer Gemeinschaftspraxis (BDP, DGH, DFS). Gründungsmitglied, Trainer und Supervisor des Norddeutschen Instituts für Kurzzeittherapie (NIK), Außer der Schleifmühle 67, 28203 Bremen in den Bereichen lösungsorientierte Kurztherapie, Supervision und Kindertherapie.

Personenverzeichnis

Raum für Notizen:

Raum für Notizen:

Raum für Notizen:

Raum für Notizen: